见识城邦

更新知识地图　拓展认知边界

Jenny Reardon

THE POSTGENOMIC CONDITION

Ethics, Justice and Knowledge after the Genome

后基因组时代

［美］珍妮·瑞尔丹 著

冬初阳 译

中信出版集团｜北京

图书在版编目（CIP）数据

后基因组时代 /(美) 珍妮·瑞尔丹著；冬初阳译
. -- 北京：中信出版社，2021.6
书名原文：The Postgenomic Condition
ISBN 978-7-5217-1429-6

Ⅰ. ①后… Ⅱ. ①珍… ②冬… Ⅲ. ①社会学—研究
Ⅳ. ①C91

中国版本图书馆CIP数据核字(2020)第029668号

The Postgenomic Condition
By Jenny Reardon
Licensed by The University of Chicago Press, Chicago, Illinois, U.S.A
Copyright © 2017 by The University of Chicago
Simplified Chinese edition copyright © 2021 by CITIC Press Corporation
All rights reserved.

本书仅限中国大陆地区发行销售

后基因组时代

著　者：[美]珍妮·瑞尔丹
译　者：冬初阳
出版发行：中信出版集团股份有限公司
　　　　　（北京市朝阳区惠新东街甲4号富盛大厦2座　邮编　100029）
承　印　者：北京楠萍印刷有限公司

开　本：787mm×1092mm　1/16　　印　张：20.5　　字　数：260千字
版　次：2021年6月第1版　　　　　印　次：2021年6月第1次印刷
京权图字：01-2019-4237
书　号：ISBN 978-7-5217-1429-6
定　价：78.00元

版权所有·侵权必究
如有印刷、装订问题，本公司负责调换。
服务热线：400-600-8099
投稿邮箱：author@citicpub.com

献给我的父亲
弗朗西斯·泽维尔·瑞尔丹
（1928—2014），
他教导我，思想和斗争
不是随意选择的

目 录

第一章　后基因组时代：导言　001

　　人类基因组：一种有价值的事物？　006

　　基因组自由主义的兴起　008

　　自由的摩擦　010

　　基因组学与公正？重新想象财产、隐私、个人和

　　　　社会契约　012

　　后基因组时代　018

　　后基因组时代的问题：接下来发生的事情的

　　　　价值是什么？　023

　　基因组之后的伦理、公正和知识：从深思熟虑到故事　025

第二章　生命的信息还是信息的生命　031

　　从百慕大群岛到贝塞斯达：打造基因组学的创始故事　034

　　人类基因组学：一种道德经济？　037

　　开放有助于形成知识吗？　042

　　百慕大岛之外和进监狱　043

基因组学和信息作为一种全球化商品的兴起　046

基因组信息和知识问题　048

制造从比特回归生物学的路径：后基因组学的问题　054

第三章　包容性：基因组学能用来反种族主义吗？　057

基因组学能反种族主义吗？　060

对基因组学反种族主义潜力的质疑　064

在专利权的威胁下，基因组学和种族学向前推进的

　一个愿景　067

基因组学会改变种族主义科学的遗留问题吗？　068

恳谈？　071

从谈话到实践：贫穷和不平等遭遇高科技　074

塔斯基吉的故事：缺少一家医院，而不是基因组　079

一个科学和公正的故事　082

第四章　谁代表人类基因组？什么是人类基因组？　085

世界上谁能代表人类基因组？　088

构建 DNA 代表们的社区　091

谁是社区？自由主义的局限性和种族的回归　095

名称里有什么？　099

从知情同意的伦理到"信息"世界中的公正　103

为了一家医院而献血？　108

生物构造方面的挑战　110

第五章　基因组为人类服务还是为机器崛起服务　113

民族基因组？　116

苏格兰一代计划：基因组学的社会契约？　119

论民族健康与财富　122

伦理经验主义：发现苏格兰人的意愿　124

贯彻苏格兰人的意愿　126

后基因组困境：苏格兰基因组的衰落与全球化
　　仪器的兴起　130

苏格兰人是谁？　133

突变体和机器　135

后基因组转变：从治理人民到人类的伦理化　138

我们的血应当为谁而流？民主政体的人民、世界性的人类，
　　还是机器？　140

第六章　覆盖世界98%的人的基因组学？　143

基因组学离开谷歌　147

一种研究革命？　150

信息学与自由：一段有争议性的过往　152

个人基因组里的人是谁？　155

花样跳伞运动员与电脑专家的基因组学　157

建构98%　159

为了群体性盲动的基因组学？　160

个人基因组学对任何人都有用吗？　162

非个人化的个人基因组学　163

综合处理：最新的时尚还是长期坚持的科学实践？ 166

在公司腐败故事的范围内 168

激进的民主化开放还是企业的圈占？ 170

第七章　基因开放 2.0 版：公众对公众 173

从百慕大到波希米亚：开放 2.0 版 178

开放式同意，公开技术 180

开放的人类 183

一路向下的开放 185

从事实到实践 187

开放，但是包容吗？ 190

公众对公众：后基因组时代科学与公正的结构之争 192

隐私的结束，故事的结束？ 198

故事开始：开放科学同时开放辩论 201

第八章　第三大街的生活：后基因组时代的知识与公正 203

从信息（Information）到信息（In-Formation） 208

公共领域的私有化 210

生命的力量，销售的力量 212

撤销生物医学研究的围城：公共对话成为公共关系 214

超越自由主义的限制 217

公正和集体判断的艺术 221

我们在公开场合如何陈述？ 223

"公共"的改造 225

基因组学：公众关注的问题？ 227

重新定义可能性 228

重新记忆生活 231

公正：创造思想和生活的制度性条件 233

后人类基因组时代的生物学思想？ 236

与基因组学和生物医学形成一种新的社会契约：
　　从广告牌到科学与公正 239

尾　声 243

鸣　谢 249

注　释 257

第一章

后基因组时代：导言

> 因此我的提议非常简单：只不过是去思考我们正在做什么。
> ——汉娜·阿伦特，《人的境况》(The Human Condition)

> "生命是复杂的"看上去是一种非常平庸的表述，却是一种深刻的理论性陈述——或许是我们这个时代最重要的理论性陈述。
> ——艾弗里·F.戈登，《灵魂问题》(Ghostly Matters)

"我相信在不久的将来，有一天，地球上的每一个人都会测出自己的基因组序列。"[1] 2016年7月12日，罗宾·瑟斯顿如此预言道。当时他成为希利克斯公司（Helix）的掌舵人，这是一家以旧金山为基地，新开办不久的公司，一心想成为基因组学的"应用商店"。[2] 希利克斯公司是今日少数几个强大的玩家，它们试图说服人们将口水吐进杯子里，让一家公司、一所大学或国家机构可以对他们的基因组测序。苹果（Apple）、谷歌（Google）和世界各地的许多国家政府，今日都计划募集数以百万计，甚至数以十亿计的人，一同进入基因组时代。[3]

他们会成功吗？真的会出现一个容纳我的基因组的应用商店吗？

真的会有一种演算程序告诉我,我身上有百分之几的尼安德特人的基因,我和另一个人有怎样的亲缘关系,或者我可能患有一种疾病的风险有多大吗?我会,或者说,我能够付钱来玩应用商店里买到的应用程序吗?

瑟斯顿预言不久的将来,会到处都是测过基因组序列的人。预言发出之后两周,《美国医学协会杂志》(*Journal of the American Medical Association*)上的一篇文章就指出,我们可能面临一种强行推销。文章作者问道:"当研究中的各种表现不佳的大构想变得根深蒂固时,会发生什么呢?"[4]他们的第一个例子是"一些遗传性基因变异能解释常见疾病的发病原因"这个构想。常见基因变异与常见疾病有关的概念,即"常见疾病—常见变异"(CD-CV)假说,激发了人们最早对基因组学转化为医术能力的乐观情绪,然而今天发现的与常见疾病相关的这类变异很罕见。[5]

在20世纪的最后几十年里,各国政府、科学家和企业家投入巨大的公共和私人资源,让人们相信这样一个构想,即人类基因组序列包含生命的蓝图。这一蓝图能指引人类进入一个和平繁荣的新千年。2000年6月,时任美国总统比尔·克林顿在白宫东厅宣布,人类基因组草图已公布,他称之为"人类有史以来最重要、最神奇的遗传图谱"。[6]医学将被改变,癌症会被治愈。[7]在20世纪撕裂无数家庭,杀死千百万人的种族意识形态将被击败。[8]

尽管有这些备受瞩目的公开声明,但是基因组科学家知道,前方是一条艰难的道路。他们可能已经产出了自己和其他人所说的"生命之书",然而"阅读"这本书引起了各种艰难的挑战。[9]组成人类基因组序列的核苷酸——腺嘌呤(A)、鸟嘌呤(G)、胞嘧啶(C)和胸腺嘧啶(T)超过30亿个。2008年,我访问伦敦惠康(wellcome)信托基金会,这是一家致力于资助人类基因组测序的公共计划,即人们熟知的人类基因组计划(HGP)的主要基金会。我在书架上找到 118 本书,每一本都有 1000 页之多。这些书给予我"阅读"人类基因组序列的机会。

我记得我在基金会的书页里翻来翻去,不知所措。令我印象最深的是一大堆破折号,人类基因组的某些区域过于繁复,测序技术无法破译。这些破折号对我而言,就像其他页面上晦涩的语言代码。

我不是唯一困惑的人。当 2003 年人类基因组计划顺利完成的庆祝活动结束时,一个既令人冷静又让人兴奋的问题浮出水面:现在我们既然已经拥有"人类基因组"序列,那么这项技术意味着什么呢?生物工程的惊人壮举产生了这个序列,然而,这项技术创举有什么办法去发展成有意义的知识,以便改善生活,且有助于人类去理解自身呢?在人类基因组计划结束后的 10 年里,这个问题变得意味深长——人类基因组序列的用途、意义和价值问题——成为我所说的后基因组时代的标志。

尽管更加重要,但人类基因组计划完成后产生的这项解释任务所引起的关注要少得多。[10] 这可能是因为在这项任务当中没有清晰可辨的正面人物和大反派。[11] 与人们对人类基因组测序的流行说法不同,解释这一事业的各种努力的故事,不能说成一个科学巨人在为善恶问题斗争。这些工作涉及更广泛的生命领域,还有更广泛的多种问题,这些问题没有按照泾渭分明的好与坏、公与私的明确界线来解决。这些努力对那些被誉为科学"伟人"的心灵的揭示较少,对当代生活的各种条件披露得较多。[12] 鉴于我过去 20 年来建立的信心——先在几所分子生物学实验室工作,然后写作人类基因组学出现后的编年史,在下列章节之中,我会分享一些故事,让读者进入这些更加丰富的空间,基

拉斯·伦敦拍摄的伦敦惠康收藏馆"今日医学"厅的人类基因组照片

因组数据的意义和价值正在那里被锻造出来。

我们将会看到，这些故事是时代的故事，那是希望和绝望的时代，也是富裕和贫困的时代。在这样的时代，世人提出了在一个数据丰富但环境恶化，相互联系却又支离破碎的星球上，如何了解有意义的生命的问题。2006年，美国的房价开始暴跌，2008年，全世界经历一场金融危机，随后是几年的经济衰退。[13] 2016年，21世纪欧美和平与自由运动核心地区的政治基础遭到严重打击：英国于当年6月23日投票退出欧盟；11月8日，美国选出一位总统，他许诺要将数百万人驱逐出境，还会在墨西哥和美国边境修筑一道隔离墙，防止非法移民入境。[14] 发生这些戏剧性的、基本无法预知的大事之后，许多人都在问，那些长久以来，至少在西方一直是美好生活观念核心的事物的价值何在？拥有一套房子的价值何在？投资、教育、政府本身的价值又何在？重要的是，谁能回答这些关键问题？当前的种种焦虑，不仅是由于那些长期被视为安全和繁荣核心的事物的价值降低产生的，也是因为对那些被寄望来回答这些关于价值和财富的重要问题的人日益不信任和不满引起的。[15]

有些人认定这个问题是"后真相"政治问题。尽管"蓄意歪曲"一直在困扰民主治理之船为了修正航向所做的种种努力，我仍然认为还有许多更为普遍的问题不易理解或纠正。[16] 当我在欧洲大陆写完这本书时，每天都耳闻政治动荡和攻击的报道。在美国，当警察枪击黑人事件撕裂国家道德和政治结构之时，种族关系的紧张达到多年来的最高水平。[17] 对许多人而言，核心问题不是领导人撒谎，而是世界本身并不支持或者尊重多数生命。这不是一个"蓄意歪曲"的问题，而是一个结构性问题。[18] 这个世界是如何成为一体的？什么人和什么事物才能在这个世界生活又享受繁荣呢？

我的论点是，在我们正确地将注意力转移到纠错上时，必须考虑一个问题，即断定在这个处于危急之中的乱世有哪些因素值得我们投入过于有限的精力。[19] 哪些是我们应当关心和注意的问题？哪些应当成为构筑我们的法律和治理体系基础的真理的材料？[20] 我认为，越来越多的人觉得，西方占主导地位的自由主义机构，在投入大量资源去了解和关心一些事物——其中的许多事物，如基因组，需要对高科技科学投资——的时候，忽视了太多东西。

人类基因组：一种有价值的事物？

人类基因组的意义和价值的问题，不过是一种更广泛的对占主导地位的关于认识和管理的自由化模式生产能力的质疑。或许在这里开始探索这类基本问题未必有什么把握，但是价值、信任和真实性这几个问题，在人类遗传学和基因组学之中早已形成。人类遗传学家使被绝育和移民限制的优生政策合法化，纳粹在对犹太人大屠杀期间向遗传学理论乞求力量的过程中扮演的角色，这些现象让许多人担心，任何向基因寻求解释的努力，都可能造成某种威胁，即结束或破坏太多人的生命价值。[21] 数十年来，研究人类遗传基因学，就意味着继承这一遗留问题，去回应那些相关问题。[22] 人类遗传学家参加了联合国发起的关于其研究恰当意义和用途的讨论。[23] 他们更改了自己的期刊和教席的名称，清除"优生学"之类的名词，有时也清除"种族"之类的名词。[24] 他们投身于发展分子技术，认为这类技术会提供更为客观的分析，能够使他们的研究免受社会偏见影响。[25]

在进行上述这些改革之后，一些遗传学家开始重新投身于人类遗传学差异的研究项目。最重要的是，1991 年，人类群体遗传学家，提出了人类基因组多样性计划（HGDP）。[26]多样性计划提议从所谓正在消失的原住民人群采集 DNA 样本，这一提议立即引起广泛关注。[27]原住民权利倡导者斥之为"吸血鬼"计划。生物人类学家担心这种主动倡议会将各种殖民式想象重新引入人类生物学。[28]尽管几十年来人们做出各种努力去解决这类担忧，上述批评仍然说明，围绕人类遗传学的担忧几乎一触即发。

1994 年出版的《钟形曲线：美国生活中的智能和阶层结构》(The Bell Curve: Intelligence and Class Structure in American Life)一书，进一步证明了这些关注的持续突出性质。在这本登上《纽约时报》(New York Times)畅销榜的书中，美国心理学家理查德·J.赫恩斯坦和美国政治学家查尔斯·莫雷认为，"基因"对智商"巨大的遗传性影响"是"无可争议"的，智商的种族差异也同样无可辩驳。[29]有相当影响力的美国智囊团布鲁金斯学会（Brookings Institution）给这本书贴上"十年出版大事件"的标签。这本书引起了广泛担忧，即社会对人类遗传学项目的投入，可能会再度证明公众抛弃有种族标记的群体是正当的。[30]

担心这些争论会污染人类基因组计划，让人类基因组学在开始之前就被消灭，该倡议的多位领袖在他们的工作和对人类遗传差异的分析之间划分了清晰界限。[31]他们辩称，人类基因组计划，是努力为一个人类基因组测序，而不是对多样性计划提出的许多个基因组测序；人类基因组计划的目标在于改善以个人为单位的医疗方案，而不是像《钟形曲线》一书那样，对以人群为单位的群体提出各种说法。然而，随着人类基因组测序工作在 20 世纪 90 年代末接近完成，国家人类基因组研究所（NHGRI）的负责人鲜明地改变了他们的立场。虽然将人类基因组序列与其他物种（如老鼠和鸭嘴兽）的序列进行比较，可能揭示人类进化的某些情况，但通过基因组理解人类疾病前，需要先了解人类基因组的差异。[32] 因此，甚至在人类基因组计划正式结束之前，国家人类基因组研究所就在设法从全世界不同人群收集基因样本——这一做法将被称为国际单倍型遗传图谱计划（或简称 HapMap 单倍型遗传图谱，我们将在下文中详细介绍这一计划）。

美国国立卫生研究院（NIH）的领导们知道单倍型遗传图谱会让他们进入涉及伦理忧虑的地带。必须承认他们一开始就前所未有地将伦理学问题引入了这个计划的规划阶段。[33] 此外，他们公然采用了一种积极方法。虽然他们没有否认会发展成新形式的歧视的潜在可能性，但他们强调所做的工作具有潜在解放能力。与 20 世纪人类遗传学的极权主义协会和优生协会不同，他们承诺一门新的人类基因组科学，将会成为 21 世纪反种族主义民主团体和科学的先锋。这项新的基因组科学将会证明种族没有生物学意义。[34] 这项新科学会与研究对象建立新型关系，强调这些对象在整个研究过程都被包含在内，并且参与这一过程。[35] 研究人员不仅仅是采集血样后离开。他们会留下，"给社区里的人们……一个机会与调查人员分享他们对伦理、社会和文化问题的看法……并且为他们的样本采集和描述的方式提供一些信息"。[36]

基因组自由主义的兴起

通过创造一个可参与的、具有包容性的、开放式的基因组学，来确保人类基因序列数据的意义和价值——我称之为"基因组自由主义"——的种种努力，促成在科学上和政治上都令人兴奋的 10 年。虽然自由主义是一种平等主义和等级制度杂糅的多样化政治传统，它关注的核心问题之一还是集权的腐败，因此政府应当是受到限制的，权力应当是与人民共享的。[37] 这种共享权力的核心承诺，指导着单倍型遗传图谱计划的带头人的工作，以及其他许多 10 年来努力让人类基因组对广大公众有意义的人的工作。在先前由技术官僚主导的领域强调参与性治理的现代自由民主价值观，无异于一种重要的转变，这个转变激发了大众对科技合理形式的希望。个人遗传学公司"23 与我"公司（23 and me）的共同创始人琳达·埃维，呼吁结束研究人员掌握一切权力的"封建制度"。[38] 哈佛大学的乔治·丘奇激进地预测，一旦打开人类遗传学和分子生物学的大门，这一领域就不再只有科学家能参与，而是让所有人都能参与。2005 年，为了打破他认为限制公民参与基因研究的陈旧、过度的保护主义政策，他发起个人基因组计划（PGP）。[39] 个人基因组计划的成功催生了"开放的人类"计划（Open Humans），这是一项新发起的倡议，利用个人基因组计划的"公众参与"方法"将健康方面的发现"，当作研究者和愿意公开分享自己的数据的参与者之间的"一种协作"去重新想象。[40]

上述这些和本书即将提到的其他项目，为人类基因组设想了新的民主前沿领域，启发了许多人。美国前总统比尔·克林顿，在他祝贺人类基因组初稿完成的演讲稿之中，设想了一个他所理解的人类基因组科学预示的社会——在这个社会之中，所有个人都是平等的，得到包容，而且有"有史以来最伟大的发现时代"揭示的真理引导。[41] 平等、包容、启蒙，这三项都是现代自由民主社会几个世纪以来的持久目标。[42] 在政治领袖的演讲、基因组科学家的书籍和研究提案中，人类基因组促进了这些理想。这门科学包容我们所有人，我们所有人都能参与；数据将会留在公共领域；它将揭示我们共同的人性。正如美国国立卫生研究院院长，前人类基因组计划主任弗朗西斯·柯林斯 2013 年秋对我说的那样："在皮肤之下，我们都是一个大家庭。"[43]

基因组学成为千禧年通过数据和民主实现公平公正等各种希望的一部分。从美国国立卫生研究院到硅谷再到解放广场[1]，在21世纪的最初几年，获取数据被表述成种族主义意识形态的解毒剂和通往自由之路。[44] "我要我的基因组"是"23与我"公司联合创始人安妮·武伊齐茨基（Anne Wojcicki）在2009年度TEDMED年会[2]上的发言标题。[45] 2011年春，在解放广场的一块标语牌上写着"我要互联网"。[46] 互联网、埃及、推特、基因组、民主、革命：这些力量相当的事物唤起了人们对一个更美好世界的希望。在这个世界里，独裁者垮台，民主兴起。[47]

自由的摩擦

然而，在当今发展不均衡的各大互联网社区里，从数据获得的自由带来了各种重大问题。[48] 谁有权访问这些数据呢？谁会受益？考虑一下我所在大学主办的个人基因组学研讨会上一位与会者说出的这句妙语：鉴于许多让自己的基因组可供分析的人是硅谷的技术专家，个人基因组学很可能会发现"苹果基因"。[49] 这则轶事包含的信息很清楚：基因组基础架构自然而然地会邀请某些比其他人更乐意的人加入。[50]

现有的担忧——生物技术和人类基因组学将有利于技术精英，同时将许多人排除在生物医学研究的益处和利润之外，仍然是一种长期存在的恐惧，这种恐惧通过大众对《永生的海拉》(*The Immortal Life of Henrietta Lacks*)一书的普遍反应获得广泛关注。[51] 在这本名列《纽约时报》畅销榜单的书中，作者丽贝卡·斯科鲁特讲述了海瑞塔·拉

---

[1] 指埃及开罗的解放广场。——译者注
[2] TEDMED是一个由非营利机构TED协会许可独立运作的关注健康与医疗的网络社区，一年举办一次年会。——译者注

克斯这位美籍非裔女性的故事。20世纪50年代初,她因患侵袭性癌症,在约翰斯·霍普金斯大学(Johns Hopkins University)接受治疗。研究人员在未经她同意,或者不知情的情况下,切除了她的肿瘤细胞,利用这些细胞制造了第一批可存活的细胞系。这些细胞,被称为"海拉癌细胞株"(Hela),可能是最早的生物技术,并得到广泛应用。几十年来,大学和公司从这个细胞株赚取了数不清的金钱。[52] 相比之下,拉克斯家族一直在贫困中生活。

历史学家和批判性种族理论家多年来都在从各个角度书写这一案例,斯科鲁特面向大众的纪实书稿卖出数百万册,让这个故事在全美引起关注。[53] 对斯科鲁特和她的许多读者来说,"海拉癌细胞株"和"塔斯基吉梅毒实验",是生物医学史上剥削穷人和社会地位较低之人的典型案例。这个案例说明,在形式平等的后民权时代,种族不公是如何继续存在的。[54] 它证明在生物资本时代(这个时代生物技术和资本主义从根本上交织在一起),人类与自己身体的内在价值的分离呈现出新的形式。[55]

哪怕在斯科鲁特的书提出这些问题引起广泛关注之后,研究者对细胞株进行排序,并且将排序公布时,都没有征得拉克斯家族的许可。此事让许多人再度瞩目海拉癌细胞株。[56] 在许多博客圈的评论者看来,这些研究人员在追求科学进步的过程中,再度忽视了对海瑞塔·拉克斯及其家族的人道关怀。[57]

在援引基因组数据去论证我们应当超越利用种族分类提出建议的同时,海拉癌细胞株的故事和本书出现的各种故事说明,反对种族基因组学与反对种族主义者不是一回事。[58] 基因组自由主义可能接受反种族主义,但是公正可能仍然缺位。[59] 如何回应种族基因组学是一个新兴的挑战,也是本书核心内容面临的一个挑战。

基因组学与公正？重新想象财产、隐私、个人和社会契约

在丽贝卡·斯科鲁特讲述的海瑞塔·拉克斯和制造"海拉癌细胞株"的故事受到广泛关注之后，人们不仅在讨论拉克斯家族可能得到何种公平补偿，还在讨论个人是否拥有对自己的细胞，包括细胞DNA在内的所有权和控制权。有些人认为答案是"是"。2012年，在加利福尼亚大学旧金山分校（UCSF）举办的一次个人基因组公开研讨会上，一位观察人员援引拉克斯的故事，然后得出结论："我认为'人们应当给出自己的所有数据'这种想法是无法容忍的。在这种情况下，基因组的数据就是你，因为那是你的DNA序列，却没有让你得到一点钱。"[60] 其他人不同意："我不确定你的基因组的净现值很高。"一位与会者在会议上对此回应道。他继续解释道，基因组只有在聚合时才会变得有价值。[61]

辩论双方都充满激情和正义感。就观察人员而言，基因组是个人的独特本质——"它其实就是你"，因此，按照传统的自由主义理念，对基因组的控制权应当属于那些个人。对许多研究人员而言，目光聚焦于个人及其权利，会阻碍生物医学的进步和全人类的医疗利益，所以应当改变。例如，2013年夏，加利福尼亚大学旧金山分校发起"我为你"运动（MeForYou）。通过这一运动，这所大学试图改变社会对使用生物材料和数据的各种期望。[62] 就在这场运动发起之前，加利福尼亚大学旧金山分校校长和基因技术产品开发前任总监苏珊·德斯蒙德-赫尔曼（Susan Desmond-Hellman）就呼吁一种"新的社会契约"，个人认可这份契约，就不期待保护隐私，而是想要得到机会去分享自己的个人临床数据。[63] 她坚持认为这种期望从隐私向共享的转变，会让研究人员能够去取得医学上的突破。"我为你"网站让这一主张更进一步，宣

称"可以通过这个网站来预防或治愈最为致命的疾病"。观众只要遵循一个简单指令,就会得到机会参与即将发生的社会、伦理和医疗转型,这个指令就是:"想想你最为关心的人。拍摄或选择自己的照片,输入这个人的名字,为他们的健康奉献自己。"[64]

这一指令太过简单,未能解决许多问题。这一领域和当今呼吁公民们重新思考他们对家庭、社区和国家的义务的许多领域一样,究竟该如何进行还很不清楚。深思一下这个案例吧,政治理论家迈克尔·桑德尔广受欢迎的哈佛大学本科课程和衍生书籍《公正:该如何做是好?》(*Justice: What's the Right Thing to Do?*)。[65] 桑德尔呼吁他的学生和读者去思考他们的"共同义务"。[66] 然而,正如社会学家阿米泰·埃齐奥尼指出的那样,桑德尔没有提到,当个人的多项义务发生冲突时该怎么办。[67] 对不可避免的各种冲突没有回应,限制了桑德尔提出的"公正"概念,以及德斯蒙德-赫尔曼呼吁的实用性。以帮助其他人为理由而去共享数据的呼吁,远不能解决公正问题。这是相当片面的,因为共享个人信息或隐私引发了法律和社会秩序问题的长期争论。我们该如何决定什么要公开和共享,什么又要排除,又是什么目的,这是一个很大程度上在自由民主的国家构成财产法和隐私法的问题。我们提出了几个根本问题:什么是有价值的东西?有价值的东西可以是一个人的血液、DNA和组织吗?如果第二个问题的答案是肯定的,那么谁能拥有这些东西,从中获利呢?

对个人生物成分的控制权或所有权的关注,与长期根深蒂固的自由主义自我治理认同有关。我们的身体是我们自己的。这不仅仅是妇女健康运动的口号。[68] 这是西方自由思想的一项基本原则。约翰·洛克在自由主义的经典奠基文本《政府论》(*Two Treatises of Government*)中用文字宣称:"每个人对其自身拥有财产权。"[69]

然而，随着对人类基因组计划启动的 DNA 开发投入了大量社会投资，这一原则面临诸多新的质疑。2013 年，美国最高法院在备受关注的以 5∶4 通过的裁决中接受了这类质疑，允许从被逮捕者身上采集 DNA。虽然一些法官相信现在 DNA 包含的社会利益大于个人对自己的财产权，但也有法官仍然担心，在没有明确压倒一切的社会利益的条件下，就采集 DNA，会威胁宪法第四修正案规定的基本隐私权。西卡利亚大法官在反对"允许警察为获取 DNA 从面颊皮肤采样"的论据中，提到美国独立战争和宪法的制定者。他说道："那些为我们的自由书写宪章而自豪的人，不会如此急于开口接受（英国）皇家的（DNA）检查。"[70]

DNA 测序仪将 DNA 转化为数据的能力，提出了身体组织价值构成及对其进行公正分配的附加问题。(当血液和 DNA)在一个人身体里的时候，很少有人会否认血液和 DNA 对那个人的价值。然而，一旦身体组织被转化为数据，很多人则持相反看法：数据本身对个人没有价值，但是在共享时价值巨大。在聚合这些数据的时候，可能有助于确定新的药物标靶、新的诊断方法，以及最终能够治愈癌症和其他疾病的新医疗方法。正是基于这种信念，今天许多机构请求人们将自己的 DNA 和医疗数据提供给生物医学研究人员：保留它不会产生任何结果，分享它会带来有价值的事物。[71] 的确，共享数据和 DNA 被认为是生物医学发展的核心，在某些情况下，大学和医疗产品供应商不再请求许可。相反，正如我最近去加利福尼亚大学旧金山分校就诊时了解的那样，共享个人的数据和组织，是提供服务的条款和条件。[72]

加利福尼亚大学旧金山分校的"我为你"运动及其服务条款在方法上并不独特。在以下各章将会说明，重塑个人和集体对共享自己的组织和数据的权利和义务的理解，是如何形成所有的倡议性标志，让人类基因组在人类基因组计划之后的 10 年间具有意义的。我将在以下各章叙述，在过去10年之中，各国各级政府、医疗保健供应方、企业家和研究人员，请求世界各地的个人和社群贡献他们的血液、组织和DNA，一小部分理由是这将对身为个体的他们有帮助，主要原因是因为此举会对他们的社区、国家和人类本身有益。研究者们提出的获取组织和数据的要求，与国内外关于如何在一个处于金融危机，传统的天然商品——石油、煤炭、木材、鱼类在减少，数据大量泛滥的世界中重新生成价值的广泛讨论相一致。许多人现在希望，也相信数据将会提供一种新的价值来源，这种价值将会让人类广泛受益。[73]

然而，人类基因组学或其他"大数据"领域是否会为人类认识和福祉带来实质性的益处是个有争议的问题。2010年7月，当被问起我们能从人类基因组测序中学到什么时，负责人类基因组测序的私人机构领导人克雷格·文特尔答道："非常少。"他接着解释道："我们甚至不能根据我的基因组来确定我的眼睛是什么颜色。这是否令人遗憾呢？每个人都在基因组中寻找'是/否'的神奇答案。'是的，你会得癌症'或者'不，你不会得癌症'。但事实并非如此。"[74]同年，华盛顿大学（University of Washington）基因组中心副主任伊莱恩·马迪斯在《基因组医学》（Genome Medicine）杂志上撰文称，如果一个1000美元的基因组需要1万至100万美元才能诠释，那么它的价值是多少呢？

如果基因组时代的信息是基因组会解开生命的秘密，而且会治愈癌症，那么这个后基因组时代的信息就是我们不知道它将如何做到这一点。[75]了解人类基因组序列的价值远不明显，甚至对主要的基因组科学家而言也是一样。[76]基因组不会揭示对生命本身有意义的知识，而是给予生命海量的数据。[77]确切地说，如何用这些数据创造有价值的东西，现在是"百万美元"的问题。

这并非否定人类基因组测序所产生的技术和数据的巨大威力。人类基因组计划产生的许多创新引发了进化生物学、谱系学、保护科学和生态学方面的大量基础性新发现。强大的高通量 DNA 测序技术和人类基因组序列的存在，让基因组科学家能对古代尼安德特人的 DNA 测序，还能回答尼安德特人与解剖学意义上的现代人之间是否存在基因传承的问题。对古人 DNA 的分析还使得随着时间变化的遗传变异性变化成为可能，提供了洞察物种间进化关系的工具，还提供了一种测试环境事件与人群进化变化关系假说的方法。[78] 最后，各种基因组技术识别个体和鉴别个体与群体之间关系的能力，发展出不计其数的各种新实践：从谱系学和取证工作的新方法，到识别哪些养狗人在和他们毛茸茸的同伴接触之后没有将宠物毛发清理干净的新办法。[79] 所有这些新奇的认识和行为模式都面临各种质疑——从污染到抽样和解释的倾向性——可是很难否认这些模式开辟了新研究领域，激发人们对过去、现在和未来地球上和地球以外的生命的新理解。[80]

然而，当涉及承诺性较大的生物医学见解时，基因组学还不是很令人信服。[81] 大多数基因组科学家承诺的一场生物医学革命仅是初露端倪。然而许多其他学者，以及那些在过去 10 年请求将他们的样本捐赠给基因组研究的学者，质疑基因组数据改善医疗保健的价值要比实际情况夸张，获益几乎不比新出现的电脑专家更多。[82]

在贫富差距不断扩大，关于大数据价值的质疑普遍存在的一个时代，这种认为像基因组学这样的大数据领域的进步，可能只惠及技术精英的看法并不独特。[83] 2013 年春，在欧盟，一场关于数据隐私的辩论，见证了谷歌、脸书（Facebook）、雅虎（Yahoo）和其他业界领先的美国信息技术公司，游说欧盟立法者放宽隐私法，理由是不放宽的话，将会伤害已经因经济衰退受损的企业。然而，立法者和公民都退缩了。他们指出，美国国家安全局（FBI）前合同工爱德华·斯诺登披露了大量的美国国家安全局间谍活动,这就印证了隐私权的价值不仅在于岌岌可危的经济价值,而且可能在保护欧洲公民的隐私权和国家安全方面价值更大。[84]在旧金山的街道上,就在我自己的街区里,身穿小丑服的抗议人群挡住谷歌的几部客车,向一种观念——认为这种交通方式为硅谷的员工提供了一种"绿色"通勤选项,只会带来好处的看法——提出质疑。[85]他们坚持认为,这些客车也通过促进高技术、高薪酬的工人进入城市的米申湾地区(Mission District),迫使历史上居住在那里的艺术家和工人阶级搬走,促使旧金山成为在收入不平等方面名列第一的城市。[86]

基因组学是一个凝聚了当代人的关注、紧张和渴望的领域。[87]以我们的名义收集的所有基因组数据的意义何在,它在民主社会里有价值吗?如果有的话,应当将这种价值托付给谁,谁能确保这种价值不仅对强大的精英阶层有利呢?许多人仍然寄望于科技将会在其他主导性社会机构没有成功的地方取得成功,将数据转化为有价值的新事物,从而形成可信的各种政府体制和一个更加公平和可持续发展的世界的基础。他们预测,生物科学和生物医学将会扮演一个特别重要的角色。正如科学和法律研究学者希拉·亚桑诺夫(Sheila Jasanoff)所说,我们生活在一个生物构造主义时代,在这个时代,对生命的科学性理解和改变,在构成有意义的生命,以及维持生命的权利和益处的过程之中,发挥了核心作用。[88]然而,赋予人类基因组意义的各种努力表明,即便是生命科学,也不能对数据价值的担忧免疫。这些关于人类基因组之后,世界金融危机之后,以及数据泛滥和对各种主导机构的信任减弱的过程之中,意义和价值的公正构成的问题,让我称之为"后基因组时代"的境况变得生动起来。

后基因组时代

在创造"后基因组时代"这个词时,我寻求的不是将基因组学当作一个特例来拔高,而是将定义那些在理解科技在增强或破坏生活、思想和政治环境方面的作用的一段漫长历史时期之内,所引起的对基因组学的各种质疑和关注。[89]这在汉娜·阿伦特的《人的境况》和让-弗朗索瓦·利奥塔尔的《后现代状态》(*The Postmodern Condition*)中,是个反复提及的问题。[90]阿伦特和利奥塔尔是20世纪对第二次世界大战以后社会向科技的投资所引起的伦理、政治和哲学问题最善于表达,也最具反思精神的批评家。[91]我援引这二位学者,不是出于怀旧,也不是为了回忆一个更加生动的故事,而是为了澄清几个范围更广的重要问题,因为生命科学和生物技术的各种产品——诸如人类基因组——今天正在尝试成为民主和公正行为的依据。

利奥塔尔和阿伦特的两本书,都写于对人类基因组学成为一个研究领域起到关键作用的各种新生事物出现后。阿伦特的著作在1958年问世,即DNA分子结构报告问世5年后;利奥塔尔的著作写于1979年——第一批个人电脑出售2年后。两人都对信息学和数学的兴起——二者都是随着分子生物学和计算机一同兴起的——对知识和政治产生的各种影响表示关注。阿伦特称:"麻烦与这一事实有关,即现代科学世界观的'真理',虽然可以用数学公式来证明,也可以用技术来验证,但是不再适用于让其本身用通常的语言和思想来表达……我们还不知道这种状态是否是最终形态。但是可能我们……将永远无法理解怎样去思考和谈论那些我们仍然能够去思考和谈论的事物。"[92]今天,当越来越多的基因组科学家主张,计算程序应当取代科学假设成为科学研究的起点时,数学和公式再度处于上升势头。[93]半个世纪以前，这样的发展状态促使阿伦特提出了知识和政治环境的基本问题。她担心人类会失去参与有意义的陈述的能力，她相信正是这种能力将"有行为能力的人"与"只能执行程序的机器人"区分开来。阿伦特相信，陈述给予我们故事的内容，通过这些故事，我们建构了一个共同的世界。[94] 她担心的是，如果人类失去进行有意义的陈述的能力，也就会失去在政治和公共领域辩论的能力，她相信这种能力对全人类都至关重要。最后，阿伦特质疑人类社会是否能与现代科技的各种形式相适应。在纳粹对犹太人的大屠杀和自然科学与社会的凶残纠缠之后，她猜测答案可能是"不"。无论如何，她相信二战之后对自然和物理科学的各种投入，应该让我们去思考该如何保持我们"思考自己正在做什么事情"的能力——对阿伦特而言，这是政治生活的起点。[95]

利奥塔尔的书写于 20 年后。到这个时候，阿伦特对于一个"需要"机器来解释和管理的社会的愿景已经成为现实。"计算机时代"已经到来。对利奥塔尔而言，就像阿伦特一样，"会思考的"机器的兴起引发了对知识和政治本质的疑问。利奥塔尔指出，自 18 世纪理性时代开始以来，现代政治生活以理性知识为指导，这类知识要么代表普遍真理（超越日常的尘世存在，将一个人与上帝联系在一起），要么代表公正（为尘世提供自由）。他认为，在后现代境况下，这些根据转变了。知识不再是受过训练的头脑的产物，而是计算机的输出。[96] 计算机能实现自动化。自动化削弱了反思能力。自动化的工具化和商品化，让"思考"成为一种可以买卖的机器的产品，科学"会完全服从各种主流力量"。[97] 他总结道，结果是知识脱离了对真理和公正的主张。以计算机为中介的思想很容易为特定的财务和政治目的所利用，过去人类以为经济、政治利益与人类的所知和获取认识的方式毫无关系，现在这种幻想被打破了。很明显，认知行为是以牺牲别人为代价，在促进某些人的福祉。

我这本书写于利奥塔尔（著作出版）之后将近 30 年。今日，社会的计算机化与它以基因组学这种形态出现的生物学化相遇。基因组学的一个特点是，它将计算机和信息学完全整合到生物科学之中。[98] 为了让人类基因组测序变得可行，需要用机器替代人力——比如我自己，曾经注入测序凝胶，记录和解释产生的序列数据。30 亿比特的数据实在太多，无外援的人脑无法理解和处理。[99] 机器可以也应当取代人脑。文特尔认为，机器能够更有效地工作，"消除成千上万的人工需求"。[100] 在这一天结束时，进行人类基因组测序工作的公共和私人项目，都在尝试尽可能多地购买应用生物系统有限责任公司（ABI）生产的 3730 台测序仪，以便让自己能够更快地对人类基因组测序。[101]

人类基因组计划结束后，许多基因组科学家希望这场工业技术军备竞赛能够结束，科学家将重新致力于进行对生命有意义的理论研究。然而，不久人们就会清楚地看到，测序技术的进步将继续产生最多的金钱和激励。首要测序计划——人类基因组计划——可能已经完成，可是许多人相信医学上的突破，需要从根本上降低成本，提高 DNA 测序的速度。他们认为，只有完成这些改革，才能让数以百万计，最终数以十亿计的人对他们的基因组进行测序。于是，2004 年，美国国立卫生研究院启动先进测序技术奖（Advanced Sequencing Technology Awards）的资助计划，这个计划会在今后 10 年提供价值 2.3 亿美元的种子资金，促进测序技术的创新。风险投资（VC）基金和一个 X 奖很快随之而来。DNA 测序变成一项数十亿美元的生意。"基因组生物学和技术"会议转变为在海岛度假胜地举行的奢华活动，岛上的宾客可以享用应用生物系统公司及其竞争对手提供的恒温游泳池和按摩浴缸、开放式酒吧，还有大量的奢华食物。[102]

DNA测序公司很快成为科技界的宠儿，英特尔（Intel）联合创始人戈登·摩尔提出的爆发式定律，让计算能力每2年能翻一番，计算价格因而能减半。排序能力的提高速度比计算能力快了5倍，每3个月即增长100%。[103]尽管初始的多个后人类基因组计划项目，重新将重点放在生物学和医学的基本问题上，这一令人吃惊的技术能力，还是吸引了人们的注意力和风投资金，还创造了一股几乎无人能逃脱的强大力量。正如我们将会看到的那样，即使一开始的行动以明确的意图将精力集中在对基因组数据的解释和医疗诊断与治疗的创新上，最终还是会回到改进测序机器这个目标上去。

基因组科学家明白，测序过程中涉及的巨额资金会对由美国总统提出的，也受到人类基因组计划带头人拥护的公民和民主精神构成威胁。他们决心与资本家积聚的力量斗争，确保流向排序工作的资源，会以更公平的方式运用。于是，国立卫生研究院的高层向那些可以与应用生物系统公司竞争的公司分配拨款。他们的目标是：打破应用生物系统公司的垄断。

应用生物系统公司动摇了。DNA测序的垄断没有动摇。今天，一个强大的公司再度占据主导地位：不是应用生物系统公司，而是伊卢米纳（Illumina）公司。2015年，伊卢米纳公司价值280亿美元，出品量占全部DNA数据的90%以上。[104]也许更重要的是，这家公司寻求的不仅仅是为DNA排序，更是拥有解释它的手段。浏览公司的主页，可以大致了解它主宰后基因组学的各个方面——从法医学到微生物群到肿瘤学到生殖健康——的抱负。[105]虽然许多人希望，在人类基因组计划之后的时代，该领域不仅能让基因组测序多样化，也能使基因组测序工具多样化，但是我们已经到了这个地步：由一家强大的公司掌握机器的基因组学。

人类基因组承诺将揭示有关生命的基础性新知识，以及这种知识将会对人类有什么意义。这一承诺是否会成功，是许多学术著作和辩论的主题。[106] 争议较少的是，这一倡议将测序机器、自动化，以及创新文化和经济植入生命科学和生物医学科学的核心。正如下文的故事所说明的那样，它将人类从生命科学的建筑中心移走，取而代之的是计算机和其他自动化机器。这是对"人类基因组计划"一词的讽刺，也是人们担心人类基因组计划在阿伦特提出的意义上威胁人类社会的一个根源。

对人类基因组学的潜在暴虐的各种担忧，也来自DNA双螺旋结构的共同发现者、人类基因组计划的首席主任詹姆斯·沃森，在接受伦敦的《星期日泰晤士报》(*Sunday Times*)采访时所做的评论："（我）本身对非洲的前景感到悲观，（因为）我们所有的社会政策都基于这样一个事实，即他们（非洲人）的智力与我们一样——然而所有的测试都说明这不是真的。"[107] 基因组学和科学院的多位显赫领头人提出的这类主张，以及伴随风险资本大量涌入生命科学和生物科学而来的测序技术的高速创新，削弱了"人类基因组代表一种普世利益"的说法。

有人可能会预测，这种向自动化和资源集中的推进，再加上一位显赫领头人发表了被普遍认为是种族主义者的言论，将破坏这一领域对真理和公正的追求。然而，与利奥塔尔预言的不同，在基因组学这方面，我们已经见证了正在兴起的对公正的要求。正如我们在下文会看到的那样，在人类基因组计划完成后的10年间，基因组科学家对基因组学将引发新形式的种族主义和生物殖民主义的担忧给予回应，极力主张他们从事的科学致力于自由解放，也是权利和平等的进步因素。[108] 他们赞美基因组学消除社会种族概念的能力。[109] 他们支持开放和公开数据。[110] 他们在为公民谋求新的权利。[111] 简而言之，在后基因组时代，关于科学与一个更公平的世界之间的联系的宏大叙事成为核心话题，还远未衰落。

一方面受到信息炼狱威胁，另一方面受到种族主义指控，公正和民主填补了这个裂痕。[112]这是怎样发生的呢？在基因组学内部，民主化和创造公平机制的各种努力如何去利用机器的兴起呢？在以后的几个章节里，我将会探讨各种大事中这类引人注目的转折，在人类基因组计划之后的这一时期，为创造知识、伦理和公正的各种条件，都揭示了什么。

后基因组时代的问题：接下来发生的事情的价值是什么？

这些条件的一个核心方面是隐含在"后基因组时代"这个短语中的"后"的问题：接下来跟在后面的是什么呢？在一个日益围绕技术创新的世界里，许多人的现实操作都着眼于未来，一直在寻求最新最宏大的技术平台。甚至在苹果迷你平板电脑（iPad）正式发布之前，我发现自己在思考的是：接下来会发生什么？7.9英寸的尺寸合适吗？6英寸如何？我要购买吗？

基因组学用实例证明了这些趋势。2007年，多家私人基因组公司用一种昂飞公司（Affymetrix）的单核苷酸多态性（SNP）芯片组来测定基因组的基因型，创建了客户可以访问的私人网站。今天，他们将全部基因组测序工作外包给投标价格最低的人，使用亚马逊云（Amazon Cloud）技术实现访问。在错误的平台上被错误的一组机器套住，是一个引起持续关注的问题。一个无休止的生产、消费过程占据了主导地位。[113]没有什么是持久的，一切都在"形成之中"。

正如阿伦特在《人的境况》一书中主张的那样，没有持久力，就

"没有事情"能在我们周围停留足够长的时间来让我们为了民主评议或知识的创造聚集在其周围。[114]有依据的决策变得过时了,因为我们没有可以值得聚集和深思熟虑的事情。尽管这样,事情还是需要我们去关注的。回顾一下,正如法国科技理论家布鲁诺·拉图尔提醒我们的那样,"事情"(thing)一词起源于古英语单词"ding",这个词的意思是"会面"或"集会"。[115]一件事情,或者一次聚会,是围绕一个关心的问题产生的。

就在拉图尔创造"关注事项"(matters of concern)这个短语,来引起我们留意到是自己的关注让这个世界上存在的事物成形的同时,玛丽亚·普伊赫·德拉·贝拉卡萨(Maria Puig de la Bellacasa)创造了"在意事项"(matters of care)这一短语来帮助我们看清构建事情必须完成的积极工作,以及在分配这种劳动时面临的重要政治和伦理问题。[116]她认为,事情的创造提出了一个根本问题:谁在乎和关注的才是重要的,谁在乎和关注的才是在这个世界上让我们聚集在其周围的事情的根源。关于基因组是否有意义——是什么事情或者"不是任何事情"的争论,源于这一关键问题——是谁的关注,以及由此形成的怎样的事情,将构成21世纪开始的几十年中的世界?基因组会是这些事情之一吗?

这是一个与人类基因组计划时代出现后引发的疑问截然不同的问题。当大多数人相信测序仪正在产生价值巨大的某种事物——人类基因组时,谈论谁控制它,谁能拥有它,以及它的力量会如何被用于包容和排除是有意义的。然而,在后基因组时代,这些仪器现在常常产生价值不明的基因序列。我们如何才能确定候鸽、斑点鼠鸟和帕内尔八爪蝙蝠的基因组序列何时能够具备高质量并可供科学界使用呢?[117]对人类基因组计划和生物医学的投资,保证有足够多的研究人员对这样一件事感兴趣，即人类要确保对人类基因组的测序应足以消除大多数错误。如今测序工作已经扩大到数千个物种，对这类测序感兴趣的研究人员可能只有少数几个，该如何断定何时测序数据好到足够有价值，通常还没有定论。此外，序列的含义往往还不清楚。这种情况在医学基因组学中尤甚，这门学科仍然很少发现具有明确临床意义的基因变异。[118]

在这么多问题悬而未决之时，我们怎能去思考和判断呢？正如一位在非洲大陆多个地区从事基因组学研究的社会科学家向我解释的那样，当人们知道某件事情的价值时，可以权衡，再决定是否要参与其中。对许多和她一起工作的人而言，基因组学的价值是难以辨明的。那么当时他们是如何决定要参与基因组学的呢？

基因组之后的伦理、公正和知识：从深思熟虑到故事

这些问题处于后基因组时代的核心。为了解决这些问题，在接下来的章节里，我将讲述一系列故事，我们可以围绕这些故事去理解和讨论让人类基因组对广泛多样的生活有意义的各种工作。这些故事就在我们之间，它们的确是"有意思的"。[119] 如阿伦特所说，我们分享这些故事，是为了从别人的角度去看问题来建立一个共同的世界。正如阿伦特的书中所言，在今日的世界里，故事是计算机程序语言必不可少的伙伴。虽然代码和计算程序能迫使人类采取行动，但是它们不能帮助我们批判性地思考和理解为何或应当如何行动。代码和程序是工具性的，但不是启示性的。它们保证去控制，而不是自由竞争。它们处理数据，却很少会培养意义。为此我们需要故事，故事帮助我们"去思考我们正在做的事情"，去批判性地参与和回应我们之间的事情。[120]

有许多文章和书籍告诉我们人类基因组学可能带来的重大结果和

巨大麻烦，可是很少有文章和书籍帮助我们去思考我们自身在这一过程中做了什么，又如何去应对这些事情。这本书填补了这一空白，填补空白的故事不是关于基因组英雄和大反派、乌托邦和反乌托邦的，而是关于人类和机器的广泛联系、希望与失望、构成后基因组环境的历史和未来的。在每一个故事中，日益增长的任务以医学突破的名义收集基因组，并且提供进入基因组数据的开放式通道，以适应提供基因组的人群的各种天生条件、经历和缺陷。开放的、无限制自由的强烈意愿遇上约束、选择和排他性的各种生活现实。信息公开违背了生物医学和自由民主对隐私权的保证，触发了"什么是公正和合乎伦理的治理"这个根本性问题。这些联动的故事让我们抛开所有太过熟悉的对基因组学的赞美或谴责，去处理各种现实条件造成的模棱两可、悖论和进退两难。

　　虽然各章节按照时间顺序排列，以便表现后基因组学在10年时间内的发展，不过每一章的核心都是自由民主——"信息"、"包容性"、"人民"、"个人"、"财产权"、"隐私权"和"公开性"等核心概念。我的论点是，不同的自由概念会在不同的时刻凸显。我会从"信息"这一概念开始阐述，因为这一概念从一开始就构建了基因组学的发展框架。"包容性"会在"信息"之后出现，"个人"则是一个新引入的概念。每一个概念的出现都带来新的希望，希望能创造出一种有意义的基因组学，能够实现理解和支持人类及其所有伴生物种的愿景。[121]

　　我本人为这本书进行的多次旅行都是为遵循这些希望。我是一位前耶稣会教士的女儿，父亲支持德日进（Pierre Teilhard de Chardin）——他的耶稣会同事的观点，后者相信人类正在朝向最高等级的意识水平进化。我很早就学习遗传学，了解这门科学改善人类社会的愿景。[122]虽然父亲多方敦促，我还是有了更为直接的各种兴趣：生态学、哲学和政治。然而，在我修完本科学业时，又回到了遗传学。当时人类基因组计划刚刚启动，我感到兴奋的是，能与围绕分子技术的各种力量紧密相关，这些力量会去揭示人们理解的广义上的生命的各种基础性的新真理。我为这种兴奋之情沉醉，将野外研究用的防水长靴换成移液管，开始对基因组测序。我学习 DNA 测序时，承担大部分工作的还是人工，而不是机器。基因组测序不仅会让我理解基础性的新生物医学真理，还会进一步促进人权工作，我受此鼓舞，进入加利福尼亚大学伯克利分校分子、细胞和发育生物学系攻读研究生课程。我希望与玛丽-克莱尔·金合作，她当时是基因技术的先驱，用基因技术确认在阿根廷的历次肮脏战争[1]中被从自己的家庭带走的孩子的身份。金还刚刚与别人联合对人类基因组多样性计划发出呼吁。[123] 我发现她做的这两项工作都很有吸引力，将生物学、历史学、政治和社会公正融为一体，颇有前途。

然而，最终我还是决定将自己的问题挪到实验室外面，而且我想效法阿伦特，在许多人将他们的精力转向 DNA 测序时，尝试去思考和写下我们正在做的事情。我没有留在加利福尼亚州，而且去了东部，在康奈尔大学，获得一个刚刚兴起的学科——科学和技术研究博士学位。[124] 在康奈尔大学，我发挥了自己对人类基因组多样性研究的兴趣，这是生物学、政治学和历史学的交叉领域，还将继续为这一领域写一本书。[125] 我还对分子生物学和基因组学的实践工作保持着密切关注和兴趣，这样的关注对我理解和记录人类基因组学的出现的能力至关重要。

---

[1] 指 1983 年以前，阿根廷不止一次发生的政府支持以暴力手段非法对付反对派民众的所谓"战争"。1976 年至 1983 年间，豪尔赫·魏地拉等人为首的军政府统治时期的肮脏战争最为著名。这一时期大约有 9000 到 30 000 阿根廷人因遭遇非法逮捕、拷打和杀害等行为下落不明。——译者注

发生戏剧性变化的是我对人类基因组学的性质和意义的理解。对一些人而言，人类基因组多样性计划在确保关于人类历史与计划的基础性新真理的同时，也在与种族主义战斗；对另一些人来说，它却对他们的历史和生计构成了威胁。[126] 我为这种冲突感到震惊和困惑。我会被这个项目吸引，是因为它拥有解决广泛的人类问题、推动公正事业的潜力，怎会被某些人视为下一波科学种族主义呢？在这个项目为某些人（例如年轻时代的我）构建有意义的生活的同时，对多样性计划的科学家们试图去收集其基因组的许多人而言，这个项目对他们产生了威胁，会削弱他们的生活意义，因为 DNA 会揭露他们的过去，威胁到他们对未来的要求。[127] 这种紧张关系让我既困扰，又感到有趣。

这种紧张关系虽然令人不安，却也向我揭示了人类基因组学在最广泛意义上产生洞察生命工具的能力。这一领域不仅解决了有关进化历史和疾病的各种根本问题，也让当代社会和政治的本质受到关注。我发现，人类基因组学比我想象的意味着更多。这门学科意味着一场我们应当如何理解人类的斗争，这种理解不仅是为了治疗疾病，而且是为了解决关于财产权、身份认同和各种资源的争端。它意味着许多职业的兴衰。它意味着要决定投资什么样的将来，要补救哪些过去。它意味着要选择去了解和关心何种生命，忽视何种生命，任其消亡。正如我父亲所说的那样，对遗传学和基因组学的研究，确实可以拓展人们的观念。

然而，我还是希望这门科学可以意味着一些具体的事情，而不是其他事情：一个包容多于排斥的世界，一个社会公平而不是种族主义的世界，一个开放而不是封闭的世界。我在这本书中选择的每一个场景，是因为所有这些场景都与上述类似的愿望嵌合。从亚拉巴马州的塔斯基吉到苏格兰的爱丁堡，从墨西哥城到硅谷，过去 10 年，我与基因组科学家、社会科学家、信息学家、遗传学顾问、生物伦理学家、社会活动家、律师、企业家和政策制定者会面，他们都希望确保人类基因组学按照其最初的承诺对人类有益，这个承诺就是：这门学科将代表全人类，它将有助于为每一个人建立一个更美好的将来。在我与他们会面时，我得知他们面临的具体挑战和质疑，得到的始料不及的各种经验教训，以及摆在面前的各种未知领域。[128]虽然克林顿总统十分优雅地将这些专家对人类基因组所做的承诺清楚地进行了概括性的表达，但是如何在具体项目中坚持这一承诺，往往仍不明朗。然而，我们将会了解许多东西。虽然这些理论的原始目标往往是虚拟的，它们却一直在解决下列问题时做出关键贡献：当技术科学获得不成比例的各种资源、贫富差距不断扩大、自由民主的思想和行动模式常常对多个领域的需求不能提供充分反应的时候，我们如何才能了解和管理这些问题。将他们的故事集中到一起会引发——我也希望会有助于掀起——一场更加广泛的公共讨论，一种关于在后人类基因组时代，我们如何在一个能够生活和共享——而不仅仅是希望和梦想——的范围里锻造伦理、公正和知识。[129]

为了欣赏和领会这些故事，重要的是先去了解促使人类基因组测序最初出现的各种希望和梦想。自由主义对于在自由获取信息基础上建立良好政府的梦想，是如何被运用到基因组学上的呢？由此产生的基因组"信息"的概念是如何制造出"后基因组"这个有意义的问题的呢？这是我在下一章要讲述的问题。

第二章

生命的信息还是信息的生命

> 虽然（基因组）序列在某种意义上是最终的遗传图谱，它的意义也远不止于此：它本身也是生物信息。当我们完成序列的收集工作时，我们手中就会拥有生物学的象形文字，即便起初我们根本理解不了它们。
>
> ——约翰·萨尔斯顿和乔治娜·费里，《共同线索》
> (Common Thread)

1945 年 8 月 6 日，美国政府在日本广岛市投下一颗铀原子弹。3 天后，一枚钚原子弹在长崎上空爆炸。数以万计的人当即丧生。另有成千上万的人因烧伤和放射性疾病较为缓慢地死去。此后数十年，无数人因不间断的各种放射性危害死去。然而，尽管人命的损失如此巨大，许多人还是为原子弹轰炸庆祝。[1] 无论对错，他们都认为轰炸让第二次世界大战结束。就在它杀死成千上万人之时，他们相信它已阻止流血。根据这种对成功的理解，美国政府和工业部门对科技的投资在战争结束后直接大幅增长。[2] 然而，20 世纪 60 年代初，随着越南战争死亡人数的增加，公众情绪发生了转变。关于"橙剂"（Agent Orange）

的毒性和致命影响，20 世纪 50 年代大气核试验期间的辐射曝光，以及致突变化学品的曝光，引发了多次争论。许多人开始怀疑，生与死已经不在一个生理冲击的明确时刻发生转变——例如一颗原子弹的爆炸，而是因更普遍也更不可见的力量发生转变。[3] 当一颗原子弹或常规炸弹造成明确的人员伤亡时，原子弹以未知的新方式——缓慢、无形、随着时间推移的方式，伤害和杀死受害者。[4]

人类基因组计划就在这些原子弹时代的幽灵制造的知识和公正的问题之中诞生。美国国会担心对原子辐射效应的争论会引发法律诉讼，开始搜集"不可见事物的证据"。[5] 他们想要了解辐射的致突变效应哪些是可知的，哪些是不可知的。1984 年 12 月，在犹他州阿尔塔的一座滑雪屋里，美国能源部和国际反环境突变因素和致癌物保护委员会，召集了 DNA 分析法专家，来确定直接检测突变所需的技术能力。他们的结论是：改进 DNA 分析需要一个庞大、复杂而昂贵的计划。[6]

就在人类基因组计划开始去纠正出于军事目的运用自然科学而造成的不公正伤害和生命损失时，一种对公正的更为古老也更深入的追求，塑造了它的演变。这就是为了人民，而不是为暴君的统治，去创造获取信息所需的途径。与"原子弹之父"，理论物理学家 J. 罗伯特·奥本海默（J. Robert Oppenheimer）一样，人类基因组计划的几位奠基人，都相信启蒙运动的理念，即信息和知识是更为理性，因此也更为公正的社会的基石。[7] 他们相信，DNA 蕴藏着生物世界的这种信息。人类基因组计划领导人约翰·萨尔斯顿宣称，DNA 测序"本身就是在获得生物信息"。[8]

然而就像那些试图发现宇宙最重要原理的物理学家那样，自认为在研究生物世界基石的基因组科学家们，很快发现自己被更大的政治经济力量纠缠不清，这些力量困扰着他们长期信奉和珍视的信仰和工作。所谓的生命奥秘也意味着一罐黄金。[9]因此，根据主流说法，基因组科学家很快发现自己处在一场防备"人类最基本信息"被一家公司接管的战斗前线。[10]他们受开放性和社群主义准则指导的道德经济，在一种力量日益增长、影响力广泛的资本主义经济面前举步维艰。[11]在这些故事中，道德评判是清楚明了的：约翰·萨尔斯顿——公共测序工作的带头人是一位英雄，领导私人测序工作的前国立卫生研究院科学家克雷格·文特尔是个"大反派"。

根据对人类基因组计划主要缔造者的采访，以及他们的自述，本章讲述了一个不同的故事。[12]在这个故事中，工作中的各种力量不那么清晰可见。善与恶、公与私、道德与不道德之间不能划分明确界线。新兴的技术科学——这一次就是DNA测序技术——与生死之间的关系又一次是不确定的。公正不取决于个人行为——无论个人行为英勇还是可憎，也不宜将责任轻易归于具体某个人。相反，所有出场的演员——无论是为一家公司、一家风险投资企业或者公共政府工作——都发现自己陷入了一场根本性的斗争。这是一场在后"二战"时期对通信技术的投资，后越战时期对技术性科学价值的质疑，以及后冷战时代信息资本主义兴起之后，对科学和信息的价值和意义进行的斗争。[13]一项试图用不断增加的自动测序仪来取代人力，并且消耗大量试剂和资本的大工程的价值和意义是什么？这些信息化和自动化基础设施给谁和什么机构带来了好处？尽管人类基因组计划的各位带头人为捍卫和推动公共资助的科学行为勇气可嘉，许多人还是非常担心基因组学开创了一种技术官僚和资本主义合谋的信息生产模式，即一种旨在提高速度和效率的计算机运行的机器，取代了寻求知识和公正的人。

他们的担忧没有在史册中被湮没。许多基因组科学家撰写人类基因组计划的报告，让这些更深层次的结构性转变凸显出来，即"获取基因组信息有充分的伦理和科学"这个简单的故事并未有定论。[14] 本章将这些报告与人类基因组计划的主要记录放在一起讨论，我将一系列情景呈现在读者眼前，用以理解这些深层次复杂事物，后基因组的意义问题正是从这些事物中产生的。我将集中讨论这个问题在人类基因组计划之后 10 年中所引发的一个核心疑问：在一个生命变成信息、信息变成资本、资本等同于自由的世界里，我们如何才能合乎伦理道德地拥有知识和采取行动呢？

从百慕大群岛到贝塞斯达：打造基因组学的创始故事

2001 年 2 月 12 日，人类基因组计划的各位带头人和他们的支持者在马里兰州贝塞斯达美国国立卫生研究院的马苏尔礼堂聚集，庆祝人类基因组草案同一天在《科学与自然》杂志发表。巧合的是，这一天也是亚伯拉罕·林肯的生日。就在美国其他地方庆祝他们的第十六任总统的诞辰——怀念他拯救美国，保证"民有、民治、民享的政府不会倾覆"的时候，7 个国家、20 家机构的人类基因组测序共同体，在庆祝为人民拯救了人类基因组。[15] DNA 双螺旋结构的共同发现者，人类基因组计划的首席主任詹姆斯·沃森宣布，"坏人们"没有赢。尽管克雷格·文特尔和他的公司赞助商们做了努力，用英国人类基因组测序工作带头人约翰·萨尔斯顿的话来说，基因组仍将是所有人的"共同遗产"。[16]

在贝塞斯达的庆典上，有一位在谢南多厄河谷出生的与会成员弗朗西斯·柯林斯，其父爱好收集民歌。他用伍迪·格思里的歌曲《这片土地是你的土地》的曲调唱道：

这份草案是你的草案,这份草案是我的草案,

这是一份免费的草案,看草案不用付费。

这是我们的说明书,所以来看看吧,

这份草案是为你和我起草的。[17]

柯林斯接着说起一大串民谣歌手的名字——从鲍勃·迪伦到布鲁斯·斯普林斯汀——这些人都努力复兴格思里的反资本主义政治信息。正如格思里在他最钟爱的一首歌中写道:

有一堵高大的墙想要阻止我,

上面写着"私有财产",

但是在背面什么字都没有,

这是一片为了你和我而出现的土地。[18]

柯林斯解释道,这首歌"总结了我们为何要做这一切,我们的一些希望又是什么"。[19] 他认为,人类基因组计划真正的重要性和意义是对公共科学和信息自由的捍卫。

所有听众都知道这个故事。20 世纪 90 年代中期,克雷格·文特尔和他的公司支持者,以及马里亚德基因公司(Myriad Genetics)企图为人类基因组序列申请专利:首先对序列标签(ESTs),然后对整个基因[例如乳腺癌 1 号基因(BRCA1)]。1996 年 2 月,在百慕大群岛,英国和美国人类基因组计划的带头科学家们一致同意击退这些圈占行为,并达成了一项非常有名的历史性数据共享协议。在那次会议上,萨尔斯顿在白板上写下了名言:

（最好每天）自动发布大于 1kb 的各种测序集合

立即提交已完成的带注释的序列

为了让序列对社会的利益最大化，要让研究和开发的所有序列在公共领域可自由使用。

这些声明经过一些细微修改后，成为人所共知的"百慕大原则"。萨尔斯顿高度评价这些原则，认为它们在让人类基因组免于被注册专利，在确保这一公共信息得到保护这件事情上发挥了关键作用。[20] 柯林斯认为，批准这些原则，"是人类基因组计划的决定性时刻之一"。[21] 用果蝇遗传学家迈克尔·阿什伯纳富有趣味的话来说，当恶臭之徒——令人畏惧的"身穿西装之人"在 1998 年出现，提供给文特尔组建塞莱拉公司所需的风险投资时，百慕大原则是呼吁为人类基因组计划努力的重要集结号。塞莱拉公司得到 3 亿美元的资金支持，拥有庞大的测序仪队伍，以拉丁文"速度"一词命名，威胁会在人类基因组计划之前完成人类基因组测序。然而，蓄着须髯、热爱民歌的基因组科学家聚集了他们的部队，经过不懈努力，将人类基因组从私人围栏中解救出来。[22] 据报道，加利福尼亚大学圣克鲁兹分校的吉姆·肯特日夜在自己的车库里书写代码，只有在手腕不听使唤的时候才会停下。[23]

许多基因组科学家认为，处于成败关头的不只是人类基因组，还是科学自身的未来。遗传学家 R. 斯科特·霍利在为阿什伯纳的果蝇基因组测序报告《赢得一切》所写的结语中说道："科学只有在知识，以及获取知识所需的物质资源，能够自由分配给我们的同道（无论他们是合作者还是竞争对手）的条件下，才能进步。"[24] 人类基因组计划的各位带头人公开赞美这是对信息和知识自由流动的道德承诺。

人类基因组学：一种道德经济？

在将信息的自由流动置于基因组学的道德核心之时，霍利、萨尔斯顿和柯林斯借鉴了半个世纪之前，科学社会学奠基人罗伯特·默顿在著作中始创的对科学的理解。在欧洲法西斯政府崛起的阴影之下，默顿在《科学与民主笔记》一文中坚决主张："一个社会足够民主的话，它就会为实施科学的普世标准提供空间。"这些标准的核心是"共产主义"准则。默顿解释道，科学是一种公共事物，其结果应当存在于公共领域。他写道："秘密是这一准则的对立面，充分和开放的交流是这一准则的法规。"[25]默顿将科学的开放式交流与技术发明的私人圈占进行对比。他评论道，美国最高法院在1897年对美国联邦政府诉美国贝尔电话公司一案做出裁决："发明者是发现有价值东西的人。这是他不可侵犯的财产。他可以保留这一发明的知识，不让公众知道。"[26]默顿认为，这种将技术视为"私有财产"的构想对科学构成了威胁。

数十年来，默顿将科学视为一种开放性的灯塔来理解，在自然科学家和社会科学家中占据主导地位。第二次世界大战刚刚结束不久，时任美国科学与研究开发局局长的万尼瓦尔·布什，因力主公开和出版以前的机密军事信息和强调其重要意义闻名。[27]20世纪五六十年代，学者们在反对政府保密和"重资科学"的斗争中，激发出开放性科学的理想。[28]20世纪90年代中，基因组科学家用同样的理想组织和支持人类基因组计划时，借鉴了这一历史悠久的古老思想，即在科学家之间信息应当自由流动。[29]

然而，公众获取基因组信息的方式和原因在基因组学占据中心位置远非历史的必然，也绝非一个简单的故事。首先，基因组学不易融入默顿关于科学与技术之间的区别的各种观点。从一开始，技术创新就是这个领域不可或缺的一部分。正如科学社会学家史蒂夫·希尔加特纳（Steve Hilgartner）指出的那样，任何在基因组学内部的科学和技术上划分界线的尝试，都是"用既有经验难以捉摸的"。[30] 这种模糊性困扰着对默顿准则的所有简单诉求。虽然科学可以受一种开放精神支配，可是从基因组技术的基本概念来看，它引起了人们的关注。[31] 1980 年，美国政府与美国贝尔电话公司的官司将近 100 年后，美国最高法院对戴蒙德诉查克拉巴蒂案（*Diamend v. Chakrabarty*）的判决，维持了一项基因工程细菌的专利权，说明"技术即财产"的观念将持续到生物技术时代。[32]

这种技术创新的私有财产制度与默顿式的科学开放性规范相结合，创造出一种形成性张力，从一开始就有力地塑造了基因组学。从很早开始，人类基因组计划的领袖们就承认，如果要在自己的有生之年对人类基因组测序，就需要专有的自动化仪器。与塞莱拉公司一样，他们寻求应用生物系统公司生产大量商业化的自动测序仪。

对约翰·萨尔斯顿，这位以努力保持人类基因组测序公开化的人类基因组计划英国带头人而言，上述问题产生了一个巨大的挑战。在自传《共同线索》一书中，他用了多页篇幅描述他在设法利用应用生物系统公司提供的仪器在速度和效率方面的威力的同时，避免陷入该公司的财产制度陷阱制造的困境。萨尔斯顿解释道，他是一名在著名的分子生物学实验室（LMB）成熟起来的科学家，当时实验室的领导者是分子生物学的创始人之一悉尼·布伦纳（Sydney Brenner），还有 DNA 双螺旋结构的联合发现者弗朗西斯·克里克（Francis Crick）。[33] 比起实验室取得的生物学突破来，萨尔斯顿更加赞赏实验室的社会组织体系：挤满人的实验室席位鼓励相互交流和构思共享。[34] 他解释道，分子生物学实验室的生产力和成功，并不取决于计算机和一种资本主义经济，而是取决于众人和一种共享经济。

正如科学史学家罗伯特·科勒（Robert Kohler）在他的果蝇遗传学史研究中说明的那样，这些分享程序，在各基因遗传图群体中有着深厚的历史渊源。[35]托马斯·亨特·摩根（Thomas Hunt Morgan）和他的"蚊蝇研究伙伴们"经常共享积累的信息和知识，这是一种随着科学家和历史学家们知识生产速度的提高和他们的作品和工作被更为广泛地接受，得到广泛赞誉的做法。后来这成为分子生物学界的标准做法，玉米、噬菌体、细菌和蠕虫遗传学家全都采用。[36]科勒认为，共享对这些群体变得如此重要，乃至于这种分享将业内人士和外行区分开来。他觉得，这是"一种（业内的）公民身份标志"。[37]

数十年后，当科学家们想要绘制人类基因组图时，萨尔斯顿认为共享仍然是他们成功的基础。他在2007年向杜克大学的本科生丽娜·陆（Lina Lu）解释道："只有当人们共享他们的信息时，绘制基因组图的整个流程才能工作。如果人们不共享，那么这个流程就无法工作……事实上这对像人类基因组那样数据集极为庞大、几乎无法理解的东西是非常重要的。"[38]萨尔斯顿在这里和其他地方都明确表示，分享不仅在政治上和伦理道德上很重要，也具有一种现实的必要性，他回忆道："我们必须合作，因为在那个阶段，任何人都不能靠自己就完成所有的事情。"[39]

然而萨尔斯顿很快就指出，共享并不排除所有权。为了防止重复和确保基因组能完整测序，那些参与人类基因组测序的人对谁控制人类基因组的特定测序节片达成了协议，当人们认为这些节片包含重要的基因［例如与乳腺癌有关的基因——乳腺癌1号基因和人乳腺癌易感基因2（BRCA2）］时，协议就极为重要。[40]他解释道，这些事实上的所有权协议，促进了人类基因组完整测序所需的责任和信用体系。文特尔和应用生物系统测序仪器的到来，让萨尔斯顿要面对的新问题，不是私人机构和公司威胁要对人类基因组主张财产权利,而是他们以一种创造私有财产,而非公共财产的方式在做这件事,同时他们将金钱,而不是认可和学术声望,放在交换的中心位置。[41] 在《共同线索》的宏大叙事中,克雷格·文特尔成为敌人,是因为他决定加入资本主义经济的决定,威胁到科勒所说的基因遗传图绘图者的道德经济。[42]

然而这是一种什么问题呢?虽说乍一看道德经济可能比资本主义经济可靠,但深入研究这些术语的含义,会发现一个更加复杂的故事。科勒借用了社会历史学家 E.P. 汤普森在 1963 年出版的《英国工人阶级的形成》(*The Making of the English Working Class*)一书中用过的"道德经济"这一术语。汤普森用道德经济来描述 18 世纪英国粮食骚乱期间面包分配所依据的做法和规范。虽然许多人将汤普森的说法理解为主张 18 世纪穷人的"道德经济"要比 19 世纪市场型的自由主义"政治经济"(或者简称为"市场经济")更好,但后来汤普森却澄清这种理解并非他的本意。

> 或许问题在于"道德"一词。"道德"是一个给学术界的头脑带来一股激烈争论的热血的信号。没有比"一个食品暴徒会比亚当·斯密的信徒更加'道德'"的观念让我的批评家们更加愤怒的事情了。但这不是我的意思……我或许该将这称为"一种社会学上的经济模式",也是一种本意(经济性)是一个与家庭适配的组织体系的经济模式,在这种经济模式里,每个部分都与整体相关,每个成员都承认自己的各种职责和义务。[43]

可是当其他人将这个术语引入其他领域,包括科学史时,他们就打开了对各种行为进行评判的大门。[44] 某些事物被形容为"道德的",

就意味着还有其他无道德或不道德的事物。这个术语随即带来了一个隐含的标准性评判。那些被认为创造和支持道德经济的人受到赞扬，令人钦佩。事实上，正如科勒的多份报告所说，摩根和他的蚊蝇基因研究伙伴们受到高度尊重。

约翰·萨尔斯顿和弗朗西斯·柯林斯也备受尊崇。2001年，英国女王授予萨尔斯顿爵士头衔。2009年，巴拉克·奥巴马总统任命弗朗西斯·柯林斯为美国国立卫生研究院院长。在影响力最大的人类基因组计划的故事中，柯林斯和萨尔斯顿是道德高尚之人，被视为国民英雄。例如，《共同线索》的众多读者，将不会错过书中主要叙事里隐含的评判。文特尔和支持他的风险投资家是反面人物。他们威胁公共科学的正确秩序。萨尔斯顿是英雄。他勇敢地击退了反派。当萨尔斯顿在周日下午解码应用生物系统公司仪器的文件，他和他的同事不必依赖公司的专有软件时，他的读者会为他欢呼。[45]

可是这些关于人类基因组计划的"道德经济"故事却给汤普森的叙述制造了麻烦。这些故事鼓励对现实事物进行论辩性理解，但现实中的事物涉及一个复杂得多的故事。后来，一位人类基因组计划的主要设计师向我解释道，人类基因组计划谋求为所有人解放基因组是一个动人的伟大故事，可是这个故事忽略了许多基本的现实问题。[46]

在现实世界里，百慕大规则的开放性政策倾向于包容一些人，同时排斥其他人。一位基因组测序技术的早期创新者在2013年反思道："我认为人们对当时占主导地位的几个DNA测序中心自私的一面没有非常清晰的认识。这种私心实际上让人类基因组计划的次要贡献者很难满足百慕大规则的要求。桑格研究所拥有100名IT人员，对他们而言，要将自己的数据正确输入基因库并不是真正的问题。这于我而言是个严重问题，我也讨厌别人对我说'你应当从你工作的最佳管理模式中适度转移资源'这种话。"⁴⁷ 上传大型数据集，将其放入开放领域，需要大量的时间和资源。这不像按下一个按钮那么容易。数据必须妥善格式化，在上传过程中要经过引导。开放需要各种资源，而资源是有限的。⁴⁸

开放有助于形成知识吗？

百慕大开放原则不仅对谁拥有参与基因组学所需的资源提出了疑问，还对如何取得创造基因组知识所需的数据的质量提出了问题。并非所有人都认同开放性会培养出知识。事实上，人类基因组计划的一位带头人针锋相对地认为事实恰恰相反：

> 百慕大模式的核心是数据无须任何分析，甚至无须质量控制，即应当发布……我觉得这个想法其实很愚蠢，甚至都不值得去建构一些复杂的反驳论据；这就是愚蠢。科学的一个核心原则是，科学家为了他们引入公共领域的信息的可靠性，需要保留一些记录。你不能要求他们在 24 小时之内发布原始数据，还要对数据的有效性负责。科学家们从来不会（按照百慕大原则要求他们的）那样去做，事实上他们也不应该这样做。⁴⁹

即使在人类基因组学的这个早期阶段，科学家们也在担心他们正在出品的数据的认识价值。⁵⁰

知识产品历史上，一个开放性获取知识的诺言对创造有价值的知识构成威胁的情况，并非首次出现。正如历史学家阿德里安·约翰斯在《盗版：从谷登堡到盖茨的知识产权战争》一书中描述的那样，在

19 世纪的英国，全面寄存法规引发了人们对图书馆将成为"无限大的琐屑储藏库"的担忧。[51] 历史上和当今时代，知识的培养和传播都需要大量的时间、金钱和长时间的关注。因此，知识应当自由传播的意义远不明确，长期以来都是一个有争议的问题。

虽然当时就能感觉得到，这些开放性访问和获取的深层次复杂问题并没有在广为人知的百慕大原则的文本上出现。相反，一个流行的童话故事文本成形了。正如一位人类基因组计划的科学家所说："我觉得人们有一种白衣骑士情结。对那些不爱多思考的人来说，这听起来不错，况且人们喜欢被当作英雄看待。"[52] 百慕大是一个岛屿。一片充满理想的梦幻之地，你可以在情人湖畔散步，在晶莹湛蓝的海水里冲浪，和海豚一起游泳。虽然百慕大一直以一个开放、负责和开明的基因组学的关键创始神话之地的形象存在，但岛外的生活证明，这个故事从来不是那样简单。[53]

百慕大岛之外和进监狱

"我刚刚听见监狱的大门在我们身后关上。"

于是《共同线索》一书开始了。这是萨尔斯顿对他意识到自己在人类基因组计划上签字，从而没有回头路的那一刻的描述。刚刚与詹姆斯·沃森在冷泉港车站会面，他就站在长岛铁路赛奥西特火车站的站台上，阳光"刺眼而明亮"，监狱大门的声音在他耳边"回响"。鉴于这本书强调开放的重要性，以及它对私人圈占的邪恶力量的完胜，选择这样一个开篇令人惊讶。然而，监狱大门"砰"一声关上的话题在整本书中回响，提醒读者这不会是一个简单的故事。[54] 在某种程度上，这个故事是萨尔斯顿对科学生活理解的一种庆祝，也是对这种理解赋予个人自由思考与战胜强大政治和经济势力的力量的一种庆祝；而在另一方面，这是萨尔斯顿和他的同事们对如何失去控制，以及与这个故事相伴的、他们长期珍视的建立信任和创造知识的公共工作的辛酸陈述。

开篇之后的几页，萨尔斯顿记述了他日常工作生活的转变，从剑桥分子生物学实验室中充满人类激烈互动的狭小而亲密的空间，到在欣克斯顿修建的，距离分子生物学家非常欢迎的雄鹰酒吧数里之遥的桑格中心，那里有大量测序仪的广阔洞穴状空间。我们得知的一种生活，不再以深夜在实验室相会、喝咖啡的时间、醉酒后划船远行和戴着盖伊·福克斯面具的庆典为标志，而是变成了在按计划维持一支生产数据的测序仪大军的压力下生活的日子。[55] 对仪器的需求，而不是对人的需求，占据了中心位置。正是这些需求，让萨尔斯顿不情愿地，却似乎是不可避免地进入一个资本主义的生产世界，因为基因组测序的第一项，也是最重要的要求，就是大量的资源：购买仪器、雇用测序团队，还要为持续不断的试剂供应付款。[56] 在他献身于人类基因组测序工作的 15 年的所有描述之中，所需的资金量一直面临超出公共政府和私人基金会能力而无法得到满足的威胁，使得人类基因组测序计划长期处于被风险投资接管的阴影之下。萨尔斯顿收到多份加入私营企业的邀请，他说他一直都认真对待这些邀约，哪怕邀约来自他的主要竞争对手克雷格·文特尔的时候。虽然他成了人类基因组测序公共项目的有力发言人，但是他很早就意识到，"商业压力将一直都是画面的一部分"。[57]

尽管许多人认为，这种商业压力是让基因组学变成被套上速度和效率的逻辑挽具的一匹马的原因，可是在许多方面，这些逻辑在应用生物系统公司测序仪来到剑桥的那一刻就形成了，比商业压力来得更早。正如生物信息学历史学家哈勒姆·史蒂文斯解释的那样："计算机是商业工具，它们对过去二十多年改变生物学工作的各种实践提出要求，并且付诸实施，让生物学工作适应高速度、大体量、高生产率、及时记录、符合会计要求和重视效率的各种标准。"[58] 在《共同线索》一书中，萨尔斯顿描述了计算机进入他的基因组测序工作核心时发生的这种转变，这种转变塑造了新桑格中心的根本设计意图，为各项工作带来一种业务式的精神、节奏和做法。虽然萨尔斯顿指责文特尔不再从事科研，而是在做业务，可是在他书中的某些页面里，他解释道，他同样也在做业务："测序仪不再根据传统的实验室结构运营，得到一群或多或少独立的科学家和一些技术人员支持；我们正在有效做着'业务'，鲍勃（沃特斯顿）和我当时在做最大的业务；埃里克·兰德渴望拥有最大的业务。"[59] 就像企业界的人那样，文特尔、兰德、沃特斯顿和萨尔斯顿在设法为自己的业务提高速度和效率。要做到这一点，他们一直都需要更多资源和严格控制的管理体系。这不是每个人都能参与的。事实上，许多人不得不被排除在外。萨尔斯顿回顾道："看起来我们仿佛都变得很固执，在捍卫自己的利益，可是我们处在一个在更多方面要负责的位置：没有我们，人类基因组将会被私有化。我努力向迈克·史密斯解释这一点，不过我认为他明白。'你们没有将任何东西留给别人。'他抗议道。可是如果这个计划可以被留给所有小组，克雷格就会将这些小组全都走访一遍。"[60] 萨尔斯顿认为，在人类基因组计划结束时，几十个都渴望参与的实验室中，还有20个在被《自然》杂志列为作者的实验室中，只有2个堪称"加速人类基因组序列产生所需的高水平的企业化组织"，创建了最终的序列，即他指导的桑格中心和鲍勃·沃特斯顿在圣路易的华盛顿大学的实验室。[61]

尽管萨尔斯顿忠于悉尼·布伦纳和他在分子生物实验室的公共工作中的精神和惯例，萨尔斯顿还是发现自己在生物学转变为工业化规模生产体系过程中成为一个核心人物，这个体系排除了所有跟不上的人。[62]这个体系与其他知识领域一样，已经成为信息资本主义的一部分。

基因组学和信息作为一种全球化商品的兴起

在人类基因组计划启动的10年前，让-弗朗索瓦·利奥塔尔就认为，知识已经成为"生产能力不可或缺的一种信息产品"。事实上，他断言，知识"可能是全球实力竞争的主修科目——或许是主要利益所在"。[63]当然，20世纪90年代中期，人类基因组计划的核心行动人员仿佛就演绎了这种情况。创立人类基因组科学公司之后，克雷格·文特尔和沃利·斯坦伯格将他们加入人类基因组测序竞争的理由正当化，认为这只不过是"拯救美国生物技术产业"的一次努力。[64]2000年，美国股市的命运取决于人类基因组学发生的大事件。2000年3月，英国首相托尼·布莱尔和美国总统比尔·克林顿发表公开声明，确认基因组数据将会免费提供的百慕大原则，纳斯达克指数——高科技股指数应声下跌200点。仅仅在一天之内，生物技术股的市值损失就达300亿美元。[65]

虽然一位社会理论家10年前就预言过，经历和描述这些变化的却是萨尔斯顿这位生物学家。他评论道："生物学经历了一场经济上的巨大变革，它现在不仅拥有庞大的知识量和对人类的巨大利益，而且已拥有惊人财富。身为生物学家，我们已经失去了自己（在经济上）的清白无邪。"[66]这些变化改变了萨尔斯顿所知的科学生活的各个方面：其建筑物、实践，甚至开放性本身的核心价值。人类基因组计划结束时，开放准则促成完成人类基因组测序的竞赛，从而启动了测序仪的"军备竞赛"。萨尔斯顿回忆道，1998年秋，"公共资助计划的盟友正在加强他们的组织，以扭转趋势对抗入侵者的威胁"。⁶⁷ 桑格中心以 30 万美元的单价购买了 30 台应用生物系统公司的新型毛细管测序仪。布罗德研究所（Broad Institute）的埃里克·兰德购买了 125 台。1999 年，文特尔开办塞莱拉公司的那一年，应用生物系统公司出售了价值 10 亿美元的测序仪。如果说在这场完成人类基因组测序的竞赛之中有毫无疑问的胜利者，那就是这家仪器制造商。就像在其他领域一样，以民主获取和包容的名义，扩大生产基因组信息的能力要求集中财富，而且让生产这种信息的能力落到少数几个实验室。⁶⁸

萨尔斯顿和桑格中心的其他人，确实在努力抵制让信息资本主义的逻辑和做法接管基因组学的意图。时任桑格中心序列分析主管的蒂姆·哈伯德探讨了利用免费软件运动开发的"非营利版权"协议来保护人类基因组公共计划数据的可能性。这样的协议将为规定数据公开访问的百慕大原则赋予正式的法律意义，规定所有人可以免费使用人类基因组计划的基因组数据，而不能对其进一步开发施加任何限制（例如专利权限制）。惠康信托公司投入大量资源来发展这一理念。公司的法律事务主管约翰·斯图尔特甚至起草了一份许可协议草案。然而，据报道，那些监督公共基因组数据库的人强烈反对这么做。他们认为，这些数据应当让所有人以任何他们认为合适的方式自由使用，包括为进一步开发和重新分配数据获得专利权和许可证。⁶⁹

其实哪怕不是为了开放性原则，也没有回头路可走。测序的能力，还有这种能力在基因组革命中发挥主要作用的能力已经集中于少数机构。研究人员之间的不平等已经制度化，这是为了人类基因组序列能被普罗大众获取付出的代价。对萨尔斯顿早期的分子生物学经历及分子生物学的共享道德经济极为核心的各种生活与学习品质，几乎没有留下任何痕迹。⁷⁰ 开放性不再是主要为这些学院派科学家群体的精神服务了。重要的是，开放性也培养了对信息资本主义的各种需求。尽管史无前例的资本流入生命科学的力量吸引了包括萨尔斯顿在内的很多人，可是从资本和人类基因组序列的洪流回归基础知识潮流的路径仍然不清楚。

基因组信息和知识问题

这不是一个小问题，因为基因组信息和生物学知识之间的路径也变得不清楚了。认为"信息是正确判断和理性决策所需的核心事物"的这种信念，是西方自由民主的核心信条。[71] 人们也普遍认为信息是知识的中心。考虑到萨尔斯顿对人类基因组重要性的解释，他说，人类基因组就是"生物信息本身"，"生物学的象形文字"。[72] 的确，有一种方法可以理解为何萨尔斯顿会容忍牺牲长期以来珍视的公共惯例和原则，使基因组成为依靠科技残酷推动的人类基因组测序竞赛的一部分，因为他相信人类基因组十分重要且意义深远。萨尔斯顿认为，获得人类基因组序列是极其重要的，对生物学家而言，就像词典对作家那样重要。他忍受着来自道德经济的几乎全方位侵蚀，而正是这种道德经济让他成为一名科学家，只因为他相信人类基因组的非凡价值和对全人类的重要性。让人类基因组供任何人"公开"和"免费"使用，是他的使命，即使这意味着助长应用生物系统公司的测序垄断地位和各种生物产业化方法的兴起。[73]

然而，尽管萨尔斯顿等人对人类基因组序列的力量和重要性如此推崇，称之为"生命的生物学信息"，要在后基因组时代说明其意义却一点都不简单。正如我们将在本书后面的章节里所见的那样，2007年，当私人基因组公司首次开门营业时，基因组信息的意义，就成为公众关注的焦点，许多政府官员和行业监管人员都在问：基因组信息对消费者有什么价值。[74]不过在此之前，就在人类基因组测序刚刚完成的那几年里，关于基因组信息价值的一个更加麻烦的问题就出现了：它对生物学家和医学科学家有价值吗？一些著名的基因组科学家的答案是"不"，其中竟然也包括克雷格·文特尔。2010年，他对德国《明镜周刊》(*Der Spiegel*)说道："我们从人类基因组中了解不了任何事情。"[75]

鉴于基因组科学家将人类基因组当作生命的奥秘进行推广，文特尔的断言令人瞠目。虽然"基因组信息对消费者没有价值"的看法可以理解为时间问题——要想知道基础性的基因组研究结果会给患者带来什么样的实用性，还为时太早，去质疑基因组信息对生物学的意义，却是在挑战我们对其本身的理解。在人类基因组测序完成后的10年里，基因组学会困扰自由主义最珍视的各项原则的意义和价值，这种困扰始于对信息自由流动的价值的质疑。

基因组学并没有重新创造这种麻烦。正相反，基因组学信息问题的历史渊源可以追溯到第二次世界大战和控制论的兴起时期。正是在那个时候，信息控制论的先驱克劳德·香农创造了文化理论家蒂齐亚纳·泰拉诺瓦描述的一种对信息的"技术性"理解，这种理解脱离了通常的"现代概念"。香农在其1948年开创性的文章《信息数学理论》中写道："通信的根本问题是在一个点或精确或近似地复制在另一个点选择的消息……这些信息通常都是有意义的，即它们是从某种与特定的物理或概念实体相关的系统查阅到的，或以这种系统为相关依据的。这些通信的语义方面与工程问题无关。"[76]在这句话之中，香农将信息理论化了，即信息就是一个消息（或信号）。问题是如何将一种由于噪声导致的失真最小化，并对这个消息（或信号）进行转播。重要的是，这个问题不能解决消息意味着什么的问题。转播的任务仅仅是对消息或信号编码，而不是以一种确保其准确重现的方式解码。换言之，信息是一个信噪比问题。这与保持信号的完整性相当。在一个军事行动和通信越来越多地跨国界、跨海进行的世界之中，一个消息的准确传递可能就会造成胜与败、生与死的分别。

泰拉诺瓦认为，今日作为有意义的内容的"当代信息概念"已经"明确服从于通信工程的技术要求"。[77] 重要的是信号的快速、高效和忠实传输。这就是促进信息经济大规模增长的原因。推特（Twitter）网站主要关心的不是你发送的推特内容有什么意义，而是你对这些内容的发送和接收。[78] 媒体理论家约迪·迪安将这种不断发送和接收信号的需求描述为社交资本主义的核心特征。[79] 泰拉诺瓦和迪安都认为，这些信号的含义在21世纪的信息环境中基本上是不相关的。[80]

基因组学的流行话语挑战了我们对当代信息世界的这种理解，取而代之的是将当代的"信息"概念视为有意义的内容。解码，而不是为生命编码，成为既定的目标。文特尔本人的自传在书名就宣告了这一点——《解码生命：我的基因组，我的生命》（*A Life Decoded: My Genome, My Life*）。在封面上，他将"人类基因组"称为"解开我们的遗传秘密"的"生命之书"。在整本书中，他用自己的基因组信息来解释他患有哮喘病到喜欢在晚上工作的这一切事情。[81] 人类基因组测序的公共项目负责人弗朗西斯·柯林斯，在他的自传《上帝的语言：一个科学家构筑的宗教与科学之间的桥梁》（*The Language of God: A Scientist Presents Evidence for Belief*）之中，甚至承诺了一种可论证的更加深刻的东西。柯林斯套用美国前总统比尔·克林顿的话，将人类基因组描述为"上帝的说明书"。[82]

然而，更仔细地阅读这些文字，再去关注基因组科学家的日常工作，就会发现基因组信息和意义之间的一种更加令人担忧的关系。考虑到这会让生命变得烦琐——让它传达其腺嘌呤（A）、胞嘧啶（C）、鸟嘌呤（G）和胸腺嘧啶（T），基因组科学家将它刻在硅片上。他们放弃了基因组测序的生物学模拟法——桑格技术，而去运用一种数字技术。前一种方法涉及柯林斯所说的"艰巨任务"，即在两片玻璃片之间灌注琼脂糖凝胶，手工准备放射性的DNA样品，手工添加凝胶，将得到的凝胶放置在膜片上，读取产生的X射线诱发图像。柯林斯和文特尔都认为——我根据自己灌注和解读这些凝胶的经验也同意——这种操作过程容易造成许多问题，包括人力解读的问题。（射线诱发的图像）泳道并不平行。一个人对凝胶的解读越深入，黑色标记和缝隙就变得越发不清楚。这属于胸腺嘧啶还是胞嘧啶，是腺嘌呤还是鸟嘌呤？这类问题占据了我和其他人的脑海，我们都用了好几个小时仔细研究凝胶膜片，努力记录正确序列。

对文特尔而言，对一片凝胶膜上的散列标记进行人力解读的笨拙和缓慢性，是限制基因组学进程的主要程序。事实上，他认为所有的人为解读都在阻碍进度："由于我对分子生物学抱有非常高的希望，我发现解读的机会特别令人沮丧。我很少见到科学由数据来推动，而是更多用一种特定的人格力量或者一位已经事业有成的教授的故事来推动。我想要的是生命真正的、以观察或实验为依据的各种事实，而不是那些通过别人的眼睛过滤出来的事实。"[83] 文特尔因此声称，他开始用机器取代人力，并且首次大规模实现"自动"排序。文特尔在描述让这种自动化成为可能的应用生物系统公司仪器时写道："用四种颜色代表不同的核苷酸，从而直接解读出基因代码，让生物学的模拟世界转为微芯片的数字世界。"[84] 文特尔坚信，应用生物系统公司的仪器消除了对DNA的人为过滤解读。电子计算机直接将碱基对编码为清晰的多个

0 和 1[1]。[85]

公共测序项目很快跟上，也为数码自动化测序投资。与人类研究的其他领域一样，这一举措让生物学走出模拟时代的数据沙漠，进入数字时代的数据洪流。快速、高效、计算机操作的仪器将光束照射到微毛细管上，再将结果记录在硅片上，取代了注入和加工大量凝胶的人力工作。文特尔自豪地讲述了他的自动化仪器如何"消除了成千上万的人工需求"。[86] 数码工作让肉体工作结束了。

对文特尔而言，数码工作也战胜了那些在美国国立卫生研究院工作的讨厌的政府官僚，据他说，这些人由于狭隘的政治原因未能支持他的研究。文特尔不再需要他们了。数字经济的巨大增长为任何有望提高比特和字节需求和流量的事物创造了大量风险投资。人类基因组学需要对数以十亿计的核苷酸进行编码，保证会提高这种需求和流量，而且还有更多需求。

将人们抛在身后，文特尔"飞速向前"迈入基因组时代。[87] 用他在基因组研究所（TIGR）建造的庞大测序和计算机设施——他将之称为"组织搏动的心脏"，他比任何人都制造出了更多基因组数据。[88] 可是一旦飞速脱离尘世——被由人力缓慢而痛苦诠释的材料困扰的状态，他是否也离开了意义的土地呢？[89]

文特尔在回忆录之中，通篇都一再强调他致力于解释各种基因组序列的意义。他曾在越南行医，然后成为一名研究肾上腺素受体的生化学家，"生命"和"怎样让生命运转"成为他关注的焦点。事实上，他将他对阐释的兴趣描述为他与时任人类基因组计划总监詹姆斯·沃森的一个关键区别："沃森认为我们的目标是去研究出这个序列，然后

---

[1] 即计算机机器语言。——译者注

让下一代的科学家去为如何理解它操心。我一直相信阐释对于让测序变得高效和有价值至关重要。"[90] 可是在实践中，排序和速度变得至高无上。按照文特尔本人所说，他最终离开了受体生物学领域，成为一名基因组科学家，尽管他对遗传密码的意义一直都有兴趣，可还是意识到在很大程度上，他"不得不来日再去打那一仗"。[91]

当其他人想要和文特尔一同战斗时，这从来都不是一个容易的任务。这家公司是为了对基因组研究所、人类基因组科学公司（HGS）的投资取得成功而创立的，它面临着将基因组数据转化为对股东和患者有价值的东西这个重大问题。文特尔本人解释道："矛盾的是，基因组研究所产生的数据洪流，本是应值得庆祝的成就，却成了各种问题的根源：人类基因组科学公司完全被湮没了……如果我向他们提供了一个与一种疾病相关的单一基因，他们就会了解该如何开始进行一项重大发现工作，去将这一成果转化为对新药物的测试。可是在几个月的时间里，我给了他们数千个基因……人类基因组科学公司抱怨要利用这些数据'就好像设法用消防水管喝水。'"[92] 就像这本书中的故事还会上演一样，如何让基因组学快速生成的大量数据变得有意义，成为企业和公共资助的基因组学项目都要面临的问题。

信息过量的问题并非生物学独有。这也不是一个新问题。文学理论家弗雷德里克·詹姆逊在1981年出版的《政治无意识》一书中认为："不幸的是，从来没有一个社会像我们自己身处的社会那样在许多方面如此神秘，在这个社会充斥着各种消息和信息，这正是神秘化的工具。"[93] 理论家让·鲍德里亚和马克·波斯特也提出了类似的观点，认为信息语言日益增长的速度和数量威胁了符号系统的具象性功能。[94] 早在20世纪90年代中期，作家们就创造出诸如"数据烟雾"（2004年被编入《牛津英语词典》）这样的词语，还警告过信息过量和意义丧失的问题。最近，加利福尼亚大学伯克利分校的杰弗里·农贝格教授在发表于《纽约时报》上的对詹姆斯·格雷克的《信息简史》一书的书评中写道："没有从比特回归意义的道路。"信息的技术单位——0和1——只是与任何社会意义不相符而已。[95] 基因组学，并非正在创造一个已经创造了各种独特挑战的新世界，而是助长了这个已经存在的关于意义的问题，又将这个问题扩散到了我们自己的血肉之躯。

制造从比特回归生物学的路径：后基因组学的问题

1984年，在首届黑客大会上，反文化偶像斯图尔特·布兰德发表的声明，将会继续成为数字时代的战斗口号："信息想要自由。"当时，布兰德的发言提到摩尔定律和随着时间的推移生成信息的成本随之下降的定律似的惯例。[96] 虽然他所说的话是一种对物理和经济现象的描述，这个短语还是很快就携带了强烈的道德含义：信息不仅几乎可以自由产生，而且应当被自由传播。在这种正义感的激励下，人类基因组计划时代的基因组科学家们变得非常乐于释放数字化的基因组信息。他们以一种一直都更廉价也更精确的方式对肉体的腺嘌呤（A）、胞嘧啶（C）、鸟嘌呤（G）和胸腺嘧啶（T）编码，将这些编码如实地传送到计算机屏幕上。结果，基因组信息成为一个生动的物质现实。基因组学界开始活跃，讨论在哪里存储基因组信息，如何构建足够强大的计算机来处理信息，又如何提供维持其生机和健康所需的电子"培养液"。[97]

然而，这离基因组学界承诺要讨论的问题，如医学突破、对生命崭新而深刻的认知，还相去甚远。虽然诞生了一种对人类生命造成无谓损失的担忧——这种担忧在广岛、长崎和越南声势浩大，在实践中，基因组科学家建立的那些世界仍可以像文特尔断言的那样，在那里，是机器，而不是人类拥有搏动的心脏。当他们在寻找生命信息的时候，显然创造了信息的生命。

这一行为产生了一个根本问题：基因组信息有价值吗？正如哈佛大学个人基因组项目负责人乔治·丘奇前瞻性的评论那样："当各种费用降低到零时，人们就必须来决定如何为其（基因组）增加价值。"[98] 虽然丘奇在2009年才发表这一评论，其实为基因组信息增加价值的问题，在人类基因组计划接近尾声之时，就已经成为一个问题了。[99] 丘奇和其他人意识到，解决这个问题的关键不是大量的机器，而是大量的人。

然而那些人会是谁呢？基因组学是围绕一个信息问题建立的，这个问题提供了少数从比特回归生物学，从测序仪回归人类的清晰路径。如果基因组学要变得对公众有广泛的意义的话，这种情况就必须改变。在接下来的几个章节里，我讲述了当基因组科学家们在设法从世界各地招募人员为基因组研究提供他们的DNA和数据时，当他们呼吁自由民主的各种不同概念和愿景时发生的各种故事。

第三章

包容性：基因组学能用来反种族主义吗？

人类群体遗传学的重要结论是种族不存在。

——卢卡·卡瓦利-斯福尔扎，
在塔斯基吉大学的一次演讲中所说

你可以整天谈论种族没有生物学意义，但我深信，要让美国人停止假装种族具有生物学意义，即使我们幸运的话，也还要再过100年。

——帕特里夏·金，
在塔斯基吉大学的一次演讲中所说

人类基因组学的各位带头人意识到，为了让基因组序列信息有意义，就要招募那些能提供DNA和数据的人，这是一个令人生畏的问题。许多人非常清楚地记得，首次收集"多样性"人类基因组——人类基因组多样性计划——所引发的各种争论。[1] 20世纪90年代初，人类群体遗传学家提议在全球范围内抽取被他们称为"单独的"原住民人群的样本，以调查人类遗传多样性。[2] 一些生物人类学家和原住民权利组织指控提议的人员将原住民群体视为纯粹的研究对象，而不是拥有和控制自己 DNA 的人类。他们在著名的学术和科学新闻媒体上说，多样性计划的支持者威胁要煽动一种新型的生物种族主义和殖民主义。³

这些早期争论的重要性怎么说都不过分。直到今天，美国国家人类基因组研究所的各位主管仍然记得这些备受瞩目的争议的重要意义。⁴ 此后几年，国家人类基因组研究所一直想通过提出关于人类基因组差异的片面问题来避开这些争议。他们没有资助自己的系统性研究，而是引用以前人类群体遗传学研究中被广泛引用的各种研究结果：人类在遗传学层面上非常相似；我们 99.9% 是一样的；那些少量的差异有 85% 是个体之间的不同，而非群体之间的不同。⁵ 1995 年到 2000 年，评论员们在大众和学术媒体上将这些研究成果解释为，在生物学层面上"没有种族这种东西"。⁶ 随着新千年的到来和一门新科学的诞生，多位杰出的社会理论家设想，这些研究成果可能会带来一个更加公正的社会，一个没有种族之分的社会。⁷

虽然这个充满希望的故事有助于平息争论，但是它也造成了两难的局面。尽管基因组科学家强调人类的相似性，但他们相信基因组之间的差异有助于解释人类各种疾病的不同症状。因此，就在 20 世纪 90 年代行将结束之时，人类基因组计划的各位带头人开始考虑将人类基因组测序之后，将有哪些东西到来。大多数人认为需要解决的问题是他们多年来一直极为谨慎地回避的问题：人类基因组有什么不同？这些不同又有什么关系？

鉴于奴隶制长久以来的遗留问题和将非裔美国人纳入美利坚合众国在政治上的重要性，在国家人类基因组研究所最早尝试解决这一困境的实践中，将非裔美国人纳入基因组学研究的种种努力或许不足为奇。[8]"非裔美国人"基因组的利益也同非洲起源理论相一致。[1]这个理论假定人类这一物种最初是在非洲出现的，因此"非洲人"的基因组最为古老，包含了最多的人类遗传变异。国家人类基因组研究所的一些主管认为，对美利坚合众国非裔美国人的基因组进行研究，可能有助于研究这种变异，同时避免多样性计划所引发的殖民主义指控。

然而，在其他方面，收集非裔美国人基因组的提议与当时理解人类基因组之间差异的主流模式背道而驰。特别是，它与基因组层面"单个人的种族并不重要"这一强烈的道德主张背道而驰。国家人类基因组研究所的高层没能摆脱随之产生的困惑。千禧年之交，时任国家人类基因组研究所主任弗朗西斯·柯林斯发表公开演讲。他引用了哈佛大学历史学家、非裔美国学者伊夫琳·布鲁克斯·希金博特姆的一番话："当我们谈论'种族'这个概念时，大多数人相信他们在看到这个概念时了解它，可是在被要求去定义这个概念时，却没有不觉得困惑的。"[9]"种族"是什么？说种族不存在又意味着什么？在人类基因组学领域，这些问题不仅制造了混乱，而且提出了关于公正、民主社会结构的各种问题。从非裔美国人身上采集DNA进行基因组分析，会促进还是会阻碍公正事业呢？

随着一个世纪的结束和另一个世纪的到来，我走访了许多提出和讨论这些问题的地方：美国国家人类基因组研究所和试图建立人类基因组研究计划的美国传统黑人院校（HBCUs）。[10]我在每个地方都面会和采访遗传学研究人员、伦理学家、卫生保健专业人员、机构审查委

---

[1] 我给"非裔美国人"和"非洲人"加上引号，以说明这两个族群和其他人类群体类别的含义以及对这些术语的正确运用不是不言自明的，而是在特定的上下文中定义的。例如，我们将在下文中看到，许多人会反对"'非裔美国人'人群应当被用来表示特定类别的基因组"的观点。在我首次使用这些术语时，我会将这两个术语和其他人类群体术语加上引号。不过，为了便于阅读，我不会一提到这些术语就加上引号。

员会成员和生物伦理学家。[11] 所有人都郑重承诺会推动各种反种族主义和人类理解的目标的达成，然而并非所有人都认同在基因组学领域寻求知识实现公正的道路。[12] 在目前许多非裔美国人还被屏蔽在基本医疗保健体系之外的时候，是否有可能创建一种公正的、反种族主义的基因组形式，将非裔美国人纳入未来保障的基因组医学？[13] 2000 年 6 月，就在多位科学带头人和政治首脑准备庆祝人类基因组序列草案完成之际，多位自然和社会科学家、社区代表、社区成员、遗传学顾问和美国传统黑人院校内的决策者正在努力解决这个问题。虽然还未形成明确的答案，但是多番辩论已经揭示了今后 10 年规划方向的一些核心问题和紧张关系。

基因组学能反种族主义吗？

1995 年 2 月 20 日，《洛杉矶时报》在头版写道："科学家们说种族没有生物学基础。"[14] 同年，《波士顿环球报》报道："科学家们呼吁不要按种族分类。"[15] 大众媒体上的这两篇文章和其他重要报道代表了当时领先的生物人类学家和人口遗传学家的观点。著名文化理论家和公共知识分子保罗·吉尔罗伊（Paul Gilroy）在 2000 年出版的《反对种族》（*Against Race*）一书中引用了他们的观点。20 世纪初，著名非裔美国社会学家 W. E. B. 杜波依斯认为"肤色界限"将会成为 20 世纪的问题。而在 20 世纪接近尾声时，另一位非裔学者吉尔罗伊相信，科学研究宣告了这个问题的消亡。[16]

到 1995 年，这已成为有关种族和基因组学跨越种族界限的主流报道。然而，这并不是唯一的故事。

多年以来，一群非裔美国免疫学家、遗传学家和生物人类学家一直主张有必要对非裔美国人进行生物学研究。他们指出，研究表明，非裔美国人罹患糖尿病和高血压的比例过高，这两种疾病都可能最终导致肾功能衰竭。[17] 虽然肾衰竭可以通过肾移植来治疗，但是要想移植成功，新肾的人类白细胞抗原（HLA）类型必须与被捐赠者"匹配"。[18] 20世纪80年代初，当人类遗传学家乔治娅·邓斯顿在华盛顿特区一所历史悠久的黑人大学霍华德大学开始人类白细胞抗原研究时，当时的HLA-D型匹配失败率为44%；在"白种人"之中，匹配失败率下降到仅为2%。[19] 她认为，原因是用于匹配试剂的人类白细胞抗原抗血清主要来自"经产白种人妇女"。[20] 这些细胞优先确定了为"白种人"使用的人类白细胞抗原类型。邓斯顿着手解决这个差异问题，主要从霍华德大学医院的患者中招募多发该病症的非裔美国妇女采集人类白细胞抗原抗血清。[21]

除了这些健康益处，她和其他非裔美国研究人员认为，研究这种分子多样性的另一个重要原因是：它能够证明全人类起源于非洲。查尔斯·达尔文在《人类的由来》一书中首次提出非洲起源论，20世纪80年代的线粒体DNA研究者将这一理论提升到突出地位，暗示"非洲人"的基因组在人类基因组中表现出最广泛的多样性。这一理论之所以这样假设，是因为人类这一物种最初是在非洲进化的，非洲居民的基因组拥有最长的时间来积累基因差异。[22] 因此，如果你想在人类基因组中创建一个包含多样性的遗传图，这些非洲居民的基因组应当作为参照。[23]

尽管非裔美国遗传学家和人类学家认为这一观点在科学上是合理的，但他们还是担心它在政治上不可行："你认为美国会准备投入大量研究资金来描述一组非裔美国人的基因组样本，当作人类基因组的参考样本吗？"[24]

霍华德大学的研究人员试图解决这个问题。1990年，乔治娅·邓斯顿提交了一份提案，请求为霍华德大学免疫遗传学实验室从非裔美国人家庭采集DNA提供额外的资助。研究人员和资助人员打算用这些样本来补充由法国巴黎人类多态研究中心（CEPH）采集的样本，那些样本是人类基因组计划研究者用于创建第一批基因图谱的。[25]多态研究中心的样本主要来自犹他州的摩门教家庭。霍华德大学的研究人员认为，这种采样会让创建第一批基因图谱的努力有所偏移，使基因图谱无法为包括许多非裔美国人在内的大部分人服务。[26]人类基因组计划是自阿波罗太空任务以来规模最大、耗资最多的科学项目，鉴于其重要性，杰出的非裔美国研究人员认为，上述情况是无法接受的。生物人类学家、霍华德大学的顾问法蒂玛·杰克逊认为："如果正如埃里克·兰德（1996年）建议的那样，人类基因组计划会提供'结构元素周期表'，功能性基因组若从中产生的话，我们必须要问：'非裔美国人最为频繁发生的基因变异是否会在这个分子周期表中反映出来？'"[27]为了防止人类基因组计划变成另一个接受"欧裔美国（男性）样板为人类普遍样板"的例子，他敦促非裔美国人"充分"融入这个计划。[28]

美国国立卫生研究院给予霍华德大学免疫遗传学实验室多项基金，用于发展这一计划。[29]1990年至1993年，非裔美国人谱系（或称G-RAP）基因组研究计划开始实施。这三年间，霍华德大学的研究人员访问巴黎的多态研究中心研究项目组，向其带头人学习记录保存和管理程序。非裔美国人谱系基因组研究的多位带头人还举办了多次计划会议，来回答一个关键的问题：应当选择哪些非裔美国家庭来表现非洲人的遗传多样性呢？

在这个过程中，非裔美国人谱系基因组研究的带头人挑战了许多群体遗传学家的观点，后者当时相信，历史重构的种种困难加上"种族混合"阻碍了以理解人类进化为目的去定义非裔美国人。以亚历克斯·哈利的《根：一个美国家族的历史》一书为据，他们认为，通过查看奴隶船只的记录，可以重构非裔美国人的历史和系谱。[30]虽然奴隶制会撕裂许多家庭，掩盖历史上的联系，但它也是一项庞大的业务，保留了各种详细记录，即奴隶们的原籍、他们被购买的时间和买主等。[31]非裔美国人谱系基因组研究的带头人相信，这些信息可以用来重构非裔美国人的历史和人口统计学。[32]

他们认为，为这个项目投资，不仅利在非裔美国人，而且有助于基因组学以更宽阔的视野去探索其对人类的意义。正如非裔美国人谱系基因组研究项目的一位组织者解释的那样："每个人都知道人类基因组是什么。但是，人类基因组又意味着什么呢？人类是谁？是什么将我们定义为人类的？"[33]非裔美国人谱系基因组研究的组织者认为，绘制非洲大陆各民族基因组的多样性遗传图谱，将确保基因组科学家对这些问题的回答在最大范围内涵盖人类多样性。此举还有望形成一个关于种族差异的正面故事。这一计划的一位带头人有力地表明："我一直对你可能会讲述的这个问题的哲学层面感兴趣。我们为何会有差异，一定有某种充分的理由。显而易见，这不可能是那些表层的社会原因，因为我在社会上描述自己的那些事情是不好的。我的肤色不好，我的头发不好，我的身体特征不受欢迎。"[34]非裔美国人谱系基因组研究的研究人员希望基因组学能够通过解释人类多样性的好处来扭转这种痛苦的故事："我一直认为，整个计划（人类基因组计划）有一个对人类来说更大的议程还没有得到充分认可……而这就是我们必须通过镜子了解自己的东西，各种差异使我们可能看到……我越是了解自己是谁，就越是认识到我是与整体同在的一分子。"[35]对非裔美国人谱系基因组研究的带头人而言，这是非裔美国人融入人类基因组学的潜在力量。它提供的不仅是一个进入更广泛的医疗保健的入口，更为深刻的是，它会将社会带入"下一个层面"，是团结而非分歧占据着主导地位。[36]

对基因组学反种族主义潜力的质疑

然而，上述所有意见都未达成一致。1990年，著名的非裔美国学者特洛伊·迪斯特在他的《优生学的后门》一书中警告说，从遗传学角度理解不断扩大的社会现象是危险的：从犯罪到吸毒，从酗酒到强奸。[37] 迪斯特评论称，政策制定者没有解决根本的社会变化——诸如日益扩大的贫富差距，而是日益倾向于将一些人定义为"坏种"的解释。[38] 这些生物学解释证明了里根时代削减社会福利开支的正当性。[39] 迪斯特认为，一道通往优生学的后门已经被打开。

迪斯特的书在《新英格兰医学杂志》和《美国人类遗传学杂志》等著名的科学和医学期刊上得到了广泛评论。迪斯特是杰出的社会学家、妇女参政论者和民权领袖艾达·B. 韦尔斯的外孙，也是美国国立卫生研究院几个审查小组的成员，他的担忧并没有被忽视。《优生学的后门》出版后不久，人类基因组计划的带头人请他到国家人类基因组研究中心（NCHGR，国家人类基因组研究所的前身）的伦理、法律和社会问题工作组做证。1993年，他以成员身份加入该工作组。

虽然迪斯特或许已敲响了警钟，但人类基因组多样性计划的多位批评者将这些担忧变为一个紧迫的现实问题。当包括非裔美国人谱系基因组研究计划的支持者在内的一些人认为多样性计划纠正了人类基因组计划"以欧洲为中心"的基因组观念时，还有许多人担心一波新的科学种族主义浪潮会出现。[40] 批评者将这项提议称为"吸血鬼计划"，比起原住民的生存，这项计划更在意他们的血液。[41] 世界各地的原住民团体和原住民权利组织谴责了这一计划。[42] 包括《科学》《新科学家》《自然》杂志在内的多份著名期刊将这一争议置于聚光灯之下。[43]

这次抗议让许多人震惊。就像非裔美国人谱系基因组研究计划那样，多样性计划的提议者也对研究人类基因组多样性的反种族主义愿景赞不绝口。[44] 事实上，我本人也差点儿去加利福尼亚大学伯克利分校的研究生院，就是为了参与人类基因组多样性计划的工作，因为我相信计划提议者的反种族主义人文愿景。然而，对许多原住民群体，以及多位重要的生物人类学家而言，该计划代表的是另一个例子，即欧洲白人科学家将原住民视为"原始"的另类民族，还将其当作纯粹的研究对象对待。[45] 他们担心这个计划不会反种族主义，而是会让科学种族主义复兴。根据我多年来对多样性计划的关注和写作，这些有分歧的观点给科学家和原住民权利运动的领袖都留下了伤疤。

随后几年，国立卫生研究院都在避开任何关于人类遗传多样性的研究项目。[46] 1994年2月，一位在国立卫生研究院工作的群体遗传学家被告知，国立卫生研究院对人类遗传多样性研究没有兴趣。"1994年，我和基因组中心的人谈过，他们说：'你知道，我们真的没发现基因变异有多大意思。为什么它这么重要？'于是那一天成为一个特定日期——1994年2月，对基因变异没有兴趣。"[47]

国立卫生研究院不仅对基因变异的科学性研究没有兴趣，而且还在逃避对其进行伦理分析。这在20世纪90年代中期《钟形曲线》出版后成为一个争论的焦点。[48] 迪斯特和其他著名社会科学评论人士担心，这本书会被用来证明，进一步减少对服务水平低下的少数族群的社会支持的做法是合理的。[49] 迪斯特所在的国家人类基因组研究中心的伦理、法律和社会问题工作组成员要求美国人类遗传学协会就其对种族、智商和遗传学之间联系的各种主张进行批判性评估。然而，时任美国国家人类基因组研究中心主任（现为美国国立卫生研究院院长）弗朗西斯·柯林斯认为不应做出任何回应。柯林斯和美国人类遗传学协会认为，《钟形曲线》一书讨论的是行为遗传学领域，而作为分子遗传学家，他们并未涉足这一领域。[50] 迪斯特回应道，分子遗传学家不久就会开始对智力等特征发表看法。[51] 时间会证明他是对的。然而当时，正如迪斯特回忆的那样："柯林斯和那群人不认同。他们说那不是他们的研究领域……柯林斯想停止（讨论）。我们拒绝了，于是发生了一场巨大的冲突。"[52] 虽然柯林斯证明了他是反对马里亚德基因公司就乳腺癌基因申请专利的盟友，但是人类基因组学界没有人想解决《钟形曲线》制造的问题。

在将人类基因组学与种族和种族主义问题分开的这项运动的背景下，非裔美国人谱系基因组研究计划的研究人员试图推进他们的计划。1990年，他们提交计划拨款预算时，认为将非裔美国人的基因组包括在创建人类基因组参考遗传图的活动当中，是对人类基因组计划反种族主义的一种纠偏方式。到1994年，当他们向国家人类基因组研究中心提交完整拨款预算时，对人类基因组的理解已经发生了变化。在人类基因组眼中，"我们都是一个整体"这种脆弱的共识已受到严格审视。资助一个可能会无意中进一步困扰这一共识的研究领域是不可能的。国家人类基因组研究中心拒绝了非裔美国人谱系基因组研究计划提供进一步资助的请求。国家人类基因组研究中心的项目主管贝蒂·格雷厄姆给出了以下解释："该计划不是我们曾经设想过的东西，而是一个比我们的预估更为庞大的项目。"[53]

规划进程的确扩大了非裔美国人谱系基因组研究计划的愿景，非裔美国人遗传多样性的科学和伦理基础的各种问题成为焦点。据报道，这些被指控的问题不在国家人类基因组研究中心的授权范围之内。[54] 在一个与科学种族主义有联系便会导致事业和项目终结的环境当中，国立卫生研究院决定谨慎地划分界限：基因组学为绘制基因组遗传图谱和基因组测序提供各种新工具和方法，人类学研究如何定义和表现人类遗传多样性的问题。

在专利权的威胁下，基因组学和种族学向前推进的一个愿景

这种对人类基因多样化的厌恶，还有对工具和机器的回归，并没有持续太久。1997年7月28日，雅培公司（Abbott Laboratories）宣布与巴黎的基因组学公司根泽特公司（Genset）达成一项协议：雅培在两年内会向根泽特公司投资2000万美元的等价资产，还会给予根泽特公司研究项目高达2250万美元的支持，以换取该公司的基因变异数据和将数据销售给其他公司的权利。通过这种类似的协议，许多人担心，所有关于人类变异基因组的研究将会成为一项大业务，让大政府陷入困境。

国家人类基因组研究所对此反应迅速。雅培和根泽特达成协议一周后，在国立卫生研究院所有机构带头人的一次会议上，柯林斯寻求支持，以创建一个可公开的单核苷酸多态性遗传图谱，简称为"SNP遗传图谱"。一个月后，1997年9月11日，国家人类基因组研究所咨询委员会同意启动一个公司合作项目（后来被称为SNP联盟），以支持快速创建一份SNP图谱。参与讨论的一位科学家解释道："弗朗西斯·柯林斯在参加一项披着商业外衣的竞赛……根据我对柯林斯在这些会议上所说的话的理解……私营企业说，'好吧，如果你要做这件事，我们就不会做，然后此事将会成为公共领域的争论议题。但是如果你们不做，我们就要去做了'。现在，这件事可能不像它被呈现出来

的那样友好，不过他担心（SNP 图谱会被各种专利锁定）。"[55] 在解决一个伦理问题（基因组数据私有化）的同时，迅速进入人类基因变异研究的计划提出了另一个伦理问题：寻找用于 SNP 研究的不同人类 DNA 样本的适当来源。[56]

研究不同人类群体基因组的压力渐大。霍华德大学的研究人员不再是唯一的、欲把由种族和族裔确定的具体基因组纳入研究范围的人群；更加广泛的生物医学和基因组学界也加入了他们，政策层面上的各种变化也要求进行这种研究。[57] 1993 年 6 月，美国国会通过了《美国国立卫生研究院振兴法案》，要求将少数族裔纳入医疗研究。[58] 20 世纪 90 年代，研究人员开始感受到新法案在申请研究拨款时发挥的作用，现在申请拨款要求他们将少数族裔纳入研究计划。然而，尽管研究界和政策界都明确提出将少数族裔纳入研究，但纳入之后该如何操作仍不清楚。亚拉巴马州塔斯基吉最能证明这一点。

基因组学能改变种族主义科学的遗留问题吗？

1932 年至 1972 年，美国公共卫生署（PHS）对亚拉巴马州塔斯基吉市内和周边地区大约 400 名非裔美国人进行了研究，这些人被诊断出患有晚期梅毒。[59] 经过初步治疗后，公共卫生署停止了对梅毒患者的治疗，给他们服用阿司匹林和铁补充剂。那些患者被告知，这些是治疗他们的"坏血"的药物。其实正相反，那是让他们不断返回，以便公共卫生署的研究人员可以一直通过脊髓穿刺、抽血和对这些人进行尸检来研究梅毒的自然发病过程。这些人从未被告知他们患有梅毒。即使在 20 世纪 40 年代注射青霉素成为护理标准之后，他们也从来没有被注射过。1972 年 7 月 25 日，这项研究首次在《华盛顿星报》上被曝光。一天后，该事件登上《纽约时报》头版。此后的数十年间，"塔斯基吉"这个名字就变成"科学种族主义"和"虐待人类"的同义词。那么，到了20世纪90年代后期，塔斯基吉是如何成为重新引发基因组学和种族问题讨论之地的呢？让基因组学与过去的科学种族主义案例多年保持距离之后，为何要重回这个"犯罪现场"呢？[60]

答案有一部分在于20世纪80年代中期至90年代初期，生物医学研究包含了更为广泛的内容。在这一时期之前，除非发现问题，很少有人关注研究之中包括哪些人。然而，正如史蒂文·爱泼斯坦在他的《包容：医学研究中的差异政治》(Inclusion: The Politics of Difference in Medical Research) 一书中所述，20世纪80年代，妇女健康倡导者和国会妇女问题核心小组成员中间兴起一股新浪潮。他们认为，生物医学研究中的女性代表名额不足引起了一个关键问题，即对女性健康问题的关注度低，且对女性疾病，尤其是对乳腺癌影响最大的条件的认识进展缓慢。[61] 国会黑人事务核心小组成员也给予支持。1993年，这两方意愿的结盟促使《美国国立卫生研究院振兴法案》中增加了一部分内容，将妇女和少数族裔纳入国立卫生研究院资助的研究，成为国家基本法律。

可是，虽然在国家政策层面上，生物医学研究的意义发生了变化，将其从一个疑问或不成问题的问题变成"一个可以追求社会公正的领域"，但生物医学研究人员发现了一个不同的现实问题。[62] 将少数族裔纳入研究的努力往往没有回应，或者被拒绝。塔斯基吉梅毒研究的遗留问题仍然有很大影响。事实上，1994年，它让比尔·克林顿总统任命小亨利·W.福斯特为卫生局局长的努力夭折。研究期间在塔斯基吉任职就足以玷污福斯特的形象。[63]

无论出于这些还是其他原因，到20世纪90年代中期，人们的注意力再次集中到塔斯基吉。1994年2月，弗吉尼亚大学生物伦理学家、前圣公会牧师约翰·弗莱彻在一个题为"以善的名义行恶：塔斯基吉梅毒实验及其遗留问题"的会议上，呼吁为这项研究道歉。正如医学史学家苏珊·雷弗比在她关于这项研究及其遗留问题的开创性著作中解释的那样，弗莱彻动用在国立卫生研究院和美国疾病控制与预防中心（CDC）的关系为道歉提供支持。1995年5月，疾病控制与预防中心成立了一个工作组。[64] 1996年1月，历史学家、联邦卫生官员、塔斯基吉大学领导层、亚拉巴马州和地方卫生行政人员在塔斯基吉凯洛格会议中心聚集一堂，探讨梅毒实验让少数族裔参与基因组研究所造成的冲击，并制定了促成道歉的一项策略。[65] 1996年5月，弗莱彻起草了一份报告，经会议其他成员审查后，提交疾病控制与预防中心。该报告呼吁道歉，同时在塔斯基吉建立一个生物伦理学中心和博物馆，以"解决梅毒实验的遗留问题"。[66] 报告展望道，塔斯基吉大学将不再仅仅是种族主义滥权的象征，也不仅仅要对这所大学进行整顿；相反，这所大学的学生和全体教职员工将会成为全世界生物伦理学领域的领导者。[67]

从种族主义过往的象征到反种族主义未来的重镇，这些活动重塑塔斯基吉和人类基因变异研究工作的意义是一致的。因此，1996年年初，土耳其遗传学家、塔斯基吉大学的年轻教员埃德·史密斯与能源部和国家人类基因组研究所，就多个伦理、法律和社会影响项目进行联系，想看看这些机构是否支持在塔斯基吉举行一个人类基因组计划会议。这项提议得到了热情的回应。史密斯和之前的邓斯顿、杰克逊一样，相信如果人类基因组计划是下一个阿波罗计划，一个同时拥有巨大经济意义和象征意义的"圣杯"的话，那么非裔美国人应当参与。他们不能干等计划的各种好处"向下滴流"。相反，他们需要机构的支持，以促进由非裔美国人进行以及为了非裔美国人而进行的人类基因组学研究项目。[68]

与邓斯顿和杰克逊不同，史密斯坐拥的时机是最好的。人类基因组计划的领导层认识到，非裔美国研究人员的支持可能对他们开展人类遗传变异研究非常重要。在历史悠久的黑人大学举办一次会议可以成为重要的第一步。会议将表明非裔美国人对人类基因组学的兴趣和支持，还会引发进一步改变这一领域在非裔美国人群体中的形象所需的对话。

可是，为何选塔斯基吉大学？在梅毒研究的故地举办人类基因组学会议，是否会重燃基因组学和科学种族主义之间的各种联系？会议组织者辩称："不会。"相反，他们认为，塔斯基吉大学是一个特别强大的地方，在那里可以证明基因组学是支持反种族主义目的的。相应地，塔斯基吉大学的领导层希望将基因组学的重要讨论带到校园，这有助于塔斯基吉的形象从臭名昭著的科学种族主义案例所在地，转变为整合科学与伦理的思想阵地。于是，在塔斯基吉大学、美国能源部、国家人类基因组研究所和美国农业部的大力支持下，1996年9月26日至28日，在塔斯基吉大学凯洛格会议中心召开了一场题为"人类基因组计划恳谈会"的会议。

恳谈？

在会议上发言的包括人类基因组学和遗传学界的多位杰出人士：时任斯坦福大学人类遗传学系主任戴维·博茨泰恩；斯坦福大学人类遗传学中心主任理查德·迈尔斯；华盛顿大学基因组学家和酵母人工染色体（YACs）开发员梅纳德·奥尔森，这项研究使大量基因组研究成为可能；还有人类群体遗传学之父卢卡·卡瓦利-斯福尔扎。所有与会人员都发表了关于促进人类基因组计划的各种益处和反种族主义潜力的演讲。卢卡·卡瓦利-斯福尔扎简单明了地宣布："人类群体遗传学的重要结论是种族不存在。"[69] 戴维·博茨泰恩在庆祝人类基因组计划取得各种成功的同时，消除了人们对基因可能与智商这样复杂的性状相关，从而为歧视提供依据的担忧。

然而，并非所有发言者都认同他们的看法。乔治敦大学法学教授、起草《贝尔蒙报告》的国家委员会成员帕特里夏·金说："你可以整天谈论种族没有生物学意义，但我深信，要让美国人停止假装种族具有生物学意义，即使我们幸运的话，也还要再过100年。在我们理解这一点之前，我的观点是我们无处可逃。"[70] 特洛伊·迪斯特也在会议上发表演讲。他先讲了一个笑话，说的是三个非裔美国学生在大学课堂上学习到种族没有意义，结果却发现他们无法叫一辆出租车。迪斯特和金的观点都很清楚：除非我们认识到，在一个继续进行种族分层的社会中，关于基因差异的主张是如何被用于歧视的，否则仍然无法理解和解决人类差异性基因组研究的潜在危害性。这些论点引起了听众的共鸣。[71]

讨论的性质和辩论的思路大致上与20世纪90年代初乔治娅·邓斯顿和法蒂玛·杰克逊（这两人也在塔斯基吉会议上发言）启动非裔美国人谱系基因组研究计划时进行的讨论和辩论相同：一些人认为基因组学有助于消除种族之说的基础，从而削弱种族主义学说；另一些人则认为，在解决种种潜在的社会结构不平等之前，相信基因组学拥有这种反种族主义潜力的想法是幼稚的。然而，两次讨论有一个关键的区别。这一次，人类基因组计划的多位带头人诚恳地旁听辩论，并且寻求在非裔美国人社区与人类基因组计划之间进行一次协调，以解决众人关注的问题，给予种种益处。会议上提出了一种可能的办法：在塔斯基吉大学建立一个基因组中心。

梅纳德·奥尔森在题为《基因组中心：它们的作用是什么》的演讲中提出了这个观点。奥尔森是一位博学的权威和技术派大师，在基因组学界深孚众望。他认为，既然人类基因组测序的技术问题已经解决，现在向更加广泛的科学家群体开放基因组测序工作就既可行，也可取。[72] 虽然这在一定程度上会增加人类基因组计划的最终费用，但他认为这会带来广泛的益处。[73] 最重要的是，这有助于将不同的人群引入基因组学。对塔斯基吉大学而言，建立一个基因组中心，意味着有了新的资源和机会来转变自己的身份，从一个与过去的暴行联系在一起的机构转变为对实现未来的承诺进行推动的机构。

一致意见达成了。克林顿总统为塔斯基吉的梅毒研究道歉，并计划在同一年开始在塔斯基吉大学建立一个"卫星"基因组中心。1997年5月16日，克林顿在白宫东厅道歉。[74] 1997年10月，奥尔森在他的"恳谈"演讲稿后记中，报告了塔斯基吉大学向基因组学发展的行动。他写道，在塔斯基吉大学将建立一个用于人类基因组测序的"卫星设施"，这个机构配备"先进的四色荧光测序仪"。[75] 回首往昔，"卫星"这个描述性词语应当已指出了将会到来的各种问题。

然而，很容易看出，当时它似乎是完美的搭配。国立卫生研究院的各位高层需要创造资源使人类基因变异的研究成为可能，这使他们感受到了压力。邓斯顿和杰克逊多年来一直主张，美国政府应当提供资源来研究非洲起源的基因组。他们认为，在美国的新月各州采集基因组测序的样本是最有意义的，那里是奴隶贩子将奴隶运来下船的地方，也是当年奴隶的许多后代如今居住的地方。亚拉巴马州就是一个新月州，塔斯基吉市就坐落在黑带地区的核心。[76]

研究黑带地区非裔美国人的基因组也与绘制人类基因变异图谱的

新兴科学意愿相一致。埃德·史密斯和梅纳德·奥尔森参与的国家人类基因组研究所资助的首批项目之一——人类 1 号染色体短臂含达菲抗原/趋化因子受体（DARC）基因区域连锁不平衡分析——提议，在黑带地区对非裔美国人进行采样，其明确目的是了解人类遗传变异的结构。这对于评估不同绘图策略的可行性至关重要。[77]

除了促进国家人类基因组研究所对了解人类遗传变异模式的兴趣之外，研究达菲抗原/趋化因子受体基因座也促进了一些非裔美国科学家在基因组层面上描述非裔美国人特征的愿望。由于这一基因座的一个变种对疟疾具有防疫作用，人们认为这一基因座在几乎所有具有非洲血统的人身上都会出现，在白人身上出现的概率几乎为 0。[78] 因此，遗传学家假定它可以测量非裔基因和非非裔基因组的"混合"水平。他们认为，这一测量对于区分"因疾病引起的变异"和他们称之为"因进化史引起的变异"是重要的。

从谈话到实践：贫穷和不平等遭遇高科技

然而，尽管人们对该项目的科学兴趣和支持力量出现了足够的一致性，但上述项目的伦理基础却不太清楚。正如史密斯和奥尔森很快发现的那样，在黑带地区采集 DNA 样本的工作需要解决长期存在的争议性问题，即如何接近和招募研究对象，以及如何负责任地使用从他们那里采集的任何数据或样本。在塔斯基吉做这件事可能会引起特别关注，这应该不会让任何人吃惊。然而，奥尔森在 1997 年 10 月写的后记中没有提到这些伦理性的复杂问题。相反，他的语气是很实际的："在（史密斯）1997—1998 学年返回塔斯基吉时，他将开始在这所大学采集人类 DNA 序列。"[79]

事实上，当史密斯返回塔斯基吉大学时，确实开始在塔斯基吉市内和周边大约200名非裔美国人身上采集DNA血样。他雇用了一位非裔美国医学技术专家来监督采血。这位医学技术专家在当地报纸上刊登广告，宣传这项研究。采集工作在县卫生博览会上进行。所有参与者都签署了知情同意书。然而，即便遵循了一切正当的和可接受的程序，那些接近这一研究的人还是担心，这么多人有兴趣参与，不是因为他们想参与科研，而是因为"我们为这一项目提供25美元的附加费用"。[80]美国人口普查显示，1999年，梅肯县的贫困率为32.8%，为全美最贫困的10个县之一。[81]这个县的人捐献血液是因为他们需要钱，而不是因为他们理解和支持这项研究。最终，参与这一项目的研究者认为各种伦理挑战太大，无法使用采集的样本。[82]

缺乏进行科研的资源使得这项研究的可行性受到挑战。芝加哥大学对达菲抗原/趋化因子受体感兴趣的研究人员已经在多次会议上展示了他们的研究成果，并准备在美国人类遗传学协会2000年的出版物上发表。[83]与此同时，史密斯和奥尔森，以及支持他们工作的国家人类基因组研究所的带头人都在试图平衡竞争环境，以便让更加多元化的科学家群体能够进入基因组学领域。基因组学已经成为一门大科学，需要大量的经济、知识和伦理资源。进入这个领域需要的不仅仅是个别研究人员的努力，也不仅仅是将被忽略的群体纳入基因组学的资金流。

为了解决这个问题，史密斯和他的同事们打算向国立卫生研究院申请一大笔拨款用于塔斯基吉大学校园，从而为研究提供资金，同时提供管理费用以建立基因组高风险领域竞争所需的各种机构资源。他们在寻求一个研究课题，塔斯基吉大学会为这个课题带来竞争优势，而且华盛顿大学的研究人员对这个课题感兴趣，从而可以让后者继续提供培训方面的支持。最后，考虑到梅毒实验的遗留问题，他们在寻求一个能为当地社区带来明显益处的研究项目。

该项目将是一项名为"非裔美国人载脂蛋白B（ApoB）变异和冠心病风险"的研究。[84]华盛顿大学的另一位基因组科学家德博拉·尼克森研究载脂蛋白B基因的变异性，该基因与脂质代谢有关。在位于亚拉巴马州农村的饮食、生活方式和心血管疾病研究中心，塔斯基吉大学的研究人员研究饮食对心血管疾病风险因素的影响。该计划是让华盛顿大学基因组研究与塔斯基吉大学的环境研究联合起来，为长期研究心脏病基因组和环境风险因素建立基础设施，心脏病发病率在非裔美国人中比例很大。[85]研究人员将参与者的人口统计学、流行病学和血浆定量特征数据与他们的载脂蛋白B基因数据一起输进一份"登记册"。[86]

在参与这个项目的人中，没有人认为这是件容易的事。自从塔斯基吉梅毒研究以来，在塔斯基吉大学进行的受试人研究就非常少，达菲抗原/趋化因子受体基因研究提醒所有人要注意相当大的伦理困境。每个人都担心这个项目能否做好。一个显而易见的挑战是该如何处理DNA样本。在塔斯基吉进行基因组研究的一个原因是此地位于黑带地区，这是法蒂玛·杰克逊认为最适合采集非裔美国人样本的地区，因为那里的人有深厚的非洲血统，都可以通过历史记录追溯。从杰克逊最初发出呼吁以来，对这些样本的需求只增不减。[87]塔斯基吉大学、华盛顿大学和国家人类基因组研究所的研究人员进行了广泛的讨论，以确定塔斯基吉研究人员采集的样本是否可以满足这些更加广泛的需求。虽然国家级的基因组学界领袖们开始推动"一揽子同意"运动，即允许DNA样本被用于许多不同的研究项目，但尚未达成任何政策性的协议。[88]

除了样本使用的问题，载脂蛋白 B 研究还提出了关于如何接近和招募受试者的问题。达菲抗原/趋化因子受体研究强调了向受试者提供资金的问题，以及知情后同意的充分性问题。在塔斯基吉的背景下，确保受试者理解和同意该项研究至关重要。然而，鉴于黑带地区普遍存在的高贫困率和低识字率，实现这一目标面临着极大困难。[89]

尽管富有挑战性，但 1999 年年初，塔斯基吉大学全国生物伦理学研究和保健中心的建成还是让人感到乐观，认为这些问题可以得到解决。该中心是为塔斯基吉梅毒研究道歉的一部分，由联邦政府拨款创建。该中心主办的首批研究项目之一——肤色与遗传学社区政策计划（CCGPP）——试图将非裔美国人纳入关于基因组研究的伦理和政策性讨论。[90] 来到塔斯基吉大学几个月内，埃德·史密斯和负责肤色与遗传学社区政策计划日常运作的遗传咨询师发现，他们在希望找到一种方法与黑带地区的"基层社区"合作方面面临一项共同事业。[91] 遗传咨询师担心只与社区组织成员交谈，会让她的工作发生偏差，因为这些组织的成员大多来自社会经济阶层的上层。史密斯的问题略有差别。他试图接触那些教育和收入水平较低的人群，因为他们在这个地区生活时间较长，拥有基因组研究所需的深厚系谱基础和稳定性的可能性更大。尽管他们的目标有差别，他们的意愿还是在很大程度上相符的。他们足以写一份拨款预案，请求建立一项基础设施，用于教育黑带地区的社会中下层人民。提议的基础设施包括当地福音电台播放的一档广播节目，让那些不会阅读的人可以获得有关基因组学的信息。黑带地区的各县还将收到一段关于基因组研究的视频，以及一台录像机和一台可以播放视频的电视机。

1987年关闭的老约翰·A.安德鲁医院（作者拍摄）

约翰·A.安德鲁医院前门的标语，宣布重建全国生物伦理研究与保健中心，2000年4月（作者拍摄）

塔斯基吉的故事：缺少一家医院，而不是基因组

虽然上述提案提出了一种接触黑带地区居民的创新方法，却没有解决更困难的问题：他们会对基因组学有兴趣吗？2000年4月下旬，我首次来到亚拉巴马州塔斯基吉，了解肤色与遗传学社区政策计划的更多事情。不久，我就听说一个圣公会教堂在阳光明媚的星期六上午倒塌的故事：

> 事情发生在今年夏天，实际上，就在一个星期六的下午，像今天这样的（一个阳光明媚的日子）……教堂无缘无故就倒塌了。而且我知道我们正在避免谈论这个话题，但是……如果事情发生在星期日上午，人们聚集在教堂的时候呢？我的意思是说，那样的倒塌事件显然就是一次重大紧急事故。我们在塔斯基吉没有任何急救中心，所以不得不将（受伤）人员送去奥本或蒙哥马利，最近的应急设施只能在大约30英里[1]之外找到。这个设施其实在欧佩莱卡，正好在奥本河另一边……要去医院得赶35到40英里路。所以，教堂倒塌是个让人警醒的事件，至少在我最早来到这里听到这个故事的时候，对我来说是这样的。这就好像，如果倒塌事故在一天后，即24小时之后，教堂开门迎宾的时候发生的话，将会怎样？[92]

在塔斯基吉的日子里，我多次听过这个故事。这是一个缺乏足够的医疗保健的故事，它主导了负责肤色与遗传学社区政策计划的几个核心小组正在进行的讨论。正如其中一位组织者解释的那样："我认为，遗

---

[1] 1英里≈1.609千米。——编者注

传学可以被视为一种奢侈品,能够分辨出你的孩子是否患有唐氏综合征,是否有镰形细胞性状。只要你有医疗保健问题,如果……有人有镰形细胞性状,谁在乎呢?更紧迫的问题是医疗保健,基本的医疗保健。就像大街上的教堂倒塌的故事那样,我们没有急救室这种医疗保健设施……因此,即便我们的大部分谈话——所有讨论——都是从遗传学开始的,也都直接转向了基本医疗保健问题。"[93] 另一位更直截了当地说道:"让我来说这个问题吧,我认为这是真正重要的问题,正如我亲眼所见,这是事实:(遗传学)并不重要。这不重要,是因为存在太多其他的问题。"[94] 在一个像塔斯基吉这样贫困率超过 50% 的城镇,许多人对遗传学没兴趣。[95] "没人有时间担心这个,甚至没人有时间想到这个。你知道的,这是一堆智力拼图游戏。它与我的生活毫无关系。我得吃饭。我没有工作。我没有房子。我的工作收入微薄。我的生活非常挣扎。我没有资产。我必须让我的孩子受教育。我的意思是,美国黑人的生活是关于贫困,或者处于贫困边缘的问题……我真的不认为会有人关心(遗传学)。"[96]

就连社区带头人也开始劝说。塔斯基吉其实有其他需要:

> 我们已经努力乞求这些人来(参加肤色与遗传学社区政策计划核心小组)。这成了特权。我们只与一个低收入人群组织合作过。而这些机构里的人都属于高收入人群:圣公会教堂,社会上的俱乐部,城里最好的社会俱乐部之一……他们必须明白为何这(遗传学)对他们很重要。可是,这对他们是不重要的。我是说,还有其他事情。这个城镇没有医疗保健。在所有这些复杂事物当中,偏偏没有一个 24 小时医疗保健设施。我们没有医院。到任何医院都要半小时。我们也没有任何紧急护理设施。所以到达别处的医院时,人很可能已经死了。[97]

塔斯基吉的人们不仅对遗传学研究没兴趣，他们还表示怀疑，甚至在谈论遗传学研究时也持怀疑态度："非裔美国人社区的居民对任何与基因研究有关的事情都持怀疑态度：你们为什么要做这项研究？这项研究是怎么回事？这对我有什么好处？或者你现在想要对我做什么？你知道，（肤色与遗传学社区政策计划项目的负责人）开始在密歇根州进行民意问卷调查时，他们问道：'国会的那些人现在准备对我们做什么？'"[98] 正如 2000 年 4 月和 5 月我在塔斯基吉时，许多人向我解释的那样，真正的问题是，非裔美国人并不反对研究，他们反对可能会伤害他们的研究，他们也想知道研究可能会带来的伤害和好处是什么，所谓的专家对事情并没有进行很好的解释。[99] 回顾 1997 年美国科学促进会关于人类基因组计划的题为"人类基因组计划：公众与此有何关系？"的主题会议，塔斯基吉生物伦理学计划的一位负责人回忆说："这是一个关于正在发生什么、人类基因组计划和多样性计划之间有什么差异，以及如何让社区参与，或者是否让社区参与的全天候讨论。这是一件很有趣的事情，因为没有人在任何事情上达成一致意见，而且到当天结束的时候，很显然，人们对事情一无所知。"[100]

尽管专家们可能不知道基因组学对公众意味着什么，可是上一节提到的那位带头人认为，非裔美国人确实知道一些事情："我们所知道的，普通八年级学生能理解的是，根据历史背景，这种信息看似会导致进一步污名化……这是我们的历史……我们知道镰形细胞发生了什么，还有对信息的滥用，以及我们为努力改变人们的理解而不得不去做的一切……这种特质不是一种疾病，也不是歧视他人的理由。"[101] 这些担忧并非塔斯基吉独有。20 世纪 90 年代后期，霍华德大学组建了一个全国人类基因组中心。研究人员发现，"对我的信息、基因组和 DNA 将会产生什么影响的恐惧"成为社区里的一个主要问题。[102] 在格林斯伯勒的北卡罗来纳州立农业技术大学，科学家们向我讲述了类似的担忧。各社区的成员经常会问他们："我的 DNA 会发生什么变化？"[103]

在塔斯基吉，这些担忧的重要性不容忽视。正如一位非裔美国科学家向我解释的那样，塔斯基吉是"（梅毒研究的）犯罪现场"。它现在也是一个致力于弥补过去那些错误的新的全国中心。[104] 各种问题都不能被忽视。在我走访塔斯基吉时，当地的担忧和紧张情绪显而易见。虽然我来到塔斯基吉不是为了与人们谈论基因组学研究（其实我来之前都不知道达菲抗原/趋化因子受体或载脂蛋白 B 研究），但人们都热心地与我谈起这项研究。当我离开塔斯基吉大学时，有人对我说的最后一句话是："我知道你是个好人。我知道你会讲述这个故事的。"[105]

一个科学和公正的故事

这个故事是什么？我怎样才能讲述这个故事？多年来，我一直在努力解决这个问题。

在我走访塔斯基吉仅仅两个月后，克林顿总统便宣布人类基因组揭示了"十分鲜明的真相"："我们所有人生而平等"，我们都拥有"共同的人性"。基因组测序公共项目带头人弗朗西斯·柯林斯，以及私人项目带头人克雷格·文特尔，都在他们的评论中响应了这一观点。[106] 对这些科学和政府带头人而言，人类基因组计划实现了非裔美国人谱系基因组研究的研究人员 10 年前设想的更崇高的使命：它证明了我们共同的人性。

这个故事感人肺腑、引人入胜。事实上，一个人怎能讲述其他故事呢？

或许是因为我们必须让这个故事看上去永远是真的。

1978 年，为了回应一部分明显因塔斯基吉梅毒研究造成的问题，国家生物医药和行为研究受试者保护委员会发表了《贝尔蒙报告》。在这份报告中，委员会提出了应成为所有人类学课题研究基础的三项基本伦理原则：尊重人、仁慈和公正。在今后的几十年里，生物伦理学家和法学家们努力研究前两项原则的含义，但最后一个原则，即公正原则，却很少受到关注。委员会的一位成员、乔治敦大学法学教授帕特里夏·金2004年接受采访时回忆道："我们只是没有——也不能解决其中的这些公正问题……我们善于理解自主权、知情同意权，也非常善于处理各种行善问题，但我们对如何处理公正这一原则没有头绪。"[107]对许多人而言，确保知情同意权是代表"后塔斯基吉时代"重大胜利的联邦政策。然而，它没有解决梅毒研究提出的几个更加复杂的问题。这项研究虽然很少被讨论，但却给塔斯基吉的医生、科学家和行政管理人员造成了一种困境：参与这项研究有望为挣扎中的塔斯基吉研究机构和梅肯县的人民带来各种资源，该县的许多人确实因为公共卫生服务研究而获得了某种护理和照顾。[108]该研究还承诺有可能提供治疗该县人民社区疾病的新知识。当时的困难境地，至今依然存在，就像金描述的那样："我们仍在为之斗争……如何在不引发并恶化对种族或各种种族概念污名化或者生物性理解的情况下，将少数族裔纳入研究。"[109]虽然美国卫生与公众服务部为如何将儿童、妇女和囚犯纳入研究确立了指导方针，但迄今为止，该部还没有就受教育或经济处境不利人员的研究问题发表报告。因此，在梅毒研究结束25年后，当塔斯基吉再度面临是否要加入联邦政府资助的一个重大科学项目时，多个基本问题仍未解决。是的，塔斯基吉的研究人员和行政管理人员理解，而且坚决相信需要知情同意权。事实上，塔斯基吉大学审查委员会（IRB）最终裁定，每次使用采集的血样都需要经过知情同意这一步骤。这一裁决与当时出现的关于一揽子同意的观点背道而驰。然而，知情同意权问题并不是塔斯基吉基因研究面临的唯一挑战。更加深刻的是，这项研究对21

世纪科学和公正的正确实践和目的提出了各种问题。

时任塔斯基吉大学校长本杰明·F. 佩顿和遗传学家埃德·史密斯都很清楚，基因组学是科学、社会和经济的一个基础性新领域，美国政府和多家公司计划进行投资。然而，在加入这一基因组的未来时，塔斯基吉大学还不能充分地回应它的过去。[110]它如何坚持知情同意权的各项原则，确保研究满足人们的各种需要，再参与这一令人兴奋的新科学技术领域呢？

这不仅仅是塔斯基吉的问题。塔斯基吉从来都不仅仅是塔斯基吉。正如我们将在接下来的章节中看到的那样，在人类基因组计划完成后的10年里，关于不同的人如何以有意义和公平的方式参与人类基因组学的问题，变为迫切需要在全世界范围内采集和研究人类基因组。

对那些没有医疗保健或者获得有限医疗保健的人而言，基因组研究的各种益处不太可能在他们身上反映。那么，对基因组研究的资助是否应当与资助基础医疗保健的各种要求挂钩呢？今天谁会从基因组研究中获益，在何种基础上，其他人有望在未来获益呢？

随着白宫庆祝人类基因组测序的幸福感逐渐消退，关于基因组学的生活现实和意义等问题变得更加突出。不解决这些问题并不会让它们消失。当人们和各种项目转移到不同的地方时，它们只能被暂时留下。2000年秋，埃德·史密斯转到北方一所资源更丰富的机构——弗吉尼亚理工大学。他将测序仪和工作站也一同带去，这些曾是塔斯基吉基因组中心的开端。为非裔美国人进行的弗雷明翰心脏研究计划——载脂蛋白B研究将会是这些计划的开端——从塔斯基吉的一所美国传统黑人大学转移到密西西比大学，这是密西西比州一所以白人为主的旗舰大学。[111]一个由联邦政府资助的绘制人类基因变异图谱的项目，将其焦点从美国的种族纷争地带转移到众人期盼的全球人文前沿领域。

第四章

谁代表人类基因组？
什么是人类基因组？

> 当人们不得不骑驴走 15 千米去取水时，你看着红橙色的地面，你从地上捡起尘土，它们像沙子一样从你的手中漏过。你看着的地方应当是一个绿色花园，那里却什么都没有，驮畜也快死了……我伸出手臂，将我的血给你，这对我来说有什么意义呢？
>
> ——HapMap（人类基因组单体型图计划）
> 社区项目负责人的访谈

关心基因组学自由的包容性政策无法解决公正问题的人，不仅仅是被要求参与基因组研究的非裔美国人。国家人类基因组研究所咨询的许多美国原住民担心，基因组研究的权威可能会被用于威胁部落的独立主权，还会将人们的注意力从更为迫切的医疗保健需求上转移。[1] 虽然国家人类基因组研究所最初希望在美国招募人类受试者，这会让他们的工作远离人类基因组多样性项目引发的生物殖民主义指控，但是一些非裔美国人和美国原住民代表提出的这些担忧表明，在美国采集基因样本并不是灵丹妙药。这种情况与其他国家的资助一起，促使国家人类基因组研究所的带头人再度考虑实施一项国际计划的可能性。

这一举措也与各种更为广泛的政治转变相一致。新千年的开端标志着对一种新的全球秩序的渴望达到了高潮，这种秩序可以超越旧的分歧。冷战已经结束。巴西、俄罗斯、印度和中国（金砖国家）正在全球舞台上以新的强大演员的身份登场。互联网使全球交流进入许多人的日常生活。人类基因组学给予我们的希望是，不仅在国家内部的层面上，而且要在国家与国家之间的国际性层面上揭示我们共同的人性。在这个千年交替之际，人们对全球联系所开启的新世界持乐观态度。人类基因组学领域的许多领袖人物强烈感觉到，绘制人类遗传变异图谱应当是一项国际性事业。[2]

然而，发起一场全球性的人类遗传变异图谱工作——"人类基因组单体型图计划"——带来了不少重大问题。除了担心人类基因组多样性计划再度受挫外，还存在许多艰巨的现实性挑战。全球是一个开阔的领域，并非每个人的基因组都能被调查。正如国家人类基因组研究所的一位项目主管对我说的："终极资源是对世界上的每一个人采样，但你不能这样做。"[3]那么，在这个世界上，谁应当被采样呢？

虽然这个问题没有明确的答案，但国家人类基因组研究所的领导层对谁不应当被采样却有着明确的看法："人数稀少的、孤立的"原住民人群。他们相信，人类基因组多样性计划之所以陷入困境，不是因为与研究人类基因组之间的差异紧密相关的各种内在问题，而是因为人类基因组多样性领导层决定对小的"脆弱"的群体采样。[4]他们希望可以通过对他们所说的在社会中占多数的"大群体"采样取得成功。这种方法在科学上和伦理上都有可行的希望。从科学层面上看，最近的研究表明，人类基因组结构包括已知为单倍型的团块。在这种团块之中，基因变异彼此之间存在密切的联系。基因研究人员认为，这些结构性团块在不同的人群之中是类似的，因此只要对多个不同地理位置的一些

"主要"人群采样，就足以绘制一张用于生物医学研究的人类遗传变异图谱。[5] 从伦理层面上来看，对主要人群采样也有望减少歧视。因此从理论上来说，在自由主义的世界观内，"大群体"更加可能享有自治和教育的力量，这些力量确保了自我代表和自我管理的能力。为了确保这种方法在伦理上的稳定性，HapMap 的各位带头人决定向这些人群提供各种新权利，以参与事关他们的 DNA 样本命名和共享的关键决策。[6] 这一决策遵循了美国自由民主治理的旧路。长久以来，美国一直通过开辟新道路，将那些在历史上被排除在政治之外的人包括在内，努力实现其对所有人许下的民主自由的承诺。[7] 最初，许多人接受了 HapMap 领导层的种种想法，即通过将各个社区纳入原本属于科学专家领域的各种决策之中，将这些对自由主义的包容性实践扩展到基因组学方面。然而，各种挑战很快就出现了。

根据这些自由的假设，HapMap 的各位带头人假定存在一些组织成"社区"的人，这些人实际上能够被授予一些有限的权力去代表和管理采集的样本。[8] 然而，正如我们将看到的那样，在一个全球经历多种转型的时代，这一假设面临着许多挑战。冷战的结束、多项自由贸易协定和数字通信的兴起，都催生了各种新的关系。这些关系跨越了传统的政府界限，重塑了人类及能够代表这些新关系的人群。基因组学是在这些转变中产生的，为这些转变提供了区分不同人群的各种有力的新方法，从而产生了关于谁是可能会承担代表任务的"人"的各种新问题。

缺乏对管理人员的界定，关系到相关人员合法权利共识的瓦解。虽然 HapMap 组织者将知情同意权定为这些权利中最为重要的一项，但是他们试图从许多"社区"取样提出了更多的基础性问题，即参与创建全球人类遗传变异图谱意味着什么，还有参与后应当享有哪些资格和权利。从尼日利亚伊巴丹、梅肯县到美国得克萨斯州休斯敦,多个社区的居民的观点一致,他们相信只要自己愿意参加,就有资格获得各种资源——诸如医疗上的特殊病例分析和了解最新的生物医学研究。生物伦理学家、国立卫生研究院的带头人和研究人员努力回应。他们的各种努力的故事使后基因组时代的第一个主要计划提出的关于公正和知识等更根本的问题变得生动起来。[9]

世界上谁能代表人类基因组?

2001年夏,国家人类基因组研究所开始绘制人类遗传变异图谱的各种工作,该研究所带头人弗朗西斯·柯林斯称这一基因图谱为"继测序之后,了解人类疾病的最重要的单一资源"。[10]虽然美国将率先承诺提供各种资助——起初投资4000万美元——但是人们很快就开始讨论美国是否会取得领导权。一位参与计划的生物伦理学家回忆道:"关于只在美国做这件事,有一场虽然简短,但是很热烈的讨论……上帝知道我们在这里对多样性的讨论非常热烈,我们也有一套关于我们如何进行研究的规则。"[11]国立卫生研究院的行政管理人员也担心,与其他国家合作进行一个需要在国际上分享人体组织样本和数据的项目,可能带来挑战,而且在某些情况下是不可能完成的。[12]例如,中国和印度规定,禁止将其公民的DNA运出国界,这是其在遗传学领域维护国家主权的做法。日本的人权问题带来了各种额外的困难。[13]所有这一切导致国立卫生研究院至少一名项目官员倾向于进行以美国为基地的项目:"我个人倾向于在美国进行所有的采样工作,完全是因为从行政管理上来说,这样会容易得多,会避免所有麻烦。这些麻烦不仅与日本的人权问题有关,而且与合作的各种复杂问题有关。(国际合作)真的很难做到这一点。"[14] 然而，对人类基因组和全球合作的力量和重要性的高度信赖，正是 HapMap 计划的起点。仅仅在美国进行这个项目，会让许多人认为该项目具有排他性。后来，参加 HapMap 工作的一位文化人类学家说出了他的看法：

> （在美国做这件事）非常容易。实际上，你能得到棕色人种、黑色人种、白色人种，以及所有不同版本的遗传基因。你不必离开（美国大城市）就能找到。但这并不能让我快乐……因为我想看到一个更大的用武之地……如果你用这种方式把关，那么富裕国家拥有科学、获得科学生产的各种益处、开发新技术、生产各种药物的机会就会再次出现。[15]

有些人的观点更激烈。据报道，日本的基因组科学家认为，如果美国接管下一代基因组遗传图谱的创建项目，那无异于帝国主义之举。[16]

尽管多样性计划引起了人们的深切担忧，但很明显的是，时代已经变了，而且要让"这个计划成为现实，它就必须是国际性的"。[17] 因此，在该项目计划的早期，国家人类基因组研究所领导层决定将日本、中国、加拿大和英国的研究人员纳入其中。

然而，在许多人眼中，美国和国家人类基因组研究所显然仍在掌舵，为该项目提供了最大数量的资金，同时进行协调工作。多样性计划也在许多人的记忆中挥之不去。因此，从一开始，HapMap 领导层就意识到他们面临着一个令人担忧的问题：一项主要由美国资助的全球人类遗传变异调查，如何能够避免种族主义和殖民主义的各种指控？

在与参与多样性计划辩论的许多科学家和伦理学家协商后，国家人类基因组研究所制定了一个战略。该战略由两部分组成。首先,从"大"基因变异人群中采集样本。组织者推断,这些人群面临不公平待遇的风险与人类基因组多样性计划试图采样的所谓"弱势原住民小群体"所面临的风险不同。[18] 在采集 DNA 样本之前进行社区活动,将使社区有机会讨论各种问题,提出担忧,并且行使新的权力去决定他们的 DNA 样本该如何标记,并用于研究。[19] 按照这种双管齐下的方法,HapMap 的组织者希望他们不会"落入多样性计划的陷阱"。[20]

他们取得了部分成功。他们确实避免了与原住民人群进行研究和合作的挑战。他们没有回避更为广泛、更为基本的问题,即如何以公正、民主的方式来选择和界定采样的人群。这有一部分是因为他们没有预料到自多样性计划的时代以来,这些问题的性质已经发生了多大程度的改变。在两项研究之间,人类基因组学的带头人成功地推广了一种认知,即人类基因组学是 21 世纪的一门全球科学。这门全球科学不是分裂的,而是统一的。令许多参与 HapMap 计划的人惊讶的是,许多人试图在人类基因组计划中表现自己,而不是将之视为一个应当规避的冒险尝试。据报道,从科罗拉多州的丹佛到纽约州的新罗谢尔,再到意大利的托斯卡纳地区,HapMap 接触的"各个社区"为被选中参加 HapMap 项目而感到荣幸,这是一个具有极其重要意义的国际科学项目。[21] 出现的各种问题不是因为国家人类基因组研究所试图将这些群体包括在内,而是项目组决定不让他们成为下一代人类基因组图谱的样本。

基因组学已经成为一门具有高声望、高风险的科学,许多人都想涉足其中。成为下一代人类基因组图谱的样本并没有带来多大风险,因为它承诺成为 21 世纪全球社会和知识经济的成员。于是,基因组学带头人应当如何识别和界定在实践中应当成为样本的人,以及如何界定应该伴随着成为样本而来的各项权利，就成为争论的重点。这些问题超越了美国生物伦理学寻求将研究对象纳入一种伦理方式的自由主义方法，且提出了更为基本的生物构造问题，即如何在 21 世纪的生物社会建构公民及其权利。[22]

构建 DNA 代表们的社区

根据人类基因组多样性计划的经验，国立卫生研究院的带头人预料到研究人类基因组学的工作需要界定受试者及其权利的新程序，便着手制定政策来实施这些程序。朱迪思·格林伯格——美国全科医学研究会（NIGMS）的一位项目主管，带头在 2000 年 9 月召开"关于为收集和使用遗传研究样本负责的首次研讨会"。自 1972 年以来，美国全科医学研究会一直在科里尔医学研究所收集细胞系。2000 年以前，所有这些细胞系几乎都来自患者和"表面上健康"的人的细胞。[23] 然而，随着人类基因组计划的完成和对研究遗传变异的日益渴望，美国全科医学研究会收到越来越多的细胞系请求，它们不是来自具体患者，而是来自不同的人群。虽然需求量很大，但国立卫生研究院的带头人出言谨慎。多样性计划的争议说明，从人群中采集人体组织将引起特别关注。我参加的 2000 年 9 月的研讨会向美国全科医学研究会证明，这些问题得到了广泛关注。正如研讨会的综合报告所解释的："歧视、侮辱和侵犯隐私的可能性是有意向参与研究的个人和社区的主要关注点。其他关注点涉及对社区的界定、研究对这些社区及其成员的预期利益和风险，以及社区在整个研究过程中的充分参与。不同社区和社区成员对拟议的研究有不同需求和兴趣，可能希望以不同的方式参与。"[24] 虽然这些担忧不是普遍存在的——尤其是患者代表反对额外监督和更广泛地使用样本——但美国全科医学研究会的带头人相信在整体上信息是清楚的。后来，一位项目主管向我解释道：

> 采访对象：我们接到了行动命令……
> 作者：会议上发出的行动命令？
> 采访对象：是的。
> 作者：社区说我们想要被咨询。
> 采访对象：没错。[25]

从美国全科医学研究会细胞库领导层的视角来看，各社区已经说过：他们希望在决定如何采集和使用自己的 DNA 时有发言权。

可是，并非所有人都与他们意见一致。正如一位带头人后来回忆的那样，一些科学家"非常强烈地反对"让社区就如何采集和使用样本发表意见。他们问道："为何人们必须对这些样本说三道四呢？毕竟，我们是科学家，我们也知道（要做什么）。"[26] 然而，其他人强烈地感受到，如果人类基因组是一种强大的分子现象，能够揭示个人的重要信息，那么这些个人应当有权去管理它。

讨论社区咨询政策的咨询会议被证明存在争议。很快就清楚的是，在那些想要控制基因样本的科学家和相信社区必须拥有某种控制权的科学家之间，要走过一条艰难的路（才能达成一致）。据报道，国立卫生研究院一位非裔美国高级官员凭借其领导能力帮助缓和了紧张局势，让国立卫生研究院制定了最佳做法指南。[27] 这些指南成为"为美国全科医学研究会人类基因细胞库对已确定人群的样本进行采集、储存和研究使用政策"的基础。[28]

这项政策指示那些寻求样本的人去"与社区成员和带头人协商"，

并且"确保被咨询的那些人代表具有社会身份的样本人群"。政策还规定，协商"应包括采访、焦点小组、讨论、城镇会议或者其他论坛"。协商应当清楚提出研究的目标，描述谁可以使用这些样本，以及样本被保存的时间长度，描述各种风险和益处，还要说明社区可以随时提取这些样本。除了咨询之外，美国全科医学研究会制定政策，呼吁建立一个"社区咨询小组"，对样本进行持续管理。考虑到进行长期管理的需要，该政策规定社区咨询小组应"决定个体"成员的"期限"，并且为替换成员制订一份计划。政策要求美国全科医学研究会细胞库主管"在样本仍然在细胞库时，就要与社区咨询小组保持联系"，并且若有"任一与原先达成的协议中使用样本方式不符"的情况，需与小组进行磋商。最后，政策要求各项研究结果应当"以可理解的方式传播给社区"。

然而，关于社区是否有权让使用其样本的、已经完成的研究得以体现，这项政策的说明还不太明确。它只是指出社区协商应"提供关于社区能否详细说明样本不能被指定用于某些类型研究的原因"。它还提供了样本将如何被命名这一棘手问题的不完整指导，只是建议研究人员避免给特定人群命名，除非"具有科学上的重大意义"或者"某团体（通过社区咨询小组）希望被明确命名时才可以"。

尽管在这个问题上含糊不清，不过在当时，这一政策是大胆而影响深远的。它规定了研究人员的具体责任和社区的权利，并且为样本创建了一个可持续管理的体制。然而，对国家人类基因组研究所和HapMap的带头人而言，这项政策还远远不够。因为国家人类基因组研究所计划为HapMap项目创建的细胞系存放在科里尔医学研究所的美国全科医学研究会人类基因细胞库，所以至少需要去遵守美国全科医学研究会的政策。[29]然而，国家人类基因组研究所的管理人员不仅没有达到最低标准，反而领导一项运动去澄清和加强这一标准。

具体而言，国家人类基因组研究所规定，社区将有权去"直接介入知情同意程序，并且会介入他们的社区采集的样本将如何采集、描述和使用的决策"。[30] 重要的是，在 2002 年的一次 HapMap 规划会议上发布的一份文件指出："从社区采集的样本所标记的内容将由社区来决定。"[31] 对国家人类基因组研究所的一些人而言，将社区磋商的名义改为社区参与，标志着向社区提供了这些更为实质性的权力。[32] 正如政策的一位改革者后来反映的那样："'参与'表达的是我们认为我们实际上在做什么：走出去，真正拥有平等的伙伴关系……磋商仍然与能够建立关系的方式不太相干。"[33]

对许多人而言，HapMap 的社区参与政策为人类基因组学研究引入了一种重要的新方法。社区参与认真对待多样性计划提出的问题，并且引入各种具体做法，旨在确保国家人类基因组研究所创建下一代人类基因组遗传图谱的参与者不会被当作研究对象，而是被视为有权利和权力去塑造研究本身的受试者。

自我认同的力量成为这一转变最为显著的标志。[34] 它和控制样本留在科里尔医学研究所的条款的权利，使一些曾经批评多样性计划的人相信，可以报名帮助组织这一项目。正如一位社区参与的带头人后来反映的那样："社区咨询小组拥有如此强大的权力，让一些管理者感到非常不安，但是我认为这是参与这一项目最棒的东西：全面告知各社区它们正在参与的是什么，各社区拥有处理它们自己的样本的权力。"[35] 美国国家人类基因组研究所在日本东京的社区参与政策的一位领导人，还记得早期对 HapMap 社区参与政策的热情："国际上对于 HapMap 的社区参与与伦理、法律和社会问题方法将成为国际遗传学研究有史以来的最佳方法而被寄予厚望。"[36]

谁是社区？自由主义的局限性和种族的回归

然而，就在勇敢地推动基因组研究民主化进入新领域的各项工作开展的同时，社区参与并没有克服美国自由主义管理方法的局限性，是这种方法塑造了美国全科医学研究会和国家人类基因组研究所的各种工作。尽管这两个机构都致力于将管理责任从科学家移交给人民，但是为了让工作可以在那里进行，需要一个机制给予人民身份验证和代表人民，这就是美国全科医学研究会和国家人类基因组研究所所说的"社区"，它们可以接管自己的自治权。在美国那些职业生涯在后民权时代展开的行政管理人员之中，可以理解的是，国立卫生研究院领导层假定这些机制存在，或者可以建立。20世纪60年代，在民权运动期间，将原先被排斥的各群体纳入其中成为一种主导型的政策范式。[37] 诸如全国有色人种协进会（NAACP）这类组织通过代表非裔美国人和其他少数族裔参与法律和政策的谈判和实施，促成这些变化，其中最显著的是1964年的《民权法案》。在制定社区咨询政策时，美国全科医学研究会的带头人考虑了这种美国背景。美国全科医学研究会的一位管理人员回忆道："我们为基因库编写指南的方式，其实只考虑了美国的人群。"[38] 但最终，这些正是HapMap计划不想采样的群体，该计划倾向于从国外的大量"多数人群"，而不是从美国的"少数人群"中采样。

社会参与的各种做法将这种美国背景的标志推广到日本、尼日利亚和中国，并带来了各种挑战和质疑。大多数人不需要将自己组织成界定明确的"社区"以获得各种资源和代表权。虽然人们可以争论在美国是否存在一个"非裔美国人"社区，以及像全国有色人种协进会这样的组织是否能够代表这个社区，但是在日本甚至根本不存在引发这种辩论的"日本人社区"。在日本的日本人组成了这个国家,他们不是一个社区。即使在HapMap确实想对移民到美国的"大量人群"成员进行采样的地方,也很难找到和界定社区。人们可以在教堂和商店里试着闲逛,结识当地人,但是正如一位被招募来做这项工作的文化人类学家后来观察到的那样:"你只能频繁去杂货店。过一段时间,这就没有意义了。"[39]

因此,尽管HapMap带头人为"社区"提供了新权力,事实却证明,谁是可以接受这些新权力的"社区"并不是不证自明的。如果这些社区存在,那么HapMap研究人员、伦理学家和那些要求将DNA提供给HapMap的人,就会组成社区的一部分,这一过程会涉及新的生物社会行为。正如一位社区参与项目带头人后来反映的那样:"我在那里开始参与行动时说……我来到这里是参加你们的郊游,参与你们的群众活动和葬礼,再和你谈谈你是否会为一项研究捐献血液。"[40]这些的确是奇怪的新形式。他们该如何以及以何种理由进行下去还不清楚。

这些复杂问题在HapMap的官方网站看似简单的项目描述中并不存在:

> 国际HapMap项目正在分析非裔、亚裔和欧裔血统人群的DNA。[41]

尽管这似乎是一个明确的指示,但事实证明,它具有很大的争议性。该项目的社会科学和伦理学观察家很快注意到,"非裔、亚裔和欧裔"强有力地唤起了种族分类体系。正如国立卫生研究院的一位项目主管评论的那样:"我认为,从第一天起,人们就意识到这将被许多人视为本质上的种族遗传图谱。"[42] 这带来了一个重大挑战。无论 HapMap 的人群和社区将以什么样的基础形成,它们都不能成为种族的依据。国家人类基因组研究所深知多样性计划未能向前推进,是因为许多人认为它会让种族科学复兴。[43]

HapMap 带头人试图通过在他们所描述的"诸如种族那样的大规模社会结构"的事物和他们所使用的人群名称之间进行区分,来避免类似问题。[44] 他们认为,前者源自容易产生偏见的主观社会实践,而后者源自"可靠的研究方案"的精确方法。如 HapMap 官网解释的那样:

> 在遗传变异研究,如 HapMap 中,人群的命名方式在科学、文化和伦理上都拥有重要影响。从科学的角度来看,描述从中采样的人群的准确性是可靠的研究计划的重要组成部分……从文化角度来看,标签的准确性反映了对同意参与研究的各社区的地方规范的认可和尊重。从伦理角度来看,精确性是研究人员对参与者的义务,它有助于确保研究结果既不会被低估,也不会被过度高估。[45]

HapMap 计划的领导者设想将科学、文化和伦理整合到一个精确的人群命名方法中。重要的是,他们不相信自己在构建人群方面会发挥任何作用。在他们看来,只有种族是社会建构的。人群在生物学上是真实存在的,它们只需要科学家去精确描述。

在我进行的采访和他们自己的文章中,一些基因组科学家强调了这种对准确性的承诺,并将其归功于社会科学家。以前,他们不严谨地使用"非裔""欧裔""亚裔"这些术语,现在他们使用的描述方式以"准确性"为目标。这是基于客观标准,诸如科学家的采样标准进行的。举例而言，在一次采访中，HapMap 的一位研究人员向我解释过在非洲完成的采样案例，该项目"不是研究非洲"，甚至也不是研究"所有约鲁巴人的，这是我们从约鲁巴人那里采集的 90 个 DNA 样本"。[46] 然而，这种立场提出了一个重大问题：声称分析对象仅仅是"我们从约鲁巴人那里采集的 90 个 DNA 样本"，就是坚持一定程度的精确性，这会让 HapMap 图谱毫无用处。正如另一个项目组织者向我解释的那样（这次提到的是在中国完成的采样）：

> 采访对象：如果你在北京师范大学对汉族人采样，又在上海采样，然后在西部某个地方采样，结果发现它们之间存在巨大差异，其中一个样本的 SNP 标记与另一个没有关系，然后不幸的是，我们做成的一个单倍体图谱之中有 4 个小的要点对任何其他人群是没有任何用处的。
>
> 作者：对。所以从这个意义上来说，在北京采集的样本不仅代表了那些人，而且……代表了比这更大的某种事物，否则 HapMap 图谱就不会起作用了。
>
> 采访对象：没错。[47]

正如这位组织者暗示的那样，美国、日本、中国、加拿大和英国政府花费数千万美元在中国或尼日利亚不是去了解关于 45 人或 90 人（在每个地方分别采样的人数）的某些事情的。挑选这些人的目的是希望他们能代表一大群人。然而，由于人类遗传学（和现在的基因组学）中的代表性问题在历史上一直很棘手，可以理解的是，许多 HapMap 的组织者都在寻求通过准确界定采样人群，或者宣称"该项目无意界定人群"来完全避开这一问题。[48]

名称里有什么?

虽然项目带头人驳斥了他们试图界定人群的想法，但他们确实接受了在现实条件下，需要为他们从各种人群采集的样本做标记这一事实。为了完成这个任务，他们求助于"社区"。回想一下，赋予 HapMap 社区给自己的样本命名的权力，让许多人相信 HapMap 的民主化潜力。然而在实践中，将这种权力从科学家下放给人们证明了任何事情都并非一蹴而就。这在样本采集刚刚开始时就已一目了然。国家人类基因组研究所的一位项目主管引用了在日本采样的案例，解释道："有很多人说他们希望这些样本被称为'亚裔'样本。这不错，除了——嗯，还有几个问题。第一，你们也有来自中国的样本，那么中国人就不是'亚裔'吗？或者他们只是'中国'？你有了'亚裔'样本，然后你也有'中国'样本……因此，让社区自己决定自己被如何称呼的概念不是那么简单。每个人都认为他们会想出一个在科学上可以自圆其说的标记，但事实并非如此，因为日本人显然不能代表所有亚洲人。"[49] 这些问题导致 HapMap 领导层命名样本方法的改变。正如 2002 年的一次计划会议开始时所述，2004 年在《自然综述：遗传学》上发表的该项目伦理方法的官方文件，没有给予各社区决定采样名称的"决定性"发言权，社区"拥有表达关于居民如何命名的一些介入权力"。[50]

然而，即使这些权力被削弱，研究人员也不清楚他们是否准备好与 HapMap 指定的各社区合作。正如一位负责过 HapMap 社区参与项目的社会科学家向我解释的那样：

> 采访对象：社区应当介入命名的事情——贴标记……于是当我第一次回来的时候，（我的社区参与项目的协调员）告诉我……

"你知道,他们想出了这些最有创造力的名称。"

作者:像什么样的(名称)?

采访对象:传统的红色……代表血的红色、代表红酒的红色,还有代表左翼的红色……我是说……我们有一份名录,上面有七八个迷人的名称。然而,华盛顿特区的 HapMap 带头人拒绝了所有这些名称。

我问原因。

采访对象:太特别了,没有人会知道这些名称是什么……他们(科学家)希望与欧洲建立某种关系。[51]

在与华盛顿特区的项目带头人的互动中,非常明显的是,HapMap"社区"没有根据自己的标准选择自己名称的"自由"。相反,他们被一个对基因组科学家有意义的准确概念束缚:精确的地理位置。因此他们再度尝试,这一次提出的名称符合科学家与欧洲有联系的愿望:

采访对象:他们提出了"欧罗巴(Europa)在 X(欧洲的地名)"。我对他们说:"是欧罗巴在 X 吗?"你知道,这非常有趣。我理解描述某地应该是"X 在欧罗巴"——

作者:是啊。

采访对象:"不!是欧罗巴在 X。"他们说道,"毕竟,他们已经入侵我们许多年了!"

第四章 谁代表人类基因组？什么是人类基因组？

所有的名字都不能让人满意，而社区最终能够选择的事情就是他们的名称除了英语之外，还要用母语印刷。

社区没有选择自己名称的"自由"这一点没有让这位参与项目的组织者心烦意乱。实际上，她承认"对这种自由选择的废话非常厌倦"。无论如何，"这是一个实验性计划，事情一直都在变化"。[52] 让她困扰的是，国家人类基因组研究所的带头人坚持认为，HapMap "社区"可以自由选择自己的名字，即使在实践中，他们明显不会这样做：

> 采访对象：我费了很大劲想让他们承认他们要设置限制因素这一事实。我无法让他们承认这一点。
>
> 作者：他们（科学家）是不是一直在说"他们（社区）可以选择"？
>
> 采访对象：是啊。"他们（社区）可以选择，但是这也不好，那也不好。"他们（社区）也不能在"那些他们可以选择的限制因素之内"将名称范围构建起来。科学家不会承认他们正在构建这一领域，或者科学家将在该领域拥有发言权这一事实。[53]

尽管最初的愿望是给予（社区）一个自主空间，不受基因组科学家的限制，在这个空间之中，HapMap 社区可以确定自己的名称，但这样的空间在现实中并不存在。

社会理论家和政治理论家用了许多时间来解释自治权理论造成的各种问题，这一理论没有考虑过这些被想象和授予的权利所处的社会和政治环境。或许对于理解 HapMap 计划组织者面临的挑战，最具启发性的是女权主义政治理论家朱迪斯·巴特勒在《自我描述》一书中对自我认知和命名的讨论："真理的制度提供了进行自我认知的可能性……这并不意味着一个给定的真理制度为认知设定了一个不变的框架，它只是意味着制度与产生或者统治认知的各种规范所受到的挑战和改变有关。"[54] 正如 HapMap 各社区了解的那样，他们的看法和信仰只有在基因组科学家的真理制度内清晰可辨的情况下才会得到承认。正如时任国家人类基因组研究所主管弗朗西斯·柯林斯后来反映的那样，该制度涉及计算机及其命名标准："我觉得科学家希望拥有一个名称，这样就能将它们输入计算机，然后输出，从而知道它们是什么，这意味着它们不能是带着 10 个脚注的 3 个段落。它必须简短而内容丰富。但我不认为科学家对机器可用的限制条件范围内应当得出什么答案有特别的偏好。这个名称到底如何出来，应当由社区来决定。但是，肯定不能以一种令人困惑的方式选出。"[55] HapMap 社区不能简单地自由决定自己的名称。HapMap 也不能简单地授予社区新的权利。在前进过程中，没有权利，没有名称，没有社区，也没有人群可供 HapMap 使用、研究，或者尊重。相反，HapMap 的带头人不可避免地在建构它们的过程中扮演了重要角色。

这些都是重要的行为。它们在决定新的有力的基因组科学成员方面扮演核心角色。日本的 HapMap "社区"试图代表"亚洲"。在南欧的另一个社区则试图让西方入侵的历史具象化。HapMap 领导层希望避免"混乱"，于是接受了"精确"这个标准。他们用这个标准确定了那些使用特定地理位置来代表他们采集样本的社区：日本东京、尼日利亚伊巴丹等等。HapMap 领导层认识到这些是重要的决策，并投入大量资源解决这些问题。然而，美国生物伦理学的工具——假设先前的人民宪法和他们的权利工具——是解决这些结构性问题的糟糕工具。虽然它们提供了一个伦理框架，但没有解决一个更深层次的公正问题：在当今的生物社会中，谁和什么才重要？没有什么比 HapMap 去构建一个可靠的知情同意程序的工作更能说明这一点了。

从知情同意的伦理到"信息"世界中的公正

1992年10月，当人类基因组多样性计划的提议人在宾夕法尼亚州立大学开会决定他们预备采样的原住民人群时，这些群体的代表都没有参加会议。他们没有受到邀请。原住民权利组织随后援引这次会议，证明该研究计划仅将各原住民民族视为研究对象，而不是需要了解和参与研究过程的受试者。[56] 因此，当国家人类基因组研究所领导层开始创建自己的项目时，他们投入了大量精力去创建一个健全的知情同意程序。

国家人类基因组研究所工作的关键是试图打破研究者和研究对象之间的鸿沟。受他们所咨询的文化人类学家的影响，他们承认研究可能会给不同社区带来不同的风险和利益，但是解决问题的唯一办法是去询问社区。因此，HapMap领导层决定"给予那些招募捐赠者的地方居民机会，让他们介入知情同意和样本采集过程"。[57] 他们设立了焦点小组，在小组里，他们向HapMap指定的社区询问他们关心的问题。他们以写下知情同意书的形式表达了这些关心的问题。

尽管为了相互尊重而做了一些改变，但我对社区参与项目带头人的采访还是显示，这一程序存在一定程度的不安感。从根本上看，那些领导专题小组的人没有发现人们渴望谈论他们对人类基因组的看法。对许多人来说，基因组根本就不是一个要关心的问题。事实上，它并不存在。"我会来到美国，然后会听到'基因组、基因组、基因组、基因组'。我还会回到X国，他们会说'基因组是什么？基因组是谁？基因组是什么都无所谓'。"[58] 在这个社区，基因组不是活生生的现实，也不清楚它能够如何或应当如何。HapMap项目在非洲一个资源贫乏的地区设法建立一个社区采集样本，也出现了这种基因组的现实性问题，不过他们发现该社区的成员不想参与。"那什么是真的？我是说，当人们不得不骑驴走15千米去取水时，你看着红橙色的地面，你从地上捡起尘土，它们像沙子一样从你的手中漏过。你看着的地方应当是一个绿色花园，那里却什么都没有，驮畜也快死了……我伸出手臂，将我的血给你，这对我来说有什么意义呢？于是，可及性和相关性的问题确实出现了。"[59]虽然国家人类基因组研究所的带头人意识到，不同的人可能对人类基因组学的风险和益处有不同看法，但是他们没有预料到人们可能对人类基因组的现实问题有不同理解。为了让受访者们在表格上分享他们对某件事的看法，它首先必须是一件事情，即一个关注事项。[60] 2002年，当社区参与项目开始时，对世界各地的许多人来说，基因组不是他们的关注事项，理由很简单，那对他们而言不是活生生的现实事物。因此，不足为奇的是，社区参与项目的组织者要找人来出席他们组织的专题小组和市政厅会议面临重重困难。在一个地方，尽管在地铁里到处张贴广告，但几乎没有一个人来参加。另一方面，人们有更重要的事情要去参与：

> 采访对象：我们在一个星期六举行了上一次会议，当时发生了一次针对某些环境问题的示威游行。许多人都去了那里。
>
> 作者：那太糟糕了。
>
> 采访对象：好吧，这就是他们优先考虑的问题。这就是我要说的。[61]

当人们出现的时候，他们往往对自己拥有的知情同意程序的新权利几乎没有兴趣，反而要求社区参与项目的带头人向他们解释什么是重要事项。一位领导向这类活动的文化人类学家解释道："在我之前的工作中，从未解读问题。我向人们询问的问题都与他们非常熟悉的事情相关。在这里就是另一回事了，我在问他们的事情，是他们可能从未想到过的。所以他们频繁地反问我：'既然你问了我很多问题，那么你就得告诉我关于这个问题的一些事情，否则我压根儿不明白。'"[62] 然而，领导社区参与活动的博士学者往往都无力回答这些问题，甚至连诸如 HapMap 如何绘制一份遗传图谱这类问题都很难回答。[63] 这种不理解不是因为没有掌握相关的专业知识，而是因为基因组学是正在形成的事物。基因变异应当被如何——以单核苷酸多态性、以变异集合、以遗传图谱——理解和表现，是一个有争议的问题，甚至在基因组科学家之间也是如此。有鉴于此，知情同意程序遇到了许多挑战。

事实上，知情同意程序在许多情况下似乎不合适。知情同意权在后塔斯基吉时代的美国日益重要。这一美国政府资助的梅毒研究项目的欺骗行为被曝光，许多人在不知情或没有被询问是否同意的情况下参与了这项研究。在承受痛苦之后，可以理解的是，许多人觉得知情同意权极为重要。然而，自 20 世纪 70 年代以来，生物医学研究已经发生了重大变化。20 世纪 90 年代后期，随着在塔斯基吉建立基因组测序中心的工作变得明了，许多科学家和政策制定者不是在寻求规避潜在的危害源，而是将生物医学研究的包容性视为一项确保人们能参与最新的生物医学研究和治疗的重要权利。[64] 在基因组学方面，人类基因组学的包容性也保证了"参与定义它对人类有何意义"的权利。[65] 在国家人类基因组研究所试图为 HapMap 采集样本的一些地方，在新的生物医学科学中有代表性的权利比知情同意权更重要。事实上，社区参与项目的一位带头人在报告中说道："十分之九的人认为（知情同意）是法律上的胡言乱语。"[66]

虽然参与社区项目的许多人对知情同意程序，以及这一程序包含的人类基因组研究的风险和利益的讨论几乎没有兴趣，但是 HapMap 项目的其他因素引起了他们的兴趣：HapMap 是一个国际科学项目；该项目由世界超级大国美国领导；献血。这些事情确实对人们有意义，并且引导讨论远离知情同意权，转向关于公民身份、国家地位和参与 21 世纪全球社会等更为基本的问题。

对许多人来说，献血行为引发了这些更深层次的归属感。迪帕·雷迪是一位文化人类学家，领导过采集 HapMap 的"得克萨斯州休斯敦古吉拉特印度人"样本工作的社区参与活动，她解释了印度民族形成过程中血缘和公民关系的历史和政治根源："英迪拉·甘地在 1984 年 10 月遇刺之前，对生死问题发表的怪异的预言和她对血液的具体暗示——'我可以说，我的每一滴血都会使印度保持生命力，让印度强大'——后来成为鼓励献血的材料，以她的名义和她在生命最后时刻所代表的印度事业的名义。"[67]雷迪解释道，为 HapMap 项目捐血提供了"一条获得公民身份的途径"，是一种参与"一个肯定是古吉拉特人的、肯定是印度人的，也很可能是南亚人的，然后可能具有全球意义的项目"的方式。[68]得克萨斯州休斯敦的印度裔美国人社区成员的理解是，美国政府将创建人类基因组遗传图谱视为美国的一个重要项目。这些印度裔人士寻求成为美国公民的充分认可。这正如他们竭力想将甘地的雕像放置在休斯敦最重要的公园里一样，他们也会倡导将自己的 DNA 纳入人类基因组学所赋予的"新大陆"。

在了解大型政治团体之间的联系方面，知情同意权并不是一个好工具，因为它的形式最终要求人们以自主的个体方式来行事。许多人反对这种自由主义幻想。社区参与项目的一位组织者后来回忆道："例如，有一个女人对我说，'为什么会有人认为我的样本与我有任何关系？为什么我应当认为我的血液与我有什么关系？'"[69]据报道，许多人因为更高层次的力量——国家、全球、上帝的利益而为 HapMap 计划献血。这些服务、公民身份和牺牲行为给他们的生活带来了巨大意义。因此，在科罗拉多州的丹佛、得克萨斯州的休斯敦和纽约州的新罗谢尔这几个地方，当 HapMap 最初接触过社区的人发现，他们的样本不会被采集或用于官方的国际单倍型遗传图谱时，极其失望。[70] 国家人类基因组研究所在其带头人最终决定在美国以外采集样本之前，就已经接触过这些社区。在决定创建一个国际项目之后，在这些社区采集样本的优先度就低了很多。在某些情况下，在这些社区根本没有进行过采集。美国东海岸的一个天主教社区的参与项目领导者向我解释道，在 HapMap 得出一个正式结论之后的某个时候，他访问这个社区时，那里的成员仍然在谈论他们的失望之情："有一位基督教圣徒说，我们在这个世界上所做的就是在收集救世主的血滴，意思是积聚苦难。他们（社区成员）说（我）正好是在收集（他们的）血液，所以仍然记得这件事。我觉得他们对自己没能加入这个项目有一些失望。"[71] 对要求参与 HapMap 项目的许多人来说，献血的请求是一种荣誉：一种邀请他们参加多国社区、上帝社区和全球社区的荣誉。对一些人而言，美国政府的认可本身就拥有巨大价值："其中一个讨论组的人都是社会服务机构的客户——里面的人员都是接受过电击疗法的人，他们没有牙齿，几乎都没有一套多余的衣服。他们进来时对政府非常愤怒、不信任，含泪拥抱着我说道：'以前从来没有人听我们说话。这确实是非同寻常的。'"[72] 对许多人而言，参加 HapMap 项目不仅仅意味着进一步的研究，更意味着承认自己是一个受人尊敬的政体的成员，而且代表了 21 世纪的全球生物学社会。

为了一家医院而献血？

然而，成为 21 世纪生物学社会的代表应当享有什么权利和资源，这还不是很清楚，这一议题成为 HapMap 计划带头人经常讨论和审议的话题之一。随着传统自然资源，诸如土地和石油的枯竭，以及 20 世纪末各国开始利用本国公民的血液和组织来创造各种生物资源，生物体的构成成为公民向国家提出各种要求的新基础。[73] 这些主张超越了生物伦理学的界限，进入生物公民权的领域。因此，当知情同意权，甚至是一项让各个社区参与的、有保障的知情同意程序，都不足以协调美国科学家与他们想要寻求血液和 DNA 资源贫乏的国家的关系时，HapMap 的组织者本不应感到吃惊。然而，据报道，当上述国家的一个 HapMap 社区要求美国国立卫生研究院支持一家医院时，他们还是很吃惊："我们当时正在与一个咨询委员会开会，咨询委员会的一位成员大声宣读了一封令人难以置信的信，其实信中说的是，'我们很荣幸被选中，让我们的人民得以成为这个项目的代表，那么作为一种互惠的形式，我们想要一家医院'。"[74] 开会的时候，这个社区的成员已经签署知情同意书，说他们理解他们不会从参与 HapMap 项目中获益。据报道，他们也与美国国家人类基因组研究所领导层沟通过，表示很荣幸让他们成为 HapMap 项目的代表。因此，美国国家人类基因组研究所带头人解释道，他们没有料到这些社区成员会提出想要一家医院的要求。

然而，这一要求与当时公认的一项生物医学研究规范完全吻合：在资源贫乏的地区，研究应当解决当地的卫生需求。具体而言，2002年，国际医学科学组织委员会（CIOMS）出版了《涉及人类受试者的生物医学研究国际伦理指南》(*The International Ethical Guidelines for*

Biomedical Research Involving Human Subjects）。这份文件列出的第10项指南规定："在对资源有限的某个人群或社区进行研究之前，发起人和调研人员必须尽一切努力，以确保这项研究对卫生需求和将要进行研究的人群或社区的优先事项做出回应。"指南进一步阐述："仅仅确定一种疾病在人群中普遍存在，需要进行新的或进一步研究是不够的：只有成功的干预措施或者能够提供给人群其他种类的卫生福利，才能满足'回应措施'的伦理要求。"[75] HapMap 项目不会给 HapMap 社区带来直接的健康益处，但一家医院可以，这一点没有人会反驳。

虽然这一要求符合国际准则，但是美国国立卫生研究院很难给予回应。正如国立卫生研究院的一位项目主管反映的那样："国立卫生研究院的规则正好不考虑这一点……因此，我们说我们希望对社区关注的问题做出回应，而且我认为在这种情况下我们会回应，但是这都需要在国立卫生研究院官僚体制中持续奋战才能达成。不是说国立卫生研究院里有人想要当坏人，只是正好这些规则真的很难绕开。"[76] 国立卫生研究院是美国联邦政府的一个分支机构，它承认个人，并且会公平地补偿他们去诊所献血的辛劳。然而，这个机构的规章制度不承认社会集体及其内部的不平等问题。最终，在进行了大量策划，还在"国立卫生研究院基础架构内艰难爬坡"后，达成了一项例外条款，并且提供了适量资金来延长现有诊所的工作时间。可是，正如一位与这一程序关系密切的官员观察到的那样，这一条款没什么特别的："只要资源方面存在巨大差异，这个问题就会存在，并引发争议。"[77]

事实上，这个问题在 HapMap 进行过程中出现过不止一次，造成了极大的不安。国立卫生研究院的研究人员和工作人员想要提供帮助。他们试图尊重社区的意愿，但发现为之工作的官僚体制束缚了自己。

生物构造方面的挑战

虽然 HapMap 出现在人们对全球化和基因组学的力量能够创造一个更加平等和公正的世界充满乐观的时期，但是在实践中，实现这一愿景的制度方法和理论却被证明很难形成。正如在 HapMap 项目中扮演核心角色的一位律师后来告诉我的那样，没有现成的"好的政治理论"来指导这项工作。[78]

当然，没有现成的理论来决定研究对象代表谁。虽然 HapMap 的带头人最初假定他们的研究对象是已经形成的社区和群体的成员，但是为他们的样本命名的工作却产生了各种分歧很大的想法，这些想法均围绕"人类物种该如何划分成有代表性的各个群体"这一问题展开。人类集体在为 HapMap 命名和研究的领域根本不存在。他们还没有形成并参与这个项目的管理。这使得基因组学的民主化比起仅仅将"人们"包括在研究设计和规章制度中更为复杂，后者是当时许多民主和科学文献中的建议。[79] 为了将人们包括在内，HapMap 的早期组织者需要参与其中，将这些集体建立起来。[80]

给予美国生物伦理学和 HapMap 的伦理学方法信息的自由民主框架没有预见到这个问题。在其关注研究中的人的伦理包容性时，这个框架假定人们是事先已存在的。因此，它没有解决 HapMap 面临的生物构成问题：谁是有权在人类基因组图谱中被包括和代表的人？代表权应该包含什么？HapMap 的带头人认为——就像人类基因组多样性计划组织者那样——研究社会组成的社会学和文化人类学的同事可以回答这些问题。然而，当这些同事报告他们在社区参与项目中取得的发现时，他们有时会面对基因组科学家的重大挑战。争论的问题是，在基因组时代，该如何界定和照顾人类，以及谁拥有专业知识和权利来回答这些根本性问题。

关于人类基因组构成的各种问题也存在争议。HapMap 是从一个假设推导出来的，人类基因组是一种强大的分子结构，在人类疾病中发挥着重要作用。它出现在一个对常见病—常见变异假说（CD-CV）坚决支持的时代，这一假说认为常见基因变异与常见病有关。HapMap 的带头人正是基于类似常见变异假说这样的论述，试图将新的权利扩展到研究对象身上：如果一个人的基因组包含有力的、可能会给自己造成耻辱的信息，那么他就有权对这一基因组的访问和获取实行管理。然而，随着过去 10 年，人们对人类基因组和常见病—常见变异假说有效性的质疑越发频繁，一些人被质疑为研究对象创造特殊新权利的合法性。正如帮助组织一个 HapMap 社区参与项目的一位生物伦理学家所说："它的核心是基因特殊性论，说起来它的内容是如此危险，以至于我们不得不进行一个特别的社区评估。当我知道这件事的时候，真的很吃惊。我认为那里有更多内容比这更具破坏性。"[81] HapMap 的生物伦理实践没有料到，也无法对基因组是什么、基因组拥有什么样的力量的问题做出回应。相反，他们认为人类基因组是一种强大的分子现象。过去和现在都会是人们聚集在一起去理解、辩论和管理的一个关切事项。

项目组接触了一些人，想让他们捐献样本，但没有得到同意。这些被访者几乎没听说过人类基因组。这当然不是一个关注事项。他们关注的是美国国立卫生研究院和地方卫生基础设施之间存在的种种不平等现象。国立卫生研究院投资数十亿美元研究人类基因组——这是一个医学相关性和意义都不确定的新科学对象，而可能会对他们的生活产生有意义和影响的卫生基础设施建设仍然资金不足。

HapMap 正处于 10 年来的最前沿，这些公平性问题凸显出来。这些问题超出了国立卫生研究院官僚机构的日常工作范围。卫生保健机构不从事制定新的基本权利和治理形式的工作。像所有形式的官僚机构一样,国立卫生研究院的机构应当执行被统治者的意志,而不是构建其意志。HapMap 的新治理结构虽然建立在对新形式的全球治理的千年希望之上,但缺乏最终的政治理论和权威来源。历史上,国家,而不是生物医学研究机构,才拥有这种权威。因此,或许我们不应当感到惊讶的是,除了国际 HapMap 项目之外,有几个国家也开始着手研究人类基因组。

第五章

基因组为人类服务还是为机器崛起服务

无从无中来,无永远有可能。

——罗杰斯和哈默斯坦,《音乐之声》

各国提供了固有的文化和政治实践,以处理如何评价和区分人类差异的问题,这是数以百万计试图跨越国界的人每天都会经历的事情。自20世纪90年代中期开始,基因组科学家开始转向这些国家基础设施,帮他们回答怎样为了他们的基因组学研究目的去界定和管理人群。反过来,基因组学似乎向各国提供了机会,在一个陆地和海洋资源正在消失的时代,从公民的人体组织中创造出新的自然资源。

20世纪90年代末,出现了几项基因组学计划,试图利用这些政治经济和科学目标的结合:冰岛的人类基因组解码计划;爱沙尼亚基因组计划;英国的生物样本库。[1] 因为强调公共主权原则,在这些计划中颇为突出的是苏格兰一代计划(GS),这是一项关于"苏格兰人民"的遗传学/基因组学研究计划。[2] 1998年,苏格兰人以压倒性优势投票决定建立一个独立的苏格兰议会。1999年,爱丁堡的这个新政府打开门扉。同年,苏格兰首席医疗官和首席科学家批准了苏格兰一代计划项目的初步方案。[3] 早期的苏格兰一代计划文件与该计划和权力下放运动一致。他们认为，收集和研究苏格兰人的基因组，将加强（苏格兰的）公共主权，这是现代自由民主的基石。[4]

然而，虽然苏格兰一代计划承诺将支持，而不是挑战公共主权原则——正是这一原则推动了将权力从伦敦移交给爱丁堡的各项工作，可是在实践中，对苏格兰人的DNA进行的研究却提出了关于一个主权民族构成及其自治权的新问题。在苏格兰和其他试图研究"自己的"DNA的民族里，在自己民族内采集的基因组的价值，最终需要来自世界各地的科学家使用和访问。[5]将苏格兰人的DNA跨过民族界限输送，会威胁到苏格兰主权的一个重要组成部分（即对其自然资源的控制）吗？[6]这个问题是在"苏格兰与伦敦应当保持何种联系"，以及"在后苏格兰权力下放时代，跨越苏格兰和英格兰边界的哪些行动应当得到允许"的辩论中产生的。[7]

在苏格兰新政府的敦促下，苏格兰一代计划最初决定，在苏格兰采集的基因组不会离开这一地区，只有苏格兰的研究人员才能对其进行研究。这一决议符合建立一个体现苏格兰人民道德情感和价值观的计划的目标。与冰岛的类似工作引起批评家的愤怒不同——批评家们指责冰岛政府将人民的基因组卖给一家国际制药公司，而苏格兰一代计划领导层则试图按照符合苏格兰人民利益的方针采取行动。这并不意味着苏格兰一代计划会拒绝让制药公司获得苏格兰一代计划的资源。然而，这的确意味着苏格兰一代计划将让公众参与其采集的所有生物样本货币化过程，并且确保这些生物样本仍处于苏格兰的直接控制之下。

可是，如何在从基因组时代向后基因组时代的转变过程中保证这些承诺，是难以捉摸的。在公共资助的人类基因组计划完成后的几年里，私人资助在人类基因组学研究中发挥了更大的作用。测序技术成为风险投资的一个重要方向，引发了下一代测序技术的创新。尽管爱丁堡长期以来一直是人类遗传学研究的一个中心,但是事实证明,这些"下一代"测序仪器的发展,已经超出了公共资助计划能覆盖的范围,尤其是在 2008 年全球金融危机爆发之后。因此,苏格兰一代计划的带头人面临着一种两难的境地。要充分利用他们从苏格兰公民那里采集的 DNA 样本,需要在最新的仪器上进行分析,而这些机器现在位于苏格兰以外的技术发展中心,如牛津、剑桥和硅谷。

如果基因组就像这一计划启动时最初认为的那样有价值的话,解决这一困境的压力可能就不会那么大。然而,到 2011 年 3 月,当苏格兰一代计划采集其最后一个 DNA 样本时,苏格兰人 DNA 的科学、医药和经济价值都还不清楚。因此,核心问题不再是如何公平地判定准入标准和各种益处,相反,是如何将苏格兰人的 DNA 转化为有价值的事物。至少,测序工作比原先设想得更多。那么,使用最新的测序仪就变得至关重要。

解决这一个问题的种种努力,缓解了在后基因组学网络化、跨国化和创业化进程中出现的对于认知和管理的各种挑战。[8] 这些领域是全球可达的,但仍然必须尊重国界,为之进行协商。它们给予人民如何公平分配基因组学价值的发言权,却在为创造出这种价值而苦斗。应对这些后基因组时代的挑战进行的种种努力,将苏格兰一代计划带入一片未知的水域。在这片水域中,他们再也无法假设他们采集的基因组或他们创造的民主实践的价值和意义。在 2006 年该计划开始采集第一批样本时,人类基因组计划令人兴奋的时期和 HapMap 计划的最初几年都已经过去。人类基因组的价值和管理它们的新的民主方法现在是不确定的。在这些转变之后,苏格兰一代计划面临一个困难的问题:它是支持其苏格兰化,还是说苏格兰化本身要随着基因组学和它们需要的测序仪器"变形"?随后,对苏格兰一代计划的伦理和知识方法进行了一次基础性的重估。自由民主、人道主义或是世界性的价值观是否应该主导这一倡议，目前尚不确定。如何使基因组有价值，成为一个现实的关注问题。

随后是这些争论的公开化。2005年9月，我首次来到苏格兰。在联合王国基因组学政策和研究论坛启动之时，我参加了一次全体会议。[9] 在随后10年之中，我数次回访苏格兰，在爱丁堡的论坛基地度过了2008年的冬季和夏季的部分时光，2010、2012、2013和2014年也在那里进行了为期更短的访问。在此期间，我采访过苏格兰一代项目的主要带头人，大部分采访不止一次，还跟踪了苏格兰权力下放的过程，这一过程以2014年戏剧性的独立公投结束。[10] 在下文中，我将在这些变化的背景下讲述苏格兰一代计划的故事，对后基因组时代的价值和意义问题所引发的知识和正当规则的新问题予以特别关注。不过，在讲述这些问题之前，我们首先需要去了解的是，苏格兰基因组价值的问题是如何被一个新的苏格兰政府的价值和意义的问题困扰的。

民族基因组？

为何一个国家会试图将其人民的血液和DNA转化为一种有价值的资源呢？虽然在战争时期和其他国家需要的时候，公民献血并非史无前例，可是为了政治目的利用生物学的各种实践已经成为令人不快的过去。[11] 优生学和绝育政策在许多政治组织的历史中成为至暗时刻。[12] 然而，在21世纪的最初几年，一些国家开始考虑这样一种可能性：从民众身上采集DNA和人体组织，而不是压迫人民，这可能会保障他们的主权。例如，在爱沙尼亚，基因组学承诺实现一种从指令与控制的苏维埃式经济向与西欧民主国家相关的自由市场经济过渡的方法。为了实现这一希望，2000年，爱沙尼亚议会通过了建立爱沙尼亚基因组计划的立法。[13] 2004年9月，在一次加入全球知识经济的类似工作中，墨西哥设立全国基因组医学研究所。[14] 或许最著名的是，1998年12月，冰岛议会通过《医疗机构数据库法案》，该法案允许基因解码公司将冰岛公民的卫生与谱系记录与他们的基因组数据联系起来。这是将冰岛人的基因组转化为一种新自然资源的关键步骤。[15]

在冰岛，将基因组转化为一种国家资源的措施尤其引人注目，因为人们对基因组的期望越发高涨，讨论也日趋激烈。[16] 对冰岛而言，基因组学是高风险筹码。冰岛是世界上第一个国家议会（公元930年成立）所在地，多个世纪以来，冰岛人民为捍卫自己的主权，为保护这个岛屿国家不被丹麦、挪威、英国和德国占领而奋斗。他们还努力建立了多样化和稳定的经济基础。虽然在历史上，渔业一直是冰岛的经济支柱产业，但海洋中的鱼类正在枯竭。基因解码公司及其创始人，从神经科学家转型为哈佛大学出身的基因组科学家卡里·斯特凡松，成功说服冰岛议会的多数派相信，基因组学可以帮助解决这些长期存在的挑战。基因组学为国家提供了一种新的自然资源，能让冰岛成为当时新兴的国际生物经济的主要参与者。[17]

斯特凡松的承诺不久就开始结出果实。1998年2月，罗氏制药公司同意向解码公司支付2亿美元，以获得与该公司合作开发小分子药物的权利。[18] 解码公司和斯特凡松说服罗氏公司相信，就像人类基因组多样性计划的组织者所形容的研究人群一样，冰岛人民相对孤立，而且具有同质性；因此，冰岛人组成了寻找与疾病相关的基因变异的理想群体。[19] 此外，冰岛人还"接受"过关于科学价值的教育。因此，一些科学家认为，冰岛人不会提出多样性计划所提出的那些伦理挑战。[20] 正如欧洲一位杰出群体遗传学家在1999年向我解释的那样："如果你与一个全体受过教育的人群打交道,那么知情同意权的问题就小得多。"[21] 或者说情况看起来至少如此。

事实证明,在冰岛和世界范围内,对基因解码的教学、传播是一个主要争议点。随着《卫生部门数据库法案》的通过,冰岛议会规定其公民有权选择退出,而不是与解码公司分享他们的医疗记录。斯特凡松支持这一决定,他认为让 27 万冰岛人全体同意成为数据库的一部分是不现实的。[22] 主要的生物医学研究人员和冰岛医学协会在世界医学协会的支持下反对这一决定。他们认为,将冰岛人的医学、遗传和系谱记录转化为商业资产之举引发了严重担忧。[23] 华盛顿大学群体遗传学家玛丽-克莱尔·金也同意这一观点,将解码公司称为一个"殖民寻宝者"。[24]

这些对解码公司将人类基因组商品化的担忧引发了广泛的国际关注。1999 年 1 月,《纽约时报》发表了哈佛大学群体遗传学家理查德·莱旺丁撰写的一篇评论文章。莱旺丁在文中声称解码公司将"(冰岛的)所有人口变成了圈养的生物医学商品",这几乎不是一个民主社会的行为。[25] 或许最有针对性的是斯坦福大学法学教授亨利·格里利的断言:"这不是我们在这里处理鱼或者羔羊毛。这种特殊的产品是人类的精神,在冰岛将它的 DNA 变成商品之前……我只是希望他们知道自己正在做什么。"[26] 冰岛可以假设拥有和控制其领海的鲑鱼和鳟鱼,可是 DNA 代表的是一种完全不同的"鱼"。

解码公司是在基因组时代的鼎盛期成立的,当时许多人相信基因组是具有巨大价值的对象。它引发的争议预示着价值危机,这将很快成为后基因组时代的特征。虽然许多人一致认同 DNA 是一种非常有价值的事物,但它是何种事物,具有何种价值,都是不确定的。解码公司得到冰岛议会批准,企图将 DNA 视为另一种自然资源。冰岛内外的科学家、医生和伦理学家都反对这种做法。他们辩称,DNA 存在于我们所有人的体内，揭示了我们与别人的联系。它离开"人类的精神"就什么都不是，不能以某种方式被一家公司或一个民族控制。

冰岛的争论发生在科学界和政界的领袖都将人类基因组援引为一个世界性转型的动因的时期，这是一次从独立民族国家的世界过渡到一个由世界主义伦理指导的、人们共同关注的世界的转型。[27] 正如美国总统比尔·克林顿在白宫庆祝人类基因组草案完成时所说："我很高兴今天我们正在讨论的唯一种族是人类。"[28] 这是一个强有力的伦理愿景。然而在现实中，该如何让这一愿景成真，还非常不明朗。人类基因组是何种事物，谁有权利了解和控制它呢？是一个国家、一家公司，还是全人类？

苏格兰一代计划：基因组学的社会契约？

冰岛的经验教训对苏格兰将要如何回答这些问题产生了持久的重要影响。就像在冰岛那样，苏格兰的研究人员认为苏格兰人组成了医学相关基因组研究的一个理想群体。[29] 此外，和冰岛议会一样，苏格兰新政府也感觉到一个新的经济机遇。基因组学让人们看到一种将会取代北海石油的新自然资源的希望。基因组学同样许诺会提供新的收入来源，以支持新的苏格兰民族。然而，与冰岛不同的是，苏格兰研究人员和政府官员无法回避从公民那里采集血液和 DNA 的伦理价值这类更为广泛的各种问题。对冰岛解码公司的争议在英国成为头条新闻。[30] 此外，20世纪 90 年代后期，英国生物技术和生物医学部门发生了几起备受瞩目的公众丑闻，包括广为宣传的反转基因生物活动。[31] 与苏格兰一代计划关系最密切的是 1999 年的奥尔德·海伊器官丑闻曝光。英国公众得知，在利物浦奥尔德·海伊医院工作的一位病理学家未经许可就擅自摘除人体组织，其中包括儿童的器官。[32] 这些丑闻被曝光之后，英国多家机构实施了旨在"吸引"公众参与科学和科技管理决策的政策改革。[33]

这些事态促使科学家和政策制定者开始寻求对苏格兰一代计划的支持，英国借机对"科学与社会"项目投入大量资金。[34] 对于这些投资，苏格兰一代团队提交的第一份拨款提案要求支持一个强有力的公众参与计划。事实上，这正是让我对苏格兰一代计划产生兴趣的原因。苏格兰一代计划不仅进行了广泛的工作，让苏格兰社会各阶层讨论该项目，征求各阶层民众关于应当如何管理这个项目的意见，还承诺会听取和回应调查结果。正如苏格兰一代网站所述："苏格兰一代承诺倾听、讨论和回应调查结果；不仅仅围绕研究资料、招募人员或提出的那些想法，还会就更困难的社会、法律和伦理问题（进行上述工作）。"[35] 这一承诺将苏格兰一代定位为一个与其他项目不同的计划。英国的社会科学研究人员批评解码公司和英国生物样本库要么不设法去理解公众的看法和意愿，要么以肤浅的方式去理解这些看法和意愿。[36] 因此，他们认为，解码公司面临公众的反对，而英国生物样本库正在与低回应率苦斗。相比之下，苏格兰一代与之有别。正如苏格兰一代的几位成员向我解释的那样：

苏格兰一代成员1：我们（让公众）选择加入。他们（让公众）选择退出。

作者：是的，这就是苏格兰一代计划的重要意义吗？

苏格兰一代成员2：我觉得是的。

苏格兰一代成员1：这是关键。

苏格兰一代成员2：是的。[37]

在苏格兰，与冰岛不同的是，人们有权决定选择是否加入，是否为基因组研究提供他们的数据和 DNA。

除此之外，苏格兰一代计划的带头人致力于创建一个表达苏格兰人民意愿的项目。通过广泛的专题小组讨论、调查和访谈，他们提议要理解和回应苏格兰公众的看法。[38] 他们相信实证调查可以揭示这些看法，充分挖掘苏格兰在启蒙运动中有持续重大影响的作用。这项研究的结果后续可用来指导为代表苏格兰人民价值观和信仰的苏格兰一代计划创立一份社会契约。[39]

苏格兰一代计划将是苏格兰人民有、民治、民享的一个项目，这一理念在苏格兰一代计划网站的开放式屏幕上清晰可见。2008年，苏格兰一代计划网站主页上依次快闪以下三行短语，向观众致意：

民族的健康

独特的合作伙伴关系

我们的基因、我们的健康、我们的未来[40]

网站的另一分区宣布："苏格兰一代项目是与所有苏格兰人民结成的合作伙伴关系。"

苏格兰背景提供了多种方式来考虑这一问题。首先，苏格兰长期以来一直被称为"欧洲病人"。政府的多项研究都发现，在欧洲，苏格兰人的癌症和心脏病发病率最高。[41] 鉴于存在这些公共卫生挑战，就有可能理解，一项针对这些疾病的基因组研究将有益于苏格兰人民。[42] 苏格兰一代计划的一位组织者向我解释道："如果你想参加一项关于健康的群体性研究，如果那些健康问题在该人群中非常突出，那么你将从人群和政府那里得到较多认同。如果你看看医疗保健方面的遗传学倡议中使用的那些词语……（该倡议）谈及三大主题：癌症、心理健康和中风。"[43] 的确，在苏格兰一代计划早期，该项目带头人频繁引用这一承诺来满足苏格兰人民的需要。时任苏格兰一代科学委员会主席的安德鲁·莫里斯教授在一份宣称为该项目募集了第1000名志愿者的新闻稿中解释道："我们希望这项研究有助于解开苏格兰人健康状况的秘密，为那些患者和下一代带来真正的健康益处。"[44]

第二，除了更好的公共卫生之外，对公共咨询的关注也有助于让苏格兰一代计划作为一个苏格兰项目的地位突显。苏格兰拥有悠久的集体主义政府历史。[45] 苏格兰一代计划试图建立在这一历史基础上，并且确保该项目体现人民的意愿。

第三，苏格兰启蒙运动的遗产和伴生的对理性的各种承诺，有助于印证苏格兰对科学和医学研究的新承诺的正当性。[46] 正如苏格兰一代计划网站"关于苏格兰一代"页面的开头所说："苏格兰有一个强大的医学传统，一直延续到今日。按照比例计算，苏格兰比英国其他地方培养出更多的医生，进行了更多的生物医学研究。"苏格兰一代计划试图利用这一优势和"苏格兰公众（的）……非常强大的支持医学研究的传统"。[47]

最后，1998年，苏格兰人投票建立独立的苏格兰议会时，苏格兰人就明显拥有一种要与英国其他民族有别的意愿。在同一时刻出现的苏格兰一代计划，塑造了一个范围更为广泛的建立苏格兰主权的运动，同时它也被这项运动塑造。

论民族健康与财富

新组建的苏格兰政府是这项运动不可或缺的一部分。这个政府着手建立一个独立的苏格兰经济体,以支持民族实体,而苏格兰一代计划在这个关键时刻提供了一个新的潜在财富来源。2002年苏格兰一代计划爱丁堡皇家学会讨论晚宴,以苏格兰一代将会联结财富和健康的主张开始。[48]最终资助苏格兰一代计划的遗传学保健项目的指导方针还设想开发苏格兰研究,以"发展强大的苏格兰企业"和"满足苏格兰人民的需要"。[49]

此时,让健康与财富相结合看来是可行的。2006年4月3日,苏格兰卫生部长宣布与当时世界上最大的制药公司之一惠氏制药公司合作。[50]惠氏公司同意在5年内投资3300万英镑,用于发展一个转化医疗研究的合作项目,附带5年延期选择权。据报道,惠氏决定在苏格兰投资,苏格兰一代计划发挥了重要作用。对当时的许多制药公司而言,基因组学提供了研制针对特定人群使用的靶向药物的可能。

这种"靶向性"药物开发方法可能让惠氏公司特别感兴趣。就在数年之前,国立卫生研究院的妇女健康项目报告,惠氏激素替代疗法(HRT)用药倍美安显著提高了罹患浸润性乳腺癌的风险。[51]虽然激素替代疗法类药物不利的数据看来无法克服,其他事情却给予惠氏和倍美安"第二次机会"。2003年欧洲分子生物学组织(EMBO)的一篇报告专题文章认为,如果"在合适的患者身上用正确的治疗方案使用正确的药物",激素替代疗法类药物"确实"能够"对妇女健康有益"。[52]苏格兰一代计划的目标是从一个广泛的人群中对个人进行基因分级,使之与寻找那些"合适的患者"的希望相一致。

然而,尽管转化医学研究的合作项目对惠氏而言是有意义的,但是看起来只有在符合苏格兰人民意愿的情况下,才能在苏格兰开展。正如苏格兰政府的一位成员向我解释的那样:"我们必须确保,无论我们采用何种(获得苏格兰一代计划资源的)模式,最终都要使之成为一种让公众满意的模式。"⁵³ 政府理解这不仅仅是苏格兰一代计划项目的一个医疗和经济价值问题。正如冰岛解码公司的案例非常清楚地表明的那样，从一个民族的基因组中获得财富也是一个公共道德问题。⁵⁴

在苏格兰——《国富论》的作者亚当·斯密的故乡和出生地，道德与经济之间联系的重要性不会被忽略。尽管许多因为斯密"无形之手"的比喻和他对"自由市场"哲学的贡献而记住他的许多人都忘了，斯密也是一位道德哲学家，他相信只有社会坚持公平和公正的原则，才能享受商业社会的种种优势。⁵⁵ 斯密没有将金钱和财富视为罪恶，而是视其为在国家和民族尊重那些伦理原则的条件下，能够用于改善其公民福祉的实用工具。⁵⁶ 然而，斯密也怀着兴趣和同情心阅读过他同时代的卢梭的名言："在一个真正自由的国家里，公民会用自己的双手做任何事情，没有任何事情要依靠金钱。"⁵⁷ 对卢梭而言，金钱没有帮助公民；它威胁着他们之间的纽带，从而威胁到社会契约。

两个世纪之后，金钱和财富道德配价的这种紧张关系，在对于一个真正的自由社会是否能从其公民的 DNA 中生财的辩论中发挥了作用。苏格兰的自然科学家、社会学家、法学家和政策制定者并没有摆脱这种紧张关系，不过在斯密和其他启蒙时代的苏格兰哲学家的传统当中，他们寻求的是一个以经验主义为基础的现实解决方案。

伦理经验主义：发现苏格兰人的意愿

与斯密一样，苏格兰一代计划的带头人并不认为金钱和对利润与财富的追求必然是腐败的力量。只要社会的道德观和价值观得到尊重和坚持，就能找到"道德经济解决方案"。⁵⁸ 正如一位苏格兰行政人员向我解释的那样，当时的挑战是去理解这些价值观："与其掩饰，我们最好是告诉人民：'这是我们正在致力的目标。你对此有何看法？我们怎样做才能使这个目标让你最容易接受呢？'……例如，如果你有资源，医药公司来了，你是不是应当说：'我们将为你工作，给予你这些结果？'还是说你让制药公司直接开发这种资源？"[59] 为了回答这些问题，苏格兰一代计划的领导层向社会科学家求助。

苏格兰一代计划与冰岛解码公司的情况不同的是，科学和医药社会学家从这个项目的一开始，就参与到苏格兰一代计划中去，并且在苏格兰一代计划的第一个管理机构科学委员会担任职务。[60] 他们的主要作用是通过对苏格兰公众关于苏格兰一代计划及其造成的各种问题的意见进行经验性调查。这些发现将为苏格兰一代计划的各种政策提供信息。[61] 对参与该项目的社会科学家而言，后一点被证明至关重要：与英国生物样本库所做的各种咨询不同，许多人批评这些咨询遵循"市场研究模式"，苏格兰人民的看法则会直接影响苏格兰一代计划采取的政策。[62]

自然科学家和社会科学家都可接受的一种经验主义模式促进了这一方法。[63] 这一模式假定社会科学家能够生成苏格兰人民道德情感的数据，然后法学家可以制定法律，让这些数据落实成政策。[64]

但是，社会科学家该如何了解苏格兰人的道德情感，以及苏格兰人对苏格兰一代计划的看法呢？为此，苏格兰一代计划社会科学家采用了一种混合型方法：焦点小组、深入访谈、公共调查、退出调查问卷和民族志。针对每一种方法，他们都根据其他方法的局限性和优势进行思考、补偿和构建。焦点小组揭示了苏格兰社会不同阶层的一系列问题，但是不能深入了解或渴望成为具有代表性的问题。深入的访谈更加详细地探讨各种问题，可是仍然没有代表性。各种调查扩大了你能接触和代表的人数，但是不能深入了解。

根据专题讨论组研究，苏格兰一代计划的社会科学家们报告，虽然大多数苏格兰人认识到各制药公司有开发药物的需要，可是大部分人认为，访问苏格兰一代的 DNA 数据库应限于医疗专业人员和学术研究人员。此外，大多数人觉得数据库归公有是很重要的。最后，他们认为应当分享利润，从而让社区获益。[65]一项由 1001 名"普通公众"成员组成的公共调查确定了苏格兰公众对"苏格兰一代研究设计方案的各种偏好"，确认和完善了这些结果。[66]根据这项调查，参与苏格兰一代计划的人意愿分歧最大的问题是，是否会有利益反馈给苏格兰国民健康服务（NHS）或者慈善机构。[67]这种焦点小组讨论和调查结果的一致性，以及调查之中表现出的偏好倾向，促使社会科学家得出结论：虽然苏格兰人愿意让制药公司参与苏格兰一代计划，但是他们希望通过某种利益共享协议，让这些公司能与公众共享利润。

为了让这一发现付诸实践，苏格兰一代计划需要一个利益分享机制。为建立这一机制，社会科学家与法学家一同为利益共享创造了一个社会学上的正当理由，这也是一个法律框架。[68]

到这个阶段，一切都在按照设想进行：苏格兰人民的各种看法已明朗化，并建立了一个表达他们看法的实用机制。然而，问题仍然存在：苏格兰一代计划的领导层是否会做出回应，实施利益分享，并且创建一个反映苏格兰人民价值观的项目？

贯彻苏格兰人的意愿

从一开始，参与苏格兰一代计划的社会科学家就坚信，他们的工作不仅仅是粉饰橱窗。[69]需要引导的是具体的政策变化。利益共享被证明是一个测试性案例。然而，这个案例始终没有定论。2008 年年底，在我对苏格兰一代计划进行第二次实地考察期间，人们开始担心苏格兰一代计划是否会支持利益共享。在一些苏格兰一代计划的带头人眼中，一项数据访问政策已经发布到苏格兰一代计划网站，其中不包括利益共享政策。一些带头人要求在制定利益共享机制之前，将数据访问文件删除。出于各种实际原因（需要申请第二阶段资金），其他带头人则主张让数据访问政策继续在线。

然而，此时的数据访问政策包含的内容暗示了一个更深层次的问题：利益共享的意义。在苏格兰一代计划管理、访问和政策公告（MAPP）附录 6 第 3.1 节，这个"收入共享"小节规定："在扣除（例如专利和法律费用）后，商业开发产生的净收入应在各方之间按如下比例分配：25% 分配给各大学小组；25% 分配给国民健康服务各组；25% 分配给拥有商业化项目权利的一组或各组；25% 用于支持苏格兰一代计划。"[70] 对苏格兰一代计划领导层的一些人而言，分享利润，并将其反馈给苏格兰一代计划和国民健康服务的确代表着利益分享，并且展示了公共协商是如何塑造苏格兰一代计划的。[71] 苏格兰一代计划的一位组织者后来将这种方法称为"真正的"利益共享："它（利益共享）指的是一个事实，即一些财务回报正在重新投入研究，所以这是真正的利益共享。"[72] 然而，对进行社区协商，并且提出利益共享建议的法学家和社会学家而言，这一问题还不够清楚。这一版本的利益共享虽然前进了一步，但是与为苏格兰一代计划工作的法学家和社会学家 2007 年发表于《社会科学与医学》(Social Science and Medicine) 的论文中描述的版本截然不同。在这篇文章中，他们提出了一个基于在纽芬兰和拉布拉多已发展成形的样板的模式。这个模式要求研究者做以下工作："向人类遗传学研究常设委员会提交一份利益共享的提议，同时说明提议的理由，只有在常设委员会认可已根据以下原则进行了充分的利益共享安排，研究项目才会最终获得批准。"[73] 这些原则包括分配公正、尊重DNA所包含的信息的公共性质，以及将促进健康当作一项公共利益。将利润简单地分配成几部分，并没有以一种支持这三项原则的方式来决定利益共享问题。虽然一些社会学家相信已经取得了一些进展，他们还是觉得苏格兰一代计划的政策不充分："我的意思是我当时有些失望。他们确实应当将利益共享包含在……参与者信息传单……之中……但这并不是那种在专题讨论组中将会出现的利益分享，也不是（我们）所写的利益共享。"[74] 苏格兰一代计划让资金回流到研究的政策是利益共享愿景的一部分，但仅仅是一部分。它还可以做更多事情。正如苏格兰一代计划社会科学和法律团队后来反思的那样：

> 我……认为像苏格兰一代计划、英国生物样本库和世界各地的其他生物样本库这样的实体，有真正的机会更有想象力地参与利益分享问题。因为如果……在苏格兰一代计划和其他研究中得出的这一证据表明，商业化的前景和利润回报是一个让人关注的问题，那么在我看来，关于共享利益的事情可以做得非常具体……可以更加清楚和战略性地说明这种资源实际上如何惠及范围更广的多个社区。因为显而易见，这件事说起来容易，我们当然希望医学研究能够完成，产生医疗产品，或者推动医疗进步。这是一种形式的利益。尽管还不清楚商业化是否会成为现实，但是如果商业化成为现实，可能会有其他形式的利益可以分享，因此我们仍在假设的范围内处理这个问题。[75]

在《社会科学与医学》的论文中，提出了一个扩大的福利概念，包括就业机会和"免费接受任何测试或治疗"。[76] 然而，无论苏格兰一代计划是否可以商业化，这个最终问题都会成为一个更为紧迫的问题，并且是一个最终将利益共享推入大背景的问题。

到目前为止，苏格兰一代计划就像冰岛的解码公司一样，没有营利。2012年夏天，苏格兰一代计划的一位组织者向我解释道："要实现利益共享，就需要有利益，目前那里没有。"[77]在人类基因组计划时代，苏格兰政府最初资助苏格兰一代计划之时，人们坚信基因组的价值。然而，当苏格兰一代计划采集和处理参与者的DNA和身体状态数据（最近的血样在2011年处理）时，基因组的价值已经下跌，经济崩溃，随着惠氏公司（2009年被辉瑞公司收购）一起垮败。苏格兰政府曾预期的苏格兰一代计划项目的主要制药投资方已经不复存在。因此，苏格兰一代计划面临的主要问题不再是制药商的数据访问和如何使用利润。相反，首要问题是如何维持苏格兰一代计划的资源。苏格兰一代计划项目非但不能分配资金，反而需要资金来维持生存。鉴于这些后基因组时代的发展状态，一位社会科学家后来表达了对一种更为丰富的利益共享形式为何未能形成的理解："我认为那里有一种动力，但是我认为在白天结束的时候，苏格兰一代项目必须工作，而且他们正在努力让那件该死的事情继续下去。"[78]为了让这件事实现，苏格兰一代计划的资源必须让自己有价值。

在这些情况下，最紧迫的问题不再是谁可以访问和发展苏格兰一代计划宝贵的基因组和相关数据及组织，而是"苏格兰一代计划如何才能开发它收集的样本和数据，让它们拥有价值"。此外，正如苏格兰一代计划项目不能再假定基因组有价值一样，它也不能再假设一个有着明确价值观的独特人群——苏格兰人存在。这在苏格兰一代计划试图去回答一个关于"如何开发其资源价值"的关键问题时变得很明显：苏格兰人的基因组能离开苏格兰吗？

后基因组困境：苏格兰基因组的衰落与全球化仪器的兴起

苏格兰政府早期就建议，苏格兰一代项目推行的一项政策，是将苏格兰一代计划在该地区采集的生物组织保存在苏格兰，这是苏格兰一代计划的最初愿景，即如何为苏格兰民族及其人民服务的一部分。正如苏格兰一代计划的一位带头人所说，政府对生物组织的理解，特别是 DNA，就是他们不希望其他人"掠夺"的"国家宝藏"。[79] 相反，苏格兰政府希望开发和挖掘苏格兰一代计划采集的 DNA、数据和尿液将有助于建立苏格兰经济体。苏格兰一代计划的一位组织者解释道："我们得到苏格兰政府资助……在苏格兰境内完成样本分析工作，确实为苏格兰创造了多个就业机会，而且将这项工作留在这里也支持了苏格兰企业。"[80] 在冰岛争议之后，将采集的样本留在苏格兰的决定，也符合为了公共主权的承诺——让公共信托，而不是私人利益持有样本。2008 年，一位组织者向我解释道："如果我们那样做（将样本送出苏格兰）的话，就必须考虑那个地区的保密性、数据保护法规，以及对那些样本的保护。我们正在努力代表参与者保留苏格兰一代计划资源和样本的控制权。我们是样本的保管者，为了做这项工作，我们希望将它们留在苏格兰。"[81] 最后，2003 年《苏格兰一代法律和伦理问题报告》的作者建议以苏格兰人为该项目的框架，可能会激发人们参与苏格兰一代计划。[82] 保证生物样本不会离开苏格兰，且根据这一建议只有苏格兰研究人员才能进行研究。[83] 在招募人员参与的第一阶段，提供给潜在受试者的参与信息传单上写道："使用样本的研究全部会通过在苏格兰的医院和大学的工作人员完成。"[84]

当苏格兰一代计划项目启动时，关于如何从人类基因组中找到医学上相关的遗传变异的主导理论，看来与将样本保存在苏格兰的愿望一致。[85] 共同疾病—共同变异假说，预测大多数常见、复杂疾病的遗传风险来自共同变异，这种假说仍然占据主导地位。[86] 因为项目带头人相信，要找到这些变异体，苏格兰一代计划无须对他们采集的所有 30 亿个基因组核苷酸进行测序分析，只需要对常见的变异进行测序分析即可（不到这些基因组的 0.1%）。苏格兰一代计划项目组在爱丁堡的惠康信托临床研究机构的遗传学中心保存和分析其采集到的 DNA 样本，这项任务正好在这所研究机构现有的能力范围之内。因此，在苏格兰保存样本进行分析看来是可行的。

然而，当 2011 年苏格兰一代计划开始积极宣传，让其资源可用之时，人们对共同疾病—共同变异假说的信心已经减弱。研究人员发现鲜有能与疾病相关的常见变异，许多人现在相信罕见的变异才是了解疾病的关键。发现这些罕见的变异需要对整个基因组进行测序，这意味着基因组突破的技术性要求在成倍增长。[87] 不再是对基因组中常见变异所在的 100 万个点进行测序，现在需要对所有核苷酸或编码区域中的所有核苷酸进行测序，从而让所需的数据的数量级大增。

这种变化——加上一项单一公共资助项目，即人类基因组计划的结束——催生了一个新的私营产业。该产业谋求建立低成本、快速与准确测序和分析的方法，从而能够去应对这些日益增长的测序数据需求。[88] 在风险投资和创新需求的推动下，这些所谓的下一代测序方法在快速变化，几乎不可能在测序场所保留最新型的机器。相反，保留意味着将你的样本从这个场所转移到可以用最快速度"运行"它们的机器上去。

历史上，这些机器多位于英国。弗雷德·桑格（Fred Sanger，桑格研究所以他的名字命名），发明了一代生物学家和遗传学家使用的桑格测序法。事实上，20 世纪 90 年代初期到中期，我在几个发展和分子进化实验室工作时，使用了桑格测序法。然而，在人类基因组计划完成后

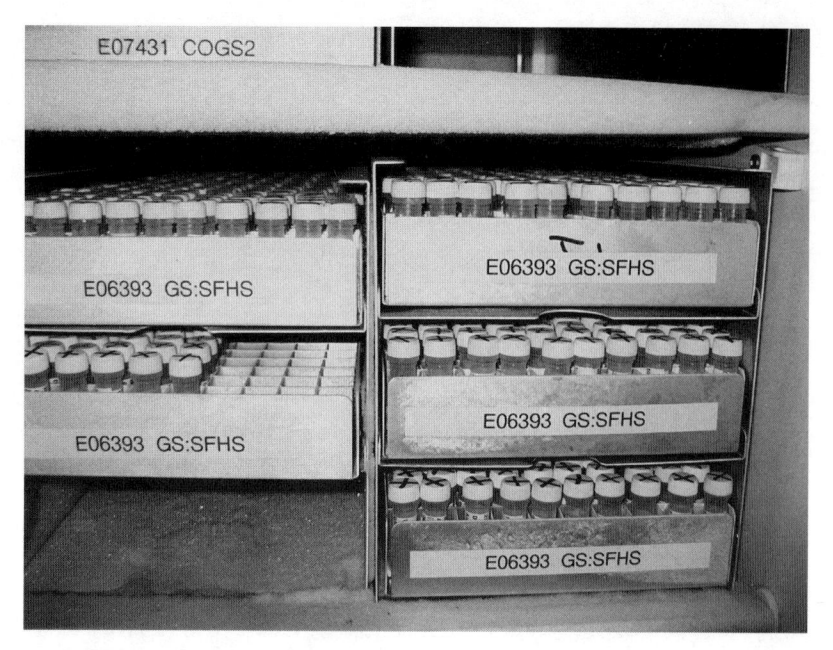

冷冻的苏格兰 DNA 样本（作者拍摄）

的岁月里，基因组学以一种大范围的方式走向全球。硅谷、北京、波士顿和世界其他地方开始与英格兰的剑桥竞争，剑桥是世界上最快速的测序机器大本营。人类基因组计划这样一个国际公共项目制定标准，并且稳定技术平台的日子很快成为过去。一个充满竞争性、私人化、快节奏和高风险的竞赛，很快就超越了这种公共方式。苏格兰一代计划的一位组织者解释道："自从我从事这项工作以来，基因组学技术一直在飞速发展。我认为，公平地来说，过去三四年确实有了一种稳定的变化。我认为到那个时候，相对适中的核心设施才能真正见证我们提供的是最先进的产品。当时的想法是，如果我们想完成基因分型的话，我们就能做到。我认为那些日子已经过去了。我认为，随着高通量测序，即所谓的下一代测序技术的到来，你要么参与竞赛，要么不参加，而我们没有参加。"[89] 于是在 2012 年，人员募集阶段结束后，我回到苏格兰采访苏格兰一代计划领导层时，这个项目面临两难境地，也就不足为奇。该项目告诉参与者，不会将他们的 DNA 运往国外，但是现在苏格兰没有速度最快的机器。将来该怎么办呢？

苏格兰人是谁？

首先，人们必须弄清楚"患者信息传单"上承诺不将样本运往国外的含义。举例而言，对苏格兰一代计划的一位组织者来说，这意味着他们不能将他们的样本送往中国，而且这是出于一些很明显的伦理原因：

> 在中国，北京华大基因正在进行基因组分析。你知道，他们非常受尊重……但是，或许我们的一些苏格兰人会认为："我们的样本要去中国吗？那是怎么回事？清洁人员怎么办？他们会得到什么报酬？他们的工会权利怎样，你知道吗？"所以，我确实认为会有一些人在我真的问他们"我们想把你们的样本送到中国去，你们觉得如何？"时，可能不会兴奋。现在……我不想直接陷入政治不正确问题，也不想多说什么，但是我认为你必须考虑一下这里的极端情况。你知道哪怕要送去的是斯坦福大学，人们都不屑一顾。[90]

斯坦福大学，那么英格兰呢？一位同事回应道："苏格兰有一种很强烈的民族认同感，你知道，我认为你对样本送去中国的观点对某些人来说，很可能确实如此，可是我敢担保在苏格兰同样有某些人会说：

'我的样本去了英格兰,上帝呀!'"[91] 苏格兰和英格兰是同一个政治主体的一部分吗?对在权力下放时代成形的苏格兰一代计划来说,这是一个相关的重要问题。致力于开发苏格兰人的健康和财富,是苏格兰一代计划最初愿景的核心。然而,当苏格兰一代计划进入后基因组时代,一个技术快速变化的网络化系统比了解离散人群有限的努力更加重要的年代,这一承诺该如何维持呢?

如果科学和技术上的考虑能与伦理上的考虑分开,那么答案似乎是显而易见的:"在英国进行真正的高通量测序的主要场所是桑格研究所,我们因为不想与他们竞争就不将样本送到那里去的想法是疯狂的。"[92] 然而,这种分离是不可能的。苏格兰一代计划用他们的信息传单告知许多参与者,只有苏格兰研究人员会研究这些样本。于是,尽管将样本送往英格兰会获得技术上的种种便利,但这样做会危及知情同意程序的诚实性。

面临这种困境,负责苏格兰一代计划实际执行工作的人回到那些进行公众咨询的社会科学家那里,后者是研究苏格兰人民看法和偏好的专家。然而,从社会科学家积极为苏格兰一代计划工作至今已相隔数年。苏格兰政府为苏格兰一代计划提供的第二轮资助不包括对公众咨询和参与项目工作的资金。全球金融危机已经发生,苏格兰政府和全世界所有政府一样,削减了科研预算。在这些变化之后,苏格兰一代计划仅为其认为最重要的那些活动寻求资助,而公众参与活动不在其中。[93] 于是,当样本离开苏格兰的问题出现时,了解公众看法的社会科学基础设施不复存在。

由于社会科学家不再积极参与,苏格兰一代计划的领导层转向英国多个研究委员会和伦理机构寻求建议。这些机构的结论是,生物样本可以被送往英格兰。一位组织者解释道:"虽然我们最初说的是苏格兰，但那是因为这个词意味的是一个国民医疗服务机构，尽管苏格兰是一个民族，它仍是联合王国的一部分，在英国境内运送它们绝对没有问题。"[94]

将样本送往英国的其他地方被认为可以接受，但是送往斯坦福大学呢？这些样本能去加利福尼亚州吗？

对于这个问题，可以向公共调查的数据求助。虽然在苏格兰以外共享苏格兰一代计划资源问题上没有收集到太多相关数据——因为当时所有人都觉得这些样本会留在苏格兰——不过这方面的数据确实存在。具体来说，对1001名苏格兰居民的公共调查说明，一个重要的少数派（28%的受访者）不希望英国以外的人访问苏格兰一代计划数据。有人当时可能会推断出，如果有这么多人不希望非英国研究人员访问数据，或许会有更多的人对访问实际的生物样本产生担忧。[95]

当我问苏格兰一代计划的组织者，他们是如何看待苏格兰人的DNA是否可以离开这个国家的问题时，1001名苏格兰居民参与的这个调查数据还没有出现。相反，项目组织者解释说，他们向苏格兰国民健康服务研究伦理机构求助，但这次苏格兰国民健康服务没有任何建议："这对我们而言真的很有挑战性，因为我们将其提交至我们的伦理委员会，他们说我们只处理英国境内的伦理问题，所以对此没有意见。"[96] 这种管理真空给苏格兰一代计划带来了一项挑战，让他们认识到自己所面临的知识和公正等更为基础性的后基因组问题。

突变体和机器

研究人员请求苏格兰一代计划项目组允许将样本送到加利福尼亚州，以解决一个棘手的技术问题：世代之间的人类基因突变率。在隔代人之间发现突变体，意味着发现细微差异：可能在构成人类基因组的 30 亿个核苷酸中只有 1 个或 2 个变化。因此，如果解决这一难题，将推动测序技术的发展。由于苏格兰一代计划项目采集了多代人的样本，提供这种帮助的可能性很大。桑格研究所是英国最好的测序机器大本营，它已经得到批准，可以对样本进行测序。虽然下一步会将样本送到硅谷的一家生物技术公司，以便用那些新机器来测试桑格测序的准确性，但是苏格兰一代计划的领导层觉得他们不能发送样本："桑格研究所……他们做了自己的事情，但是因为他们处于……真正的测序技术前沿……他们与同样在挑战界限的其他（测序技术）中心合作，在加利福尼亚州一家生物技术公司开发出一种颇具创新意识的测序新方法，并且免费对相同的样本重新排序，以直接比较这两种技术。现在这对苏格兰一代计划有利，对桑格有利，对研究人员有利，但我们不能发送样本。"[97] 这一事例值得注意的原因很多。苏格兰一代计划不仅希望将样本送出苏格兰，还希望这样做有助于开发更好的测序技术和机器的工作。这个目标并不像苏格兰一代计划早年声称的那样，是促进苏格兰人民的健康。从定义上来说，新突变是不可预测的变异，很难找到一种能了解一个人的疾病是由自己发生的突变引起从而改善自己健康的方法。这不是说这个问题在生物学上没有意义，也不是说最终可能不会产生医学上的重要见解。[98] 这只是说，技术进步，而不是医学进步成了主要目标。

然而，这种对发展机器能力的关注，而不是对苏格兰人民健康的关注，并不代表伦理问题的转变。这差得很远。苏格兰一代计划团队仍然一心致力于创建一种伦理方法。改变的只是伦理问题性质和解决伦理问题的具体办法。苏格兰一代计划并不拥有为了苏格兰的健康和财富的福祉可供开发的有价值的东西，而是让自己试图去创造某种有价值的东西。他们认为，创造这种价值的最佳方式是利用资源。

可是，这反过来又引出一个问题：这种价值应当由谁获得呢？在苏格兰一代计划的早期，答案很清晰：它应当对苏格兰人民有价值。然而，由于苏格兰一代计划团队试图修改苏格兰一代计划的数据访问政策，从而让样本被送往国外，为苏格兰人民服务的伦理效应发生了变化。这没有成为一种正确的做法，反而成了一个问题。2012年夏，苏格兰一代计划的一位带头人向我解释道："强调苏格兰化在某种程度上是有害的，因为它抑制了样本的潜在使用方法。它可能影响苏格兰一代计划的生存，即可持续性。如果你将充分利用这些捐赠的样本当作最为合乎伦理的行动模式，那么强调苏格兰化就是在抑制这种模式。"[99]苏格兰政府试图创造一种有益于苏格兰公众的资源，这相当于苏格兰政府去创造经济利益的一种尝试，而不是一种开明的治理方法。苏格兰一代计划的一位组织者解释道："他们（苏格兰政府）想要的是在苏格兰完成研究，用于造福苏格兰和苏格兰人民，并且强调苏格兰是一个技术性的、创新型的医疗研究中枢。"[100]回顾起来，这种方法有其局限性：

  我出于充分的理由，认为有点苏格兰化的意味，悄悄进入了让人民觉得这是一个苏格兰项目的苏格兰化……但是一个……意外的副作用，人们其实被告知这些样本将留在苏格兰，会由苏格兰研究人员对其进行研究。这当然开始变得有点愚蠢，因为尽管苏格兰有一些伟大的研究人员，却只占英国研究人员不到10%的比例，而且尽管我们在这里再次获得了一些伟大的技术进步，但像剑桥的桑格研究所那样的一些地方才处于英国基因组技术的领先地位。[101]

显而易见的是，在苏格兰政府、研究人员和人民向苏格兰一代计划投入这么多时间、精力和金钱之后，唯一合乎伦理的做法是使用和开发苏格兰一代计划的资源，也就是说要将样本送到苏格兰以外的地方。因此，2012年夏末，苏格兰一代计划的领导层决定重新联系苏格兰家庭保健研究的所有2.4万名参与者，请求他们同意允许将样本送出苏格兰。[102]

后基因组转变：从治理人民到人类的伦理化

苏格兰一代计划处境的改变，反映了自20世纪90年代末苏格兰一代计划的带头人首次提出这一项目以来，这一项目发生的各种重大转变。当苏格兰一代计划的各种想法首次形成时，人们不仅相信基因组具有巨大的生物和经济价值是可能的，也假定这些基因组可以，而且应当受到国家和民族边界约束。这并非剥削，而是代表一种民主主权行为。[103] 10年后，基因组时代的这些假设被证明不再可行。就像金融危机之后的许多其他事物一样，基因组的价值已经下降。为了再生，它们像资本一样，需要跨界旅行，参与全球流动。这些变化的条件改变了知识问题，将伦理学纳入了与公正有关的各种结构性问题。

因为知识和它在医学问题上的应用不会立即到来，基因组学现在提出了如何从大量的测序数据转移到相关医学见解的问题。知识问题的这种变化伴随着伦理问题的变化。在苏格兰一代计划初期，当许多人认为基因组具有很高价值时，这种价值的公平分配看来是迫切的伦理问题。因此，诸如苏格兰和墨西哥这样的国家和地区谋求保护和开发自己的基因组，而不是让更强大的国家占用。然而，基因组在后基因组时代价值下降使得这个问题变得不那么突出。首要问题不是公平分配价值，而是变成了如何建构基因组的价值。

正是在这种背景下，一种世界主义的伦理关怀开始显得比自由民主的控制权利更加重要。当时，世界主义的概念在国际舞台上正在受到欢迎。诸如保罗·吉尔罗伊、奎迈·安东尼·阿皮亚和朱迪斯·巴特勒这样的著名学者，最近出版了一些书籍，呼吁全世界的公民关心那些生活在他们的边境以外的人。他们认为，这样一种世界主义伦理学，将促进21世纪非暴力全球社会的建构。[104] 与此同时，苏格兰一代计划的一些带头人开始认为，这种世界主义伦理学支持的不仅是全球社会，还有全球科学。它为一个国家和地区的公民与另一国家和地区的公民共享他们的基因组数据提供了基础，这是一种共享行为，将促进大量的基因组聚集起来，进行有意义的基因组分析。[105] 参考美国的弗雷明翰市，那里的居民为著名的心血管疾病长期流行病学研究提供样本，苏格兰一代计划的一位带头人解释道：

> 我认为，弗雷明翰为他们在全球范围内帮助人们理解心脏病这一事实感到自豪，我一刻也无法想象他们会希望将这些知识和信息保存在弗雷明翰，甚至是北美，而没有意识到和认识到这与欧洲、亚洲和非洲的关联性。我认为这是我们应当为苏格兰一代设立的目标，我相信为苏格兰一代计划做出贡献的苏格兰人也希望看到这件事发生。他们希望看到我们通过这项研究发现的东西被广泛看到、使用和采纳。[106]

这一新的伦理框架极大地改变了自由民主的愿景，特别是对公共主权的承诺。这一承诺对苏格兰一代计划的最初愿景产生了强烈影响。与其说它是一个旨在建设和使用一种能够帮助苏格兰人民的资源的项目,毋宁说这一对世界性伦理学的呼吁,强调了苏格兰一代计划和苏格兰人民在推动科学和帮助全球人类方面可能发挥的作用。苏格兰一代计划的这一愿景并非基于对苏格兰人民特殊观点的实证研究,而是一种基于人类利他主义的理想。[107] 它将科学及科学机器的进步定义为全人类前进的道路。

我们的血应当为谁而流?民主政体的人民、世界性的人类,还是机器?

苏格兰一代计划不是一门民主科学,不是一门苏格兰人民拥有和为了他们而存在的科学,现在它提供了一种人类进步的全球视野。它不仅仅为苏格兰人,还要为全世界人民谋福利。然而,目前能访问苏格兰 DNA 的受益者只有技术企业家和他们的机器。这一现实提出了一个更为基础性的问题:即便没有明确的更大范围的益处,科学技术是否应当进步?这个问题是由苏格兰一代计划的案例提出的,就像许多其他人类科技追求的案例一样。然而,同样,苏格兰一代计划提出了一个更为独特的问题:在没有任何明显的人类利益的情况下,民主会盛行吗?

想想为何一开始在 2006 年到 2011 年从苏格兰人身上采集了这么多血液吧。可以说,医院和血库已经采集了足够的血液来提供基因组研究所需的所有 DNA。那为何苏格兰一代计划要着手采集更多新血液呢?虽然有许多答案,但是最为突出的原因也许是被广泛认同的对个人身体控制权利的自由民主承诺。在欧美的自由民主国家,许多人像阿伦特一样,认为人体是一个私密空间,不应在未经知情同意的时候就接受公众"全方位"的审视。[108] 对个人身体的自治和知情同意权,是现代欧美自由民主政体的支柱。所以,血液可以给予,但只有经过知情同意,而且只能用于知情同意的个人了解的分离式行为。因此,苏格兰一代计划要重新采集血液。换言之,它要采集许多血液,部分是因为苏格兰非常民主。

这些生物政治逻辑符合"人类基因组"时代。在这个时代,血液和基因组对许多人都有重大意义。然而,今天,随着我们越来越多地被告知,我们的基因组本身意义不大,只有汇总起来才能揭示一些东西,因此,我们不太清楚为了让个人去帮助管理基因组研究,如何适当地要求他们去理解它。对许多人而言,人类基因组序列看来确实是一种我们可以了解和控制的事物。事实上,它确实激发了"人类成为上帝"的反乌托邦想法。但是,在人类基因组时代之后发生的一切绝不是一件界限分明的事情。这与其说是信息,不如说是"在成形的信息"。

苏格兰一代计划的带头人面临用自由民主的手段和设想来应对这些条件的两难境地。他们假设自己能了解和告诉苏格兰人民基因组时代之后发生了什么:一个有价值的基因组界,可以利用在苏格兰已经存在的技术进行开发。与冰岛不同,在苏格兰,这些假设和做法最终会促进 DNA 样本和个人数据的全民性收集。然而,今日的苏格兰已经创造了一个血液、基因组和尿液的集合,对苏格兰人民和研究者来说价值都是不明确的。其价值的不确定性源于自由民主要求若要将 DNA 送往英国之外,需让参与者知情同意。截至 2015 年 2 月 13 日,11 255 名苏格兰一代计划参与者同意授权。[109] 这个数字略少于 2.4 万名最初参与者的一半,削弱了集合的力量。

今天,在苏格兰,苏格兰一代计划团队正在尝试去解决这些问题。2013 年 2 月,当我在那里旅行时,我与一些社会学家和法学家组成的原始团队聚集在一起,讨论知情同意的问题,以及对类似苏格兰一代计划这样的治理实体的挑战。这些实体的形式随着时间的推移而变化，其价值不确定，且事先不知道。这些是持续不断的挑战，需要科学家、社会学家和法学家的更多关注。

然而，尽管自由民主的概念和实践存在这些局限性，它们的吸引力还是显而易见的。它们挖掘出一种根深蒂固的启蒙信仰，即世界是由我们可以获知且围绕其做出决定的事情组成的。我们聚集在一起，是因为有些事情值得关注和重视。在基因组时代，只有冰岛议会——世界上最古老的议会——首先将基因组当作一种具有全民重要性的事物来建构视为合理的事情。可是在后基因组时代，到底有"什么事情"呢？如果没有，而且我们不能聚集在一个具有明确价值的事情周围，科学家和社会应当继续研究下去吗？

这些就是定义了后基因组时代条件的问题。在这些条件下，今日的苏格兰一代计划和其他项目，要利用基因组生物医学和社会价值寻求一条前进的道路。2013年春天，我从苏格兰回家不久，《纽约时报》的一篇头版文章报道了对癌症患者基因组排序的"竞赛"，以霍夫斯特拉大学北岸医学院大学病理学会主席詹姆斯·M.克劳福德的以下评论结尾："这种个人化（基因组学）药物的最终用途是什么？……我们医疗行业，同时整个社会还无法令人满意地回答这个问题。"因此，目前，克劳福德博士的机构对于是否去投入基因组学"实际上仍然持观望态度"。[110]

不过，或许有人会从虚无中制造出某种东西。在美国，这就是传说中的梦想。在美国，下一个让基因组学对人类有意义的重大项目将会出现。基因组确实会被运到加利福尼亚州，而这一次，公司的投资利益会显而易见。

第六章

覆盖世界 98% 的人的基因组学？

> 我们的目标是覆盖世界 98% 的人。
>
> ——"23 与我"公司联合创始人安妮·武伊齐茨基
> 在世界经济论坛上的讲话

尽管苏格兰的遗传学家和政府带头人掌握着各民族的信仰和惯例，但是硅谷的信息企业家在全世界发起了重新构建社会和科学生活基础的各种努力。2006 年，苏格兰采集了第一批 DNA 样本。同年，随着苹果手机（iPhone）的推出，苹果公司将互联网放进了人们的口袋，脸书向每一个 13 岁以上的人开放了自己的社交网站。可以预见，这些扩大的通信和信息源会从根本上放开广泛传播的社会，产生大量的热情和资本投资。由于现在人人用指尖就能掌握将人和信息联系起来的能力，这场数字信息革命的带头人（一些数字化人员的戏称）承诺，长期以来根深蒂固的机构——从联邦政府到华尔街支持的大公司——将不再占据主导地位。资本、商品和社区的革命性形式将蓬勃发展。[1]

我们再来说科学。2007 年 11 月，也就是在社交网络时代出现一年之后，谷歌支持的创业公司"23与我"公司的创始人开始将基因组学和社交网络平台联系起来。"23与我"公司预测，与个人电脑一样，由此产生的个人基因组学将迅速从价值不明的创新活动转向当代生活不可或缺的一种创新。这一转变的关键是从官僚机构和国家民族僵化的道路中让基因组学得到解放，使人们能够直接控制他们的基因组数据。该公司认为，这将引发一场革命——对生命科学和民主都是如此。

"23与我"公司只是2007年至2009年成立的几家个人基因组公司之一。[2] 在本章，我将重点放在"23与我"公司上，是因为它是唯一一家经过最初的项目后幸存下来的个人基因组公司，而且它是围绕民主化愿望最清晰地构建其身份的公司。2008年秋，当"23与我"公司将成本从999美元降到399美元时，其网站自豪地宣布："23与我"公司将让个人遗传学民主化。[3] 次年，该公司的联合创始人琳达·埃维解释道，她和安妮·武伊齐茨基共同创建公司的主要原因是"将遗传学从科学界的保护领域解放出来，让公众可以接触到它"。[4]

然而，在有些人看到"解放"的地方，另一些人看到的是"剥削"。2006年，辩论行将到来的前兆出现了。负责2006年本土DNA检测听证会的美国国会委员会主席戈登·H. 史密斯，将直接面向消费者的基因检测称为"现代蛇油"。[5] 2008年6月，加利福尼亚州公共卫生部向包括"23与我"公司在内的13家基因检测公司发送"停止和终止信件"，指控他们在没有医嘱的情况下提供基因检测，违反了州法律。[6] 两年后，2010年6月，美国食品药品监督管理局（FDA）向"23与我"公司和其他4家个人基因组公司发函，告知它们从事相关服务必须获得监管批准。到那时为止，美国食品药品监督管理局一直都没有对基因检测进行监管，但提到过对分析和临床准确性的担忧。[7]

2013年11月22日，在连续6个月未收到"23与我"公司的回信，并再次表达对其检测准确性的担忧后，美国食品药品监督管理局下令叫停"23与我"公司行销其个人基因组服务。5天后，圣迭戈居民莉萨·凯西等在加利福尼亚州南方地区法院对"23与我"公司提起集体诉讼。诉讼简单明了地表示："测试结果毫无意义。"[8]

2007年开始的仿佛大卫与歌利亚战斗的故事——"23与我"，一家小型创业公司，企图推翻强权政府不公正控制的做法，在2013年变成了人们熟悉的公司科技腐败的故事。然而，如此清晰的好与坏、英雄与大反派的故事，都无法让人们看到在上演的更有趣和更重要的动态。正如我想在接下去的几页说明的那样，关于个人基因组学的争论让人们看到一场更为广泛的当代斗争，即如何在主导机构的可信度面临挑战的情况下，构建知识和公正，以及如何对充当集体生活和集体理解的新基础设施的信息学进行投资。政府机构（例如，加利福尼亚公共卫生部和美国食品药品监督管理局）和企业（例如"23与我"公司）都指责对方对公民理解所需的信息民主流动进行不当干预。政府机构指责企业没有达到确保向公民准确传递信息的重要政府标准。企业指控政府为获取信息设置障碍。双方都积极坚持自己的立场。

在这样的情况下，双方都没有解决更为根本性的问题：任何人，包括生物学和医学专家，能够以一种可以为科学和社会生活提供宝贵知识的方式解释基因组数据吗？或者说基因组学正在将生命科学转移到阿伦特描述的不稳定的认识论和社会空间里，在这个空间里，科学家和非科学家都无法"去思考我们正在做什么"。[9] 个人基因组学的倡导者认为，该领域的诠释风险将通过收集更多的数据，使越来越多的人能够访问来解决。然而，这一论点与实际情况并不一致。正如我们在下文中将看到的那样，让基因组数据有价值是一个非常困难的问题，即便DNA可以在硅谷生产的最新测序仪上测序，而且数据可以运用最强大的算法分析。让其有意义的各种工作需要大规模的计算机云、算法和生物信息学，其规模吸引了谷歌的兴趣。[10]它们有时还需要人力判断。如何在机器和这些人力之间建立正确的关系还远未定局。

为了在水量不断增加的基因组数据海洋中提出这些关于如何了解生命的更为基础性的问题，我借鉴了自己在过去10年个人基因组产业兴起期的个人经验。2006年1月，我从东海岸转到加利福尼亚大学圣克鲁兹分校任职。正如前文解释的那样，加利福尼亚大学圣克鲁兹分校以创造生物信息学工具闻名，这些工具是使基因组数据对研究人员可用和有用所需要的。因此，像"23与我"公司这样的企业招募一些我在那里最初几年认识的研究人员，根本不足为奇。这些年来，我因加利福尼亚大学圣克鲁兹分校和这些位于硅谷"山上"的公司之间的关系获益颇多。我可以与他们会面，还能够采访在学院和新兴行业工作的生物信息学家（在两个领域与许多人度过了不少时间），访问了在硅谷的个人基因和相关生物信息学公司，参加了企业带头人举办的多次研讨会，并且协助组织学术界和行业从业人员共同参加的研讨会。[11]本章根据这些经验，超越科学界公司腐败的故事，来讲述这个新兴行业，营造新的故事，去解开正在发挥作用的、事关知识和公正的更为基础性的问题。[12]

个人基因组并没有威胁到科学或民主实践的完整性，而且通过在自由民主政体中对力量核心——个人（在许多人的信念中，它是生命科学的核心）——基因组的结合，创造了一个强有力的生物社会结构区域。[13]"23与我"公司提出了一个清晰而有力的愿景，即如何在这种有力的向心运动中取得好成绩：将人民——而非科学专家或政府监管人员——放置在行动中心；让他们访问和获取所有信息，包括基因组信息。这种做法认为，授权人民使用信息学工具了解自己的身体，将引发科学、医学和民主的突破。然而，当基因组信息与希望获得的生物学知识和民主力量之间的路径，被证明不如"23与我"公司设想的那样清楚时，问题很快就出现了。就像苏格兰一代计划那样，个人基因组公司没有开辟出对有价值基因组数据的访问和获取方法，而是面临着如何从基因组数据中创造出有价值的知识的问题。

基因组学离开谷歌

2007年秋，在谷歌联合创始人、亿万富翁谢尔盖·布林的支持下，"23与我"公司成为第一批为客户提供直接访问原始基因组数据路径和解释其医学意义的企业之一。布林和"23与我"公司联合创始人琳达·埃维，是在布林对帕金森病感兴趣的时候认识的。帕金森病折磨着布林的母亲，这个病症与富亮氨酸重复激酶2（LRRK2）基因变异有关，该变异也包含在他自己的基因组中。埃维在佩尔金（Perlegen）公司工作，这家公司发现了人类基因组的许多早期单核苷酸多态性现象，还进行了第一次全基因组关联分析研究（GWAS）。埃维和布林见面前不久，佩尔金公司与梅奥诊所和迈克尔·J.福克斯基金会合作，通过对那些有帕金森病的人的基因组（病例组）和那些没有帕金森病的人的基因组（控制组）进行比较，去研究帕金森病。研究的目的是确定是否有任何可能与该疾病相关的遗传变异。然而，这项研究的样本数量很少。佩尔金公司只能从患有帕金森病的人身上获取300份DNA样本，数量太少，很难建立起统计学上的可靠关联。据报道，布林立即将这些数学上的挑战放大，问埃维，佩尔金公司用什么P值（一种统计学意义的参数工具）来确定基因关联性。

两人会面后不久，埃维离开佩尔金公司，但仍与布林保持联系，而且对谷歌的数据管理世界和数据丰富的基因组学界的交叉点兴趣越发浓厚。埃维想知道，是否有人可以用谷歌将他们自己的基因组数据化呢？如果数以百万计的人能这样做，将解决帕金森病研究面对的数量不足的问题。次年与布林结婚的安妮·武伊齐茨基发现这个想法很有说服力。尽管当时武伊齐茨基是对冲基金投资人，但拥有生物学学士学位。带着埃维将基因组在谷歌上数据化的想法，武伊齐茨基辞去自己的工作，与埃维合作。

在谷歌的资金和高超算法能力的推动下，埃维和武伊齐茨基试图将关于基因信息的假设抛诸脑后。[14] 为何要假设遗传学这一联邦资助的人类遗传学研究的主导性方法是危险和有害的，人们应当受到保护不要接触呢？归根结底，这导致了一种可怕的状态，一种埃维称之为"封建"的状态，遗传学学霸在"封建领地"内防止他们的研究对象受遗传学信息影响。[15] 为何不像谷歌一样，假设信息是好的，为个人需求量身定制的信息甚至更好，共享这些个人信息也是更好的呢？她们着手建立让这种人类基因组革命成为可能的信息基础设施。

具体而言，她们创造了唾液试剂盒。任何人都可以购买这些试剂盒，将富含其 DNA 的唾液发送到基因分型网站。[16] 然后，客户可以在一个有趣、时髦、蜡笔色彩的交互式网站上浏览他们的基因分型结果，并与朋友和家人分享。[17]

她们利用社交媒体的力量让消费者有知情权，试图将人类遗传学的被动客观化对象转变为基因组学 2.0 时代有自主权的人民。她们宣称打算在为公司选定的名称"23 与我"上体现人体的 23 对染色体和日常生活中的人们的这种关系。这 23 对染色体将不再是科学专家的专属领

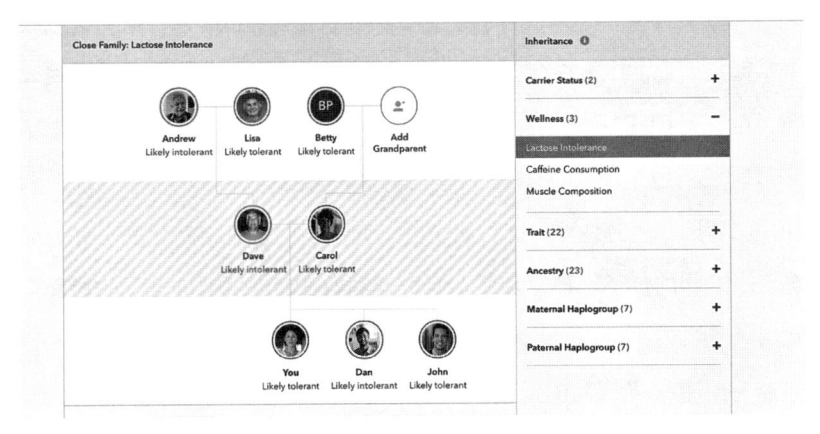

"23 与我"网站 © "23 与我"有限公司，2007—2016。版权所有，根据"23 与我"公司的有限许可发布

域。琳达·埃维在其个人博客"莉莉·门德尔的生活和时代"的就职文章中解释道："我仍然坚信，我的共同创始人安妮·武伊齐茨基与我创立'23 与我'公司的首要原因，是将遗传学从科学界的保护领域中解放出来，让公众能够接触它……正在发声的科学家看来将受到这种 DNA 民主化概念的严重威胁。"[18] 公司领导报告，她们遇到了一些学术科学家，对她们的努力持非常消极的态度，指责"23 与我"公司"贬低和轻视科学"。[19] "23 与我"公司试图去改变的正是这种态度。该公司的领导认为，该公司将抛弃人类遗传学历史上的家长主义和封建主义，转而支持赋权和民主化。

一种研究革命？

尽管"23与我"公司将这些政治愿望放在最显著的位置,但其创始人和董事会最终是要试图通过建立世界上最大的数据库,将基因组数据与表型数据(例如饮食和病史之类的数据)联系起来,从而彻底改变基因组研究。[20] 2008年年初,"23与我"公司董事和技术投资人埃丝特·戴森对创建一个"大型遗传信息数据库"并将其用于研究的愿望表示赞赏。她邀请"23与我"公司的客户参加,并非"出于纯粹的利他主义原因",而是因为这可能引导研究结果"能直接转化为对你,或者至少对你的孩子、孙子和朋友有益的利益"。[21] "23与我"公司称这项事业为"23与我"计划,邀请客户参与这项"研究革命"。[22] 一艘飞艇有时直接飞到我的家门口,邀请湾区的所有居民"参加这场研究革命"。

尽管戴森将这一研究愿景称为"23与我"公司的"第二个目标",但对布林和武伊齐茨基而言,推动研究才是一以贯之的激励力量。如果了解帕金森病的遗传学因素的进展不能帮助布林的话,布林和武伊齐茨基希望这可能帮到他们的儿子本杰,这个孩子在"23与我"公司创立之后不久出生。因此,"23与我"公司开始一项大规模的帕金森病研究,也就不足为奇了。这项研究的目的是招募1万名研究对象,人数超过佩尔金研究项目30倍。为了实现这一雄心勃勃的目标,"23与我"公司向所有确诊患有帕金森病,也可以上网的人开放这项研究。[23] 由于没有地理边界,也没有医生为进入研究设置门槛,"23与我"公司的领导相信她们能大幅度扩大自己的招募能力。[24] 其他没有患上这种疾病的"23与我"公司客户,可以加入控制对比组。布林为这项研究提供了大部分资金和自己的DNA。[25]

帕金森病研究是"23与我"公司愿景的象征。它为了成倍增加人类基因组研究对象的数量和人们能够收集到的相关数据，将社交媒体策略引入人类基因组学领域。虽然研究是一项严肃的工作，"23与我"公司却试图创造一种有趣的互动网络体验，这样他们的客户就会想要多次回到网络门户，查看更新和他们的"待办事项"框，同时用这个"待办事项"框发送客户调查问卷，来收集他们的表型数据。问卷完成后，一条自动消息会感谢客户，告诉他们信息将有助于"按规格定制他们的体验"。如果他们允许，"23与我"公司将用这些信息"匿名为这个开创性项目做出贡献"。[26]

使用社交媒体策略与客户建立长久关系的能力，是"23与我"公司的真正力量。基因组科学家知道如何收集DNA及如何对其进行基因分型。他们缺乏的是与受试者建立长期关系的能力，需要建立这种关系才能收集理解基因组数据的表型数据。"23与我"公司的一位数据科学家向我解释道，这家公司提供了一个解决方案："基因片段是容易的部分。表型是困难的部分……我认为，从科学角度，我们拥有的价值……是表型方面。我们正在收集的表型信息非常一致。每个人都对相同的调查进行答复，我认为我们正在基因组学顶端积累的信息是前所未有的。这就是我们对网络的使用：向每个人发布调查问卷，然后说：'嘿，你们好。请回答这个问题。'"[27] "23与我"公司相信，由于公司在染色体和个人身份之间建立了联系，他们的客户将会响应他们完成各种调查的号召。依靠客户与公司一起实时、持续地了解他们的基因组，让基因组学具备互动性和参与性，"23与我"公司试图让个人对基因组学产生兴趣，就像个人对个人电脑的兴趣那样。这就会产生一种个人基因组学。通过将基因组学应用于个人的利益和力量，"23与我"公司试图让这一领域产生变革。他们断言，少数学术科学家霸主将不能再统治基因组学；相反，人民可以做到这一点。[28]

信息学与自由：一段有争议性的过往

虽然这是一个强大而有魅力的愿景，可是将一种新形式的信息学——这个时代的基因组学——与个人身份和自由整合从来都不是一项简单的任务。信息学与自由有一段悠久而充满争议的历史。20世纪早期，计算机主要是军事工具。对生活在20世纪的许多人来说，它们代表反民主和专制倾向。正如社交媒体史学家弗雷德·特纳在其著作《数字乌托邦：从反主流文化到赛博文化》中描述的那样，20世纪60年代，言论自由积极分子都将电脑卡当作抗议标志佩戴。言论自由运动创始宣言的作者马里奥·萨维奥相信计算机和穿孔卡片正在将人类变成一个技术社会的自动化齿轮。其他人则质疑萨维奥对信息学和人类自由的反乌托邦观点。最值得注意的是，20世纪60年代后期，斯图尔特·布兰德和全球网络在反主流文化运动和硅谷之间建立了联系。他们认为信息学不是压迫者的工具，而是自我维持的生活方式。[29]

尽管这两种形成鲜明对比的数字技术形象——统治型形象和解放型形象之间的紧张关系延续至今，但后者的力量却在增强。苹果公司可能已经失去了作为反IBM斗士的大部分信誉，这种反公司化创造了促进人类自由的各种技术；然而，从苹果电脑（iMac）到苹果音乐播放器（ipod），再到苹果平板电脑，苹果公司销售的整套所谓个人技术产品系列，只是在日益流行。"23与我"公司希望人类基因组学也经历一次类似的转变，失去与专制主义的联系，获得一种最新个人技术的身份。

然而，自从 DIY（"自己动手"运动）这一布兰德的《全球概览》杂志推广的运动发动 40 年来，DIY 遗传学面临着一系列不同的、在某些方面更加困难的挑战。参与约迪·迪安所说的社交资本主义，在你的 iPhone 上玩《愤怒的小鸟》免费版游戏时，成为等待的消费者（那你当时怎能拒绝以 2.99 美元的价格购买完整版本呢？）是一回事；然而，参与生物资本主义，成为一名消费者，当你为在"23 与我"网站上分析自己的基因组付费的时候，耐心等待，完全是另一回事。正如考希克·孙达尔·拉詹解释的那样，生物资本"不仅仅是资本对生命科学新领域的侵占"，而且是对资本和生命科学的一种根本性改造。[30]"23 与我"公司提供了一个典型案例。这家公司不希望仅仅依靠一种已经存在的生命研究方式来赚钱。相反，它的目标是通过创造一种新的企业型方法来彻底改变对生命的研究。从 2007 年"23 与我"公司开业的那一刻起，这些愿望就带来了多项重大挑战，也引起了人们的注意。

很明显，困难并没有出现，因为"23 与我"公司代表的是一场彻底革新科学领域的私人努力。毕竟，在信息和通信技术领域，企业长期处于领先地位。数十年来，贝尔实验室吸引了最优秀和最聪明的科学家和工程师，发明了 20 世纪最重要的科学和技术形式：晶体管、激光器和信息理论。[31] 贝尔实验室并不是唯一的例子。"23 与我"公司的一位早期雇员对我说道："你去斯坦福大学的计算机科学部，他们爱英特尔。英特尔一直在不断创新，为他们带来更好的产品。"然而，在卫生保健领域，情况是不同的："我认为，正是卫生因素让事情变得麻烦，这真的很不幸……我们正在谈论的是人们的生命和他们如何活着……而那些在这一领域获取利润的企业只会让人们感到有些不安。"[32] 同样重要的是，基因组科学家试图将他们的研究领域定义为一门开放的公

2010年6月，作者在加利福尼亚州芒廷维尤"23与我"公司总部取得的该公司的贴纸图案。©23与我有限公司，2007—2016。版权所有，根据"23与我"公司的有限许可发布

共科学，反对基因组信息的商业化。就像塞莱拉那样，对许多人而言，"23与我"公司代表一种对长期以开放和数据共享原则为基础来运作的道德经济的威胁。[33]

"23与我"公司从一开始就向客户收费，与其他成功的社交媒体公司也不一样，其费用相当高。"人们付费注册，这与谷歌、推特和脸书在全世界都免费的服务相反。所以，我们与之恰恰相反。"[34] 当公司在2007年开业时，对一个完整的人类基因组进行测序仍要耗资数百万美元。"23与我"公司要对构成完整人类基因组的30亿个核苷酸进行60万个基因分型不可能便宜，该公司至少需要达到收支平衡。正如早期管理团队的一位成员向我解释的那样："我们是一家初创企业，不能损失许多资金。"[35] 然而，当其他人撰写信息学自由经济体宣言时，收取1000美元费用引起了人们的关注。[36] "23与我"公司值这个价格吗？

批评家不仅担心对消费者收费过高,还认为"23 与我"公司通过开辟新的基因歧视途径,让顾客处于危险之中。这一次,可能不是政府机构,而是一家跨国公司引领社会走上这条危险的道路。[37] 尽管公司领导认为,这"无论怎样都不是谷歌的一部分",但是谷歌的资助和布林的个人兴趣让这个信息业巨头和"23 与我"公司之间建立了牢固的联系。[38]

埃维和武伊齐茨基在数字乌托邦主义兴起时期开创自己的事业,生活在这个时代的中心:硅谷。她们相信,通过数字世界的"0"与"1"的通用机器语言,这个时代可以实现让联系和融合变得可能的各种想象。[39] 他们相信企业能做好事,按照谷歌的禁令:"不要作恶"生存。[40] 然而,正如"23 与我"公司很快发现的那样,这些信念并不能无缝转入生物医学界。虽然在贴纸这样有趣的媒介中,"23 与我"公司提供了引人入胜的个人基因组的人们和基因组学的图像,但是在实践中这些人可能是谁,他们会对基因组做什么事情,目前尚不清楚。

个人基因组里的人是谁?

"23 与我"公司在将人,而不是群体或者国家民族,放在基因组研究的中心位置,开始进入基本上没有任何科学和伦理规范的领域。虽然哈佛大学的乔治·丘奇在 2005 年宣布了个人基因组计划规范——关于这一计划,我们会在下一章进行更详细地了解,但是广泛宣传人们能够而且应当链接到他们的基因组数据的这一想法的是"23 与我"公司。[41] 这种所谓的个人方法代表了一个重大转变。直到"23 与我"公司和个人基因组计划之前,基因组研究的领导者们都精明地避免将人变成研究对象。[42] 相反,出于对基因信息能够揭示可能造成焦虑、耻辱和歧视而改变生活的信息的恐惧，他们已经投入大量时间和资源来创建各种系统，来确保提供 DNA 的个人不能链接他们的基因信息。即使在 HapMap 的案例之中，哪怕研究人员确实让他们的研究对象参与研究的设计与规范化，也非常小心地去确保 HapMap 样本上的唯一身份识别信息是群体标识。

然而，随着 HapMap 计划的结束，越来越多的研究人员试图扫描人类基因组，以便寻找与特性和疾病相关的变异，在一个人的基因组与他们的个人识别信息之间维持防火墙，看来是难以维持了。一些基因组研究人员开始担心，如果国家人类基因组研究所和其他主要资助机构维持这种对隐私权的严格限制方法，这个领域很快就会遇到障碍。没有广泛的基因型信息和表型信息的联动，人类的基本生物学新知识基本上是无法创造的。该领域需要找到那些能够对其基因组进行排序，并且使之与可识别表型信息联动的人。

最初，他们转向自己队伍里的那些人。克雷格·文特尔是领路人。他为 2000 年公布的塞莱拉人类基因组序列和 2007 年公布的第一个二倍体人类基因组提供了 DNA。[43] 双螺旋结构的联合发现者詹姆斯·沃森，为 454 公司提供了他的 DNA，成为将自己的基因组完全测序的第二人。有些人对这些努力斥之为虚荣项目。其他人则称其"俗气"。[44] 许多人质疑这些努力的科学价值。甚至沃森本人都认为，对他的基因组进行测序几乎不会有什么意义："我意识到一个我为何如此轻易地说我会研究我的基因组的原因，那就是我 79 岁了，而其中有一个基因本可能会让我在 50 岁时出现失明的风险。所以，我们对信息了解不够。在成千上万的人被排序之前，大多数情况下，我们不会真正了解它们的意思。"[45]可是，那成千上万的人会是谁呢？如何能让对一个人的基因组测序从少数人的精英活动转化成一种许多人从事的受人尊敬的活动呢？"23

与我"公司给出了一个答案：让那些了解基因组学，而且可能已经倾向于冒险的受试者加入。

花样跳伞运动员与电脑专家的基因组学

"23与我"公司的最初目标是花样跳伞运动员。事实上，据报道，"23与我"公司收到加利福尼亚州中部一个代表花样跳伞运动员的协会的积极回应。[46]然而，该公司寻找的大多数人是所谓的电脑专家。正如"23与我"公司的一位早期员工向我解释的那样："我们挑选'电脑专家'这个词完全是基于互联网和病毒……（通过）了解那些在数字社交网络成为节点的人。"[47]服务的费用也发挥了吸引"合适"消费者的作用。起初，"23与我"公司的收费是999美元。[48]虽然早期的批评者指出，这个高价排除了许多人，可是也帮助该公司将目标对准"一个更有可能接受教育的特定人群"。[49]

在"23与我"公司开业的那一年，该公司和其他个人基因组公司设法招揽这一上层特定人群。2008年4月，"23与我"公司的主要竞争对手"遗传学领航者"公司（Navigenics），在下曼哈顿区举行了一次狂欢活动。2008年9月，纽约时装周开展一项活动，"23与我"公司在纽约市切尔西区举办了一次"口水派对"。默多克家族和特朗普家族之类的成员，还有一个高端时装设计师群体，出席了这次聚会。在饮用鸡尾酒的间隙，他们将自己的DNA吐到试管里。正如《纽约时报》周日版报道的那样："谷歌创始人之一的妻子安妮·武伊齐茨基联合创建的这家公司，拥有哈维·温斯坦和邓文迪的象征性资金支持，希望将口水吐进试管里，就有些像姜汁马丁尼酒那样时髦。"[50]一次口水派对成为上流社会的标志了？[51]一位业内科学家解释道："尤其是以原价来进行，这当然就成为一个引人注目的消费项目了……那就像是，'哦，我已经扫描了我的基因组！'"52

"23与我"公司很快变成了时髦的新生事物。武伊齐茨基和埃维出现在《奥普拉脱口秀》和《今日秀》节目，以及《财富》和《福布斯》杂志的版面上。然而，最终这些精英圈子不能支持公司的更大愿景。电脑专家和富人是一个排外和相对同质的群体。几乎所有人的自我身份认证都是白人。只能访问他们的 DNA，限制了"23与我"公司的市场和研究潜力，该公司早期就了解到的事情成为一个问题。53 "23与我"公司的一位早期策略规划师解释道："我们一直在讨论如何提高数据库的多样性……数据库确实来自商界。你知道，我们让南亚背景或者中国背景的人进入项目谈话。'这是大腊肠。这些都不适合我。'他们会发怒，我不会责怪他们。"54 虽然电脑专家支持"23与我"公司的创设开业，但是要达到目标，该公司需要扩大它的客户基础。2008年1月，在瑞士达沃斯举行的世界经济论坛上，武伊齐茨基将目标投向全世界："我们的目标是覆盖世界98%的人。"55

以电脑专家与富人和名人为中心也没有在政治上发挥作用。为了改变流行的社会思潮，开放获取基因组数据的渠道，"23与我"公司需要一个强有力的道德论据。他们发现，论据就在他们利用个人基因组的愿景去实现公正和民主的愿望所做的努力之中。他们主张，基因组学应当面对所有人，而不仅仅是少数精英科学家。一篇庆祝《时代》杂志提名"23与我"公司为"年度发明"候选者的博客文章阐述了这一愿景："我们希望每个人都像我们一样兴奋，不仅是因为将看到我们的服务得到认可，也是为了我们的共同愿景：个人基因组为所有人类服务。"56 虽然这是一个强有力的愿景，可是也很容易被"23与我"公司和富甲天下的谷歌系和默多克系的关系削弱。

建构 98%

于是，"23 与我"公司开始大幅扩张那些能算作已了解基因组，从而有能力参与基因组学项目的人。他们早期采用的一个战术是挑战主流的关于人类遗传学研究受试者的生物伦理学架构。具体来说，他们反对主流观点，即"一般公众"不具备与遗传学信息安全互动所需的技能。埃维争辩道："我认为研究界'保护人类受试者'的观念走得太远了，到了不受制约的家长主义的地步……我确实认为一般公众能够理解，目前人们对他们的 DNA 的了解主要是一种在进行中的工作。"[57] 与此同时，"23 与我"公司创造了教育资源，以便潜在客户能够了解基因组学。在"23 与我"公司网站一个名为"遗传学 101"的栏目中，色彩鲜艳的卡通人物带领观众了解基因组学的基础知识，解释基因组、表型和单核苷酸多态性。[58] 在另一个视频中，客户会接受一次虚拟的实验室参观，在到达"23 与我"公司的各实验室后，了解他们的唾液试剂盒会发生什么事情。[59] 通过这些教育视频获得的信息，"23 与我"公司认为任何能理解基因组学基础知识的人，都需要了解自己的基因组。

此外，该公司带头人还认为，这种了解自己基因组的能力是一项基本权利。武伊齐茨基写道："我强烈反对一个人的基因组目前只用于研究，而不是用于个人。许多非常有用的遗传学结果可能会产生……告诉我对自己的身体和基因可以或不可以得到什么信息是皇帝的权力吗？我参与创立了'23 与我'公司，一家个人遗传学公司，让个人能够获取他们的遗传信息——我相信这会成为个人的一项基本权利。"[60] 武伊齐茨基在这里和其他地方都提出，基因组信息不应当再是医疗保健提供方或基因组科学家的专属保护品。这不仅是一个科学问题，也是公正问题。2008年秋，为庆祝其服务价格从999美元下降到399元，"23与我"公司的网站横幅上写道："'23与我'公司让人类基因民主化。"[61]

如果对个人基因组测序的早期工作被视为少数人（例如文特尔和沃森）的特权，那么"23与我"公司寻求的恰恰相反："我们希望尽可能多地（让个人基因组测序）包容所有人，而这正是我们觉得所在的美国、所在的加利福尼亚州特别（重要）的原因。看看周围！我的意思是这里有各种肤色、各种背景的人。"[62] "23与我"公司试图让基因组信息对所有人，或者至少对98%的人都可用。他们认为，这不仅仅是良好的政治举措，也是良好的科学和商业举措。

为了群体性盲动的基因组学？

然而，对监管者而言，个人基因组学人员的这种大幅扩张拉响了警报。从监管者的角度来看，对知名电脑专家的营销和对所有人的营销之间差别很大。当个人基因组学是前者的领域时，或许可以视而不见。可是，2010年，在"路径基因组"公司（Pathway Genomics）宣布计划将基因检测服务置于美国制药业巨头沃尔格林的货架上向消费者出售时，个人基因组学最终走出数字化领域，进入了主流领域。它也引起了美国食品药品监督管理局的注意。[63] 正如美国食品药品监督管理局局长杰夫·舒连在2010年国会个人基因组听证会上解释的那样，虽然美国食品药品监督管理局已经在考虑直接面向消费者的基因测试所引发的问题，但是"路径基因组"公司在沃尔格林公司的销售工作发出了一个明确的信号，即需要为此做些什么。[64]

对群体性盲动的恐惧已经产生，这引发了人们对他们一旦在当地药店的货架上获取他们的基因信息后可能会做什么的种种担忧。他们会像菲尔·金格里议员认为的那样，从一栋楼上跳下去吗？或者如美国食品药品监督管理局局长舒连所说，他们是否可能会"做出一个对他们的健康产生不利影响的决定，比如没有一个知识中介人干预，停止用药或者改变药物的剂量，或者去继续一种不健康的生活方式呢"？[65]

在这些讨论中起作用的，是为时几个世纪的关于群体性盲动对民主政体正常运行威胁的争议，以及教育和专业知识在对抗这一威胁过程中所起的作用。至少可以追溯到法国大革命和美国独立战争时期，诸如让·雅克·卢梭和阿历克西·德·托克维尔这样的政治哲学家就担心过暴民或多数暴政：如果如约翰·洛克所言，人民应当是政府的核心，我们如何才能确保他们不只是追求自己的个人利益，而且是谋求公共利益呢？[66]卢梭认为，政府有责任教育它的人民，从而让他们达到统治所需的理性话语水平。[67]舒连明确地担心，如果没有教育和受过教育的专业人士（他称之为"知识中介人"），在沃尔格林购物的那些知情有限的群众可能会采取伤害自己的行动。当它们为已经负担过重的美国医疗保健系统带来了新问题，这些个人伤害可能成为集体伤害。[68]

尽管舒连认为答案可能是"知识中介人"通过基因检测过程来引导个人，可是后来他又指出，答案可能并不那么简单："一些公司现在正在对类似癌症的高风险医学适应证，以及一种特定药物做出反应的可能性提出各种主张。在许多情况下，遗传结果与发生疾病或药物反应的风险之间的联系，还没有获得确认。即使是专家也不了解各种结果的含义。"[69]甚至连专家都不知道该如何解释基因组信息引发的担忧频繁在国会听证会上出现。几位国会议员指出，不同的公司经常为客户提供不同的结果。国会议员克里斯滕森本人也是一名医生,她质疑医生能否解释这些结果,从而帮助消费者理解他们的个人遗传学结果。政府问责报告的作者格雷戈里·库茨回答道:"我们采访的遗传学专家说大多数医生都没有能力解释。"克里斯滕森回应道:"那么谁能解释呢?"在随后的听证会上,医学遗传专家和《医学遗传学》杂志主编吉姆·埃万斯回答道:"没有人知道如何去解释这些数据。这一点非常清楚。"

个人基因组学对任何人都有用吗?

对于那些在个人基因组领域工作的人来说,这不是一个新问题。从业者都知道,从增殖的数据中创造基因组知识是摆在面前的挑战。事实上,企业之所以进入这一领域,部分原因是目前没有解决这一问题的公认办法,其中还有很大的创新空间。基因组数据到底意味着什么呢?几乎没有现成答案。虽然这创造了创新的机会,但也造成了一家领先的个人基因组公司的基因组科学家向我描述的一个鸡和蛋的问题:"好吧,这就是一种'先有鸡'还是'先有蛋'的问题。你需要让这个行业发展起来,变得足够成熟,这样我们才能找到正确答案。做到这一点的方法是允许早期采用者能够有效发挥作用,为其提供资金。"[70]企业面临着一个两难境地:他们对基因组知识做出了承诺,但是在许多情况下,知识并不存在。为了生产这种知识,他们需要愿意放弃自己的 DNA 和金钱的人来支持这个领域的发展。

早期,为了解决这个问题,各个个人基因组公司使用了一种早期采用者所使用的方法。多年以来,在网络技术公司中,有一个对潜在消费者进行新技术测试的贝塔测试准则。这种方法提供了一种相互利益：早期采用者获得了最早适用最新产品的荣誉；网络技术企业收到用户反馈，允许他们创建对消费者和公司都有更大价值的产品。然而，关于基因组学是否适合这个模式的各种问题出现了。2008年年初开始，著名的科技博主和科学家开始撰写文章，指出各个个人基因组公司的测试结果存在差异。[71] 2009年，克雷格·文特尔和同事在著名的《自然》杂志上公布了这些问题。[72] 行业内外的许多人都认为这些文章损害了这一领域的可信度。早期采用者的模式会随着时间的推移，让产品融入用户的价值观。与之不同的是，这些评论将个人基因组学带入了一个客观科学的理想；在这个理想之中，是一种不变的真理，而不是可变的价值观在引导这一过程。[73]

非个人化的个人基因组学

为了回应这些批评，2008年夏，行业领袖聚集在一起制定标准。在个人医疗联盟（PMC）的协调下，这项工作包括当时的三家主要公司："23与我"公司、"遗传学领航者"公司和"为我解码"公司（deCODEme，解码公司的一家子公司）。2009年与我交谈过的公司代表报告说，这三家公司都做了诚实和协调一致的工作，积极合作，抛开个人利益，以创建所有人都能使用的标准化基因组分析方法。根据个人医疗联盟的说法，他们的努力是成功的。个人医疗联盟承认这些公司之间存在分歧，但他们认为这些分歧无关紧要。最后，他们得出的结论是："在使用近似数量的确证过的单核苷酸多态性标记时，三家公司的遗传风险印象高度一致。"[74]

在与参与者访谈的过程中，这项创建行业标准的工作出现了一个与上文所述不同的状况。虽然与我交谈的每个人都证实这三家公司都认同一个相似的计算程序,但是他们也一致认为,如果三家公司提供不同的数据,那么这一计算程序会算出不同结果。他们考虑使用了哪些数据的关键问题:哪些基因组"读取"产生的数据足够干净,可以找到变异,还是单核苷酸多态性?一个人应当选择哪些单核苷酸多态性进行分析呢?关于这些单核苷酸多态性的哪些论文可以信任,可用于确定具有某种特征或者发展成疾病的概率呢?虽然测序成本的加速下跌让大量基因组数据的产生成为可能,可是关于如何从这些数据中得出有意义的生物学和医学发现的问题仍然远未解决。

虽然这是一个问题,但这种不确定性空间也创造了商机。数据和分歧太多,任何人都无法处理。因此,公司可以选择关注哪些数据和文献进行甄别。选择让价值观具体化,从而创造价值。基因组序列数据廉价而丰富——太过丰富了。什么是昂贵的,从而是有价值的,是解释的工作——关于什么数据值得信任,以及如何去分析的决策。一位分子生物学家和个人基因组学从业者解释道:

> 受访者:人们在想,"如果基因分型本身的价格下降速度比计算机处理速度的摩尔定律更快,为何(个人基因组服务的)价格不下降?"答案是,数据生成变得越发便宜,但是数据解释的效率却没有同步跟上。
>
> 作者:不会以摩尔定律预测的周期下降?
>
> 受访者:不,随着时间的推移可能会吧(大笑)。[75]

在我对该领域从业人员的历次采访中,我清楚地看到,寻找有意思和有意义的单核苷酸多态性是三家公司所做的有价值的工作。正因如此,进行标准化的工作最终失败了。个人医疗联盟的一位参与者解释道：

> 我们已经与（另外两家个人基因组公司）共同完成了专题文章，还提出了设立一个中央登记处的建议。一旦你从文献中收集到最佳比率，将它放在其他人可用的中心位置，就可以将你的对照数据放在那里。但如果一家公司首先完成所有的工作，接下来其他公司就可以不用投入太多精力，就能够去使用那些成果。这种情况发生了几次，我们在早期添加了一些单核苷酸多态性，我们会看到（另一家公司）添加了一些报告，让他们能够跟上我们的步伐。这种模式徘徊不定，因此可能不会真正非常好地发挥作用。[76]

三家公司投入大量资源去阅读科学文献，汇总各项研究的结果，然后评估其可靠性。这项工作创造了三家公司提供的价值：不是原始基因组数据，而是对这些数据的解释。他们不能仅仅放弃这个价值而继续随波逐流。认识到这些限制，三家公司放弃了进行标准化的努力。相反，他们开始承认，甚至强调评价和证明各种研究的主观方面。

国会监督委员会的一些成员注意到了这个现象，他们的言论中充满困惑。他们含蓄地问道，为何三家公司要强调他们的不同标准？对三家公司而言，答案很简单。评估数据的不同策略反映了这三家公司的意愿、价值观和预期用户。"遗传学领航者"公司侧重于对改善健康感兴趣的用户，着手向消费者提供与健康结果相关（他们称之为"实用性和相关性"）的信息和应对方式（他们称之为"可操作性"）的信息。[77]因此，他们谨慎地选择了与健康结果有较强联系的单核苷酸多态性为标准，还创造了他们可以很容易向消费者解释的算法。与此相反，

"23与我"公司着重于电脑专家和那些有兴趣参与新的基因组学前沿科学的人。因此，他们使用了大多数研究人员使用的同一个单核苷酸多态性发现平台（伊鲁米纳平台），并且重视对实用性和可操作性的准确性和透明度。他们在如何选择单核苷酸多态性方面不太保守，也不太关心计算程序的复杂性。他们假设消费者愿意和渴望接触科学文献，甚至可能阅读已发表的学术文章去理解"23与我"公司的方法和成果。[78]

综合处理：最新的时尚还是长期坚持的科学实践？

这些不同目标和价值观的说法解释了"23与我"公司和"遗传学领航者"公司在如何设计他们的计算程序和选择他们的单核苷酸多态性上的分歧。个人基因组公司用来描述这项工作的术语是"综合处理"。这个术语很贴切。与客观性不同，它假定存在差异，需要品位和价值观来理解它们。一位被聘为生物学综合处理专家的科学家向我解释道："我认为大多数人都阅读过一些谈论两家公司之间差异的文章。他们取走的是三家公司给你的不同结果，但并不总是理解原因。很多情况下，对于我们在网站上发布的内容，我们有不同的标准。我不认为普罗大众，甚至是读到这些文章的科学家都会跟进并意识到这是不同的综合处理做法。"[79] 不同于客观现实，各种综合处理方式伴随着对一个真实答案的期望，被认为应当是不同的——事实上，它们的差异构成了它们的价值。这一系列着色、记录和基因变异都是一只敏锐的眼睛精心挑选的，而不是由不经意的客观"上帝之眼"来挑选的。[80] 这种"综合处理"让上述系列引人注目，使其具有价值。在一家个人基因组公司工作的资深科学家解释道："我把它看作一种艺术性的综合处理。所以，你是一家博物馆馆长。你有空间放置一些艺术品。你的工作是走出去，决定应当将什么艺术品放进去。外面有许多 C-R-A-P。还有一些其实非常好的艺术品，而你的工作就是到那里去，把人们感兴趣和有用的东西放进来。"[81] 2009 年，《纽约时报》报道称，"馆长"已经"成为一个时髦的代号"。从手工艺品展到食品展，再到运动鞋展展出的一切，现在都是这样综合处理的。[82] 个人基因组公司将基因组添加到了这个正在扩大的展品目录里。

虽然使用"综合处理"一词可能是个人基因组公司卷入最新营销潮流的标志，但是这个词也可能更好地描述这些公司聘用的科学家实际所做的事情：用一只敏锐的眼睛对海量数据分类，这只眼睛接受具体品位和价值观传达的信息。这不是一种新型活动。长期以来，综合处理就是生命科学的一部分。从最早时期开始，对生物样本和数据的仔细收集就是生物学的核心。[83] 如果那么多人想要从这个新行业中得到的正是广告所传达的真相，或许在这个例子中，可能令人不舒服的内容就是这些人正在传达的信息。

然而，这则关于公司日常解释工作的故事，基本上仍不在公众视野范围之内。相反，记者们关注的是他们从不同的公司取得的结果的差异。据报道，他们没有跟进了解为何存在差异。正如其中一家公司的一位生物综合处理专家所说："你可以在《自然》杂志上发表论文：'哦，看看结果有多不同！'就像是，嗯，好吧，你知道它们是不同的单核苷酸多态性！这些论文发表时，没有任何人为了了解更多的事情，询问在这几家公司工作的任何一位科学家。我相信他们会说：'哦，我们不想抱有偏见。'但是，事实并非如此，你太天真了。你没有通过理解所有的变量来做一份良好的科学工作。"[84] 个人基因组的故事并非关于产生知识这一基本问题的故事，而是成为企业的科学腐败故事之一。

美国国会议员和社会科学家观察员指责个人基因组公司在出售"蛇油"和开采"黄金"。[85]为这几家公司工作的科学家,大多数拥有斯坦福大学和加利福尼亚大学伯克利分校等名牌大学的著名基因组研究中心的学位。据他们报告,他们的学院派同门也用怀疑的眼光来看待这几家公司。[86]事实上,一些曾在"遗传学领航者"公司和"23与我"公司工作的科学家也说,在向学院派同门发送电子邮件时,他们使用自己在学校的电子邮箱,而不是公司的电子邮箱。[87]

在公司腐败故事的范围内

不去深入研究采用何种基因组数据(例如,美国国家癌症研究所或冰岛卫生数据库生成的数据)的不同方法,哪种研究的方法(例如,全基因组关联研究法或候选基因分析)可信,还有各项研究必须满足什么标准才能被算作有意义的发现(例如,病例和对照组的数量、P值等),争论几乎完全集中在谁能被委托进行基因组研究上了。大多数人的结论是明确的:企业不可信。企业受利润驱动,是"高科技界"的"蛇油推销员",对消费者构成了严重威胁。[88]

这一陈述对许多在企业工作的人而言是令人沮丧的。他们终日埋首科学文献,想方设法去做基因组学界认定需要去完成的所有事情:解释错综复杂的基因组数据。一些人回应道:"当你去演讲时,如果你是从一家公司来的,你不得不列出你披露的信息。然后你遇到一个学者站起来发言:'我没有财务信息披露。'不,你有!你将得到拨款。为了获得职位,你必须去写论文。"[89]在企业工作的研究人员对学术批评家看待企业界非黑即白的方式,以及认为只有在学术界才能找到自由和知识的想当然态度表达了不满。

然而，对科学的企业化方法的各种批评，突出了各种重要差异和问题。[90] 企业几乎总是比公共机构存在的时间更短。在 2007 年引领风潮的三家主要个人基因组公司，只有"23 与我"公司至今仍在营业。哪怕是"23 与我"公司，这家得到谷歌支持的公司，也面临着巨大的挑战。2013 年 11 月 22 日，美国食品药品监督管理局勒令"23 与我"公司"立即停止营销"其个人基因组服务，理由是未能遵守美国食品药品监督管理局的数项规则，以及"对于高风险适应证的假阳性或假阴性评估可能产生的健康后果"，还有患者无法"充分"理解测试结果。[91] "23 与我"公司与美国食品药品监督管理局经协商达成协议，继续向消费者提供他们的原始基因组数据和遗传系谱信息，但将所有健康报告从服务中删除。"23 与我"公司发誓要为其消费者找到"正确的监管路径"，并于 2014 年 6 月提交了第一份健康报告，请美国食品药品监督管理局批准。2015 年 2 月，该公司获得了美国食品药品监督管理局对其首次基因测试的批准，这是对一种罕见疾病，即布卢姆综合征的测试。[92] 不久，同年 10 月，该公司宣布在 E 轮融资中成功募资 1.15 亿美元。[93] 那一刻，该公司看来正在反弹；不过还存在一个重要风险，即该公司将来无法存活的话，它的所有研究和数据访问也将会突然停止。[94] 一位在企业界工作的生物信息学家向我解释道："在企业界，你可以参与一个项目，然后无论出于什么原因，你会被砍掉，你的所有工作就那样泡汤了。"[95]

企业也必须在某个时候扭亏为盈。这是企业的底线。"23 与我"公司的高管和董事会成员没有回避这一点，向他们的客户坦白承认他们是一家"追求利润"的公司。[96] 不过，他们相信赚钱和创造革命性的科学并不矛盾。然而，无论在"23 与我"公司还是"遗传学领航者"公司，创造营利产品的需求确实导致科研人员缩减。在我采访的 6 位在这两家公司工作过的科学家之中，只有一位仍然在公司里。大多数人提及科学综合处理工作重点的一次转变："我们经历了一次转变，在这场转变之中，我们的重点在于产品，于是我们不需要太多的综合处理。如果目标是注释基因组，那么你会想要一个庞大的综合处理专家团队。如果公司的目标是要生存，而且强调某些目标超过其他目标，那么你可能不会认同我们在注释工作中注重完整性（就像公共资助的基因组注释项目那样）的这个目标。那里存在一个资源问题。"[97]虽然政府资助的研究也在有限的时间范围内运作，但是它不会受到市场经济起伏的影响，从而为科学研究提供了一种较为稳定，但可能不太具有革命性的方法。[98]

激进的民主化开放还是企业的圈占？

基因组学能同时从政府资助和企业化这两种方法中获益吗？许多人希望如此，就像在其他生物技术领域实现的那样。然而，另外一些人担心一种不太和谐的结果。他们预见的是殖民，而非共生。当然，受聘于一家个人基因组公司的科学家发表的下述声明，引起了人们的担忧："我对（X）疾病一无所知，但是……一般来说，我们的理念是收集大量数据，尝试让数据自己来说话，找出里面有什么故事。"对这位科学家而言，缺乏对X病的先验知识不是问题，而是他赞美的一种力量："我到处与生物学家谈话，说道：'是的，我不懂生物学。我为此自豪。这让我的工作变得更好。'"[99]他认为，假设没有先验知识，研究人员也能通过查看研究所有数据，认识到"他们掌握了一段历史，这些数据不仅仅是X病"，从而为研究参与人员营造一种更大的尊重。[100]

尽管个人基因公司声称充分尊重他们的客户的复杂性，许多科学家、医生，实际上还有监管人员，仍觉得基因公司对客户身为人的尊重，还有对他们代表的数十年积累起来的科学和政府专业知识库的尊重微乎其微。[101]许多人担心"23与我"公司，就像它的主要资助方谷歌公司那样，不是为了帮助人体生物学获得理解，而是想要接管这一领域。2008年1月，英国《每日电讯报》的大字标题捕捉住了这种情绪："谷歌妻子的目标是世界DNA的统治权。"[102]

这些担忧变得深入人心，而且不仅仅针对"23与我"公司。自从人类基因组计划开始以来，生物学家一直在担心一项大规模的科学接管行动出现，机器、金钱和一个无意识的技术官僚机构会在接管之际取代由社区主导的小型知识生产活动。[103]在人类基因组计划进行过程中，一个基因组官僚机构在美国国立卫生研究院成长。实际上，"23与我"公司试图动员已有的对这一既定的强大秩序的不满，来推动该公司的研究革命。武伊齐茨基和埃维承诺"民有、民治、民享"的研究，而不是为这一既定秩序服务的研究。[104]虽然这是一个令人信服的愿景，但仍有许多生命科学家表示担忧。这项为人民的科学是否会强制让人民离开，而让机器和拥有机器的跨国公司接管呢？

他们的担忧在30年前形成的社会思想中就有先例。利奥塔尔在他的《后现代状态：关于知识的报告》中，准确预言信息处理机器将永远改变知识的本质。对个人基因组的故事而言最引人注目的是，利奥塔尔预言，随着人们认为社会只有通过"丰富的信息和便利的解码"的信息传播才能进步，对国家支持的认知信念将会衰退。在这个新世界里，国家代表系统中的噪声，它阻碍了"通信的透明度"。[105]

30年后，个人基因组公司认为，这种信息透明度应当取代以国家为中心的基因组学方法。《个性化医学联盟标准报告》认为，容易获取的信息，而不是一致的测试结果，应当是目标。[106]武伊齐茨基和埃维认为，国家及其加强隐私权和阻碍信息流动的各种工作是不公正的。

个人基因组公司最早公开提出基因组信息要摆脱不公正的国家监管的构想。然而，他们不会是最后一批人。今天，西方国家的许多人，包括我本人在内，都被要求参与打破旧的监管制度，从而去创造新的、畅通无阻的数据流动，让我们的医疗保健供应方未来彻底改变医学。我接下去所写的章节，正是要转向后基因组时代当前和最后的事业。

第七章

基因开放 2.0 版：公众对公众

> 问题在于有事实根据的真相，与其他所有真理一样，不容分说地宣称被承认和排除辩论，而辩论构成了政治生活的本质。
>
> ——汉娜·阿伦特，《过去与未来之间》

过去 10 年，我耗费了很大一部分时间进行研究，写下了这一本书，与其他人讨论如何采集和分析 DNA，从而使人类基因组可以变得对所有人有意义和有益，而现在我面临决策。2013 年年初，我去锡安山加利福尼亚大学旧金山分校医学中心做例行年度体检。8 个月前，加利福尼亚大学旧金山分校校长苏珊·德斯蒙德–赫尔曼在《科学·转化医学》上撰写了一篇社论。在这篇社论之中，她宣布患者处于"最佳位置"去了解患者隐私规定的问题，也会去要求共享为"所有人在等待的加速治愈"所需的患者数据。[1] 她列举了艾滋病毒携带者/艾滋病患者支持共享的这一个鲜明的例子。2013 年 1 月，在我的医生办公室里，我有机会成为另一个鲜明的案例。

在我办理预约手续时，有人递给我一块写字板、一支笔和一张加利福尼亚大学旧金山分校的服务条款表。我有一点时间，决定阅读这份文件，而不仅仅是签字了事。我一半心思在看表格，另一半心思在收听烹饪频道的节目。在节目告诉我该如何烹制可口的玉米粥时，我看到第四点："我也理解加利福尼亚大学旧金山分校在治疗和护理过程中，收集我的所有医疗信息和组织、体液、细胞和其他化验样本（统称为'样本'），可以让研究人员使用和共享。"这是德斯蒙德-赫尔曼设想的共享。根据她的说法，这是我帮助我的医生对基因组实现医学突破做出贡献的机会。[2] 然而，我并不高兴自己有了这种权利，反而感到不舒服。我没有在表格上签字，而是把它塞进背包里，我希望仍然能够得到医院的照料。

"我的所有医疗信息和组织、体液、细胞和其他化验样本……让研究人员使用和共享"是什么意思？我住在波特雷罗山，注视过的加利福尼亚大学旧金山分校米申湾校区的大型生物医学校园。这个校区就在山对面旧金山铁路站场原址上拔地而起。

我知道湾区每百万公民拥有的生物技术专利数量排名全国第一。[3] 我了解硅谷希望下一次繁荣会从利用信息技术来到生物技术。我意识到，许多人认为从数百万人那里收集数据和人体组织，并且公开分享，是一个必要而关键的步骤。我不知道的是这一切对我本人和我的同胞意味着什么。尽管有人用我能够理解的表格来告诉我，我还是一无所知。

接下来的几周，我与朋友和同事讨论了这次经历。许多人对加利福尼亚大学旧金山分校规定将个人数据和组织共享列为一项服务条款表示惊讶。一些人鼓励我亲手写一篇社论。我反对这么做。我不提倡公开批评自己雇主的政策。更重要的是，我担心自己不是德斯蒙德-赫尔曼想象的一个拥有公民意识、寻求公正的共享拥护者。对许多人而言，共享信息和知识是21世纪为一个公正、民主的公共领域奋斗的前沿阵地。[4]

加利福尼亚大学旧金山分校米申湾校区(林赛·狄龙拍摄)

互联网档案馆开放式图书馆项目的首席架构师、源代码开放/数据开放运动的杰出成员阿龙·斯沃茨,在几周前刚刚去世,有些人会说他是版权战争的受害者。[5]人们觉得围绕共享承诺的团结一致尤为重要。

不过,我不觉得关于共享的所有强制措施都发自同样的激进精神。在加利福尼亚大学旧金山分校的服务条款表上签字,是否能为普及知识、公正和健康的事业服务呢?我觉得需要为公众讨论这个问题开辟一个空间。于是,我决定动笔。

2013年3月3日,题为《患者是否应该理解他们是研究对象?》的文章在《旧金山纪事报》的周日杂志《顿悟》头版刊登。[6]我立刻从陌生人和邻里那里听到类似的声音。一个人告诉我,她拒绝签署类似的表格,这导致与她的医疗供应方在提供护理条件方面发生争执。另一个人则给编辑写了一封信,将加利福尼亚大学旧金山分校是否有权从我这里收集数据和人体组织的问题与约翰斯·霍普金斯大学是否有权从海瑞塔·拉克斯身上收集细胞的问题联系起来。关于这个问题,《旧金山纪事报》的这位读者明确表示,这不仅仅是谁受益的问题,而且是一个谁获利的问题。[7]

我本人不关心谁可能会从我的数据和细胞集合中获益。事实上,这个问题看来可能永远不会出现。然而,当医疗保健越发紧密地与生物医学研究结合的时候,我的确担心医疗保健发生了什么事情。[8]我关心的是在科学研究适应新的大数据世界和后者给医学突破带来希望的同时,它究竟发生了什么。[9]我一个人(对自己)身体的控制权利被侵蚀。最后,在基因组学的开放性准则不仅用来指导科学家的行动,也去指导所有人的行动时,我对这一准则的意义提出了质疑。人类基因组应当处于开放领域,但是我的基因应当吗?所有人的基因组呢?公开分享我的身体组织和数据有什么价值和意义?它会被共享还是取走?[10]

第七章　基因开放 2.0 版：公众对公众

本章试图通过探究当一批美国公民与研究人员同意共享他们的DNA、医疗记录等其他更多信息时发生过什么事情，来回答这些问题。这些公民参加了个人基因组计划，这是一个以哈佛大学为基地的项目，由乔治·丘奇领导，他渴望对数百万公民的整个基因组进行测序和公开共享。

虽然这 10 年中从一开始就有人强烈呼吁将人类基因组从私人的封闭环境中拯救出来，却以这一让数以百万计的基因组公开的项目结束。然而，与人类基因组计划不同，个人基因组计划并未获得广泛支持。虽然政府资助的科学家辩称，让企业利用财产权来为人类基因组圈地是不公正的，然而在丘奇和德斯蒙德-赫尔曼这样获得大量私人资助的科学家辩称政府使用隐私权去阻碍基因组信息自由流通的时候，道德的清晰度并不那么明确。

个人基因组计划发现自己处在上文这些后基因组时代的条件下，重新制定开放准则的前线。在这些条件下，公与私、好与坏、正面人物与反面人物之间没有明确的界限。个人基因组计划的支持者极力主张隐私权很难实现，也不可能得到保证，而且公正的伦理规范只能从这一真实情况出发。然而，真实情况和公正其实更加令人担忧。在一个精准医疗承诺的公共产品需要公民的个人信息和他们自己的血肉的世界里，公民能期望享有什么权利呢？这个问题的答案不是那么容易出现的。

当这些问题最初出现时，我正好在杜克大学的基因组科学与政策研究所。人类基因组计划时期，出任詹姆斯·沃森政策顾问的罗伯特·库克-迪根，刚刚成立了一个公共基因组学研究中心。米沙·安格里斯特刚刚到达杜克，他将成为第四位通过个人基因组计划对自己的全部基因组测序的人（代号 PGP-4）。正是在这样的环境当中，我首次得知我的同事和朋友们很快就有可能在某一天对自己的基因组进行测序。我与他们一同了解到,这些华丽的新世界正在被锻造出来。[11] 他们将会继续书写自己的故事。[12] 本着寄望于库克-迪根、安格里斯特和其他人设想的公共基因组展开辩论和对话的精神,下面我将书写自己的故事。

从百慕大到波希米亚:开放 2.0 版

2009 年 4 月 25 日,即沃森和克里克发现 DNA 的周年纪念日,哈佛大学发起一个项目,计划对 21 岁以上,自愿公开共享基因、医学和生活体验数据,并且能够通过基本基因知识测试的所有美国居民,进行基因组测序。这个项目——被称为"个人基因组计划"——试图实现哈佛大学教授和早期的基因组测序权威乔治·丘奇长期坚持的梦想:让基因组为每个人服务。[13] 20 世纪 60 年代,9 岁的丘奇就制造了一台电子计算机,他相信每个人都能够为未来编程。人类基因组计划之后,这意味着编程的对象不仅是计算机代码,还有遗传学代码。它需要的不仅是一台笔记本电脑(如一台 MacBook Pro),还需要一台笔记本电脑测序仪(如离子流测序仪)。[14]

为实现这一愿景,丘奇预见到基因组开放规范的一次激进式改变。虽然人类基因组的最后测序在一个开放的领域结束,但其生产工具——测序仪——仍然牢牢掌握在垄断巨头应用生物系统公司手中。丘奇热烈地辩称,应用生物系统公司的这种垄断扼杀了创新和民主。只有少数几个中心能负担应用生物系统公司售价昂贵的机器。[15] 这种力量的集中化预示着一个反乌托邦的社会性未来,而且延缓了测序技术的改善进度。据丘奇的说法,那些试图修补应用生物系统公司仪器和进行创新的人,收到过恐吓信。[16]

2012年，美国生命技术公司推出了一项广告活动，旨在证明其离子流测序仪非常简单易用，可以与你一同乘坐一辆迷你库珀轿车旅行（照片由赛默飞世尔科技公司提供）

丘奇着手推翻这种垄断。他预测，对测序的需求不会随着人类基因组计划的完成而枯竭，反而会随着所有人对各自的基因组产生兴趣而腾飞，从而创造出"一个拥有60亿碱基对的10亿到60亿人的市场"。这将创造极多的需求去推动竞争和创新。[17] 然而，有两个重大障碍：1988年的《临床实验室改进修正案》（CLIA）和1996年的《健康保险携带和责任法案》（HIPPA）。第一个障碍，《临床实验室改进修正案》是美国联邦法规，用于管理人体样本的临床实验室试验，旨在确保实验室试验结果的准确性、及时性和可靠性。第二个障碍是《健康保险携带和责任法案》，这项美国联邦法规，管理的是法律描述的受保护健康信息的使用和披露。由于大多数测序实验室未经《临床实验室改进修正案》认证或《健康保险携带和责任法案》授权，这两项法规都阻碍了基因组测序人员向个人提供基因组序列数据。

个人基因组计划试图去改变这种对基因组数据的保护主义措施。2010 年，个人基因组项目主管杰森·博贝向我解释道："整个项目是一个围绕这一问题的工程性项目。这个问题就是项目的起点。"[18] 事实上，个人基因组计划发表的第一篇论文并不是一篇描述研究目标和成果的传统期刊文章，而是一篇概述解决基因隐私问题新伦理措施的政策性论文。在《自然综述：遗传学》上发表的一篇题为《从基因隐私到开放同意》的文章中，生物伦理学者琼蒂内·伦绍夫、露丝·查德威克和法学家丹尼尔·沃豪斯，与乔治·丘奇共同主张，研究人员再也不能履行为研究对象保密数据的承诺。一项开放式同意的政策更为现实、诚恳，会让研究的"志愿者同意不受限制地再披露"他们的健康记录和他们的"基因型-表型数据"。[19] 博贝认为，这项政策是"个人基因组计划的基石"。[20]

开放式同意，公开技术

个人基因组计划的带头人设想，开放同意促进的不仅是公民科学，还有创新。博贝解释道，事实上，这对解决"下一个层面的各种技术工程问题"极其重要。[21] 为了理解个中原因，就要考虑到人类基因组计划结束时，一个经过指定并且得到同意的 DNA 核心来源就枯竭了。没有需要测序仪的 DNA，而是有需要 DNA 的测序仪。由于隐私法规的限制，没有 DNA 用于测序，也就无法测试和改善仪器。个人基因组计划试图通过让个人在充分意识到他们的隐私不能得到保护的条件下捐献 DNA，"进行围绕这个（隐私权）问题的社会化工程"。[22] 个人基因组计划的第一位参与者丘奇在 2012 年出版的《再创世纪》一书中，用详细的叙述，将他为了个人基因组计划捐献的 DNA 集合和测序仪的发展联系到一起："我的组织样本是在 2005 年和 2006 年被采集的。我的实验室已经开发或设计了目前 36 种商用新一代测序技术的大部分，我们会在这些技术成熟时对其进行测试。第一组样本在加利福尼亚州芒廷维尤的'全基因组'公司（Complete Genomics）完成测序。"[23] "全基因组"公司一直是基因组测序业务的主要参与者，2013 年被测序巨头北京华大基因收购。个人基因组计划为该研究所提供了该项目首批基因组中的一些样本进行测序。

个人基因组计划的参与者提供的样本不仅将用于测试新测序技术供应，还将用于测试使用数据的各种平台。丘奇设想的开发平台，可供信息在人和机器之间自由流动。个人基因组计划的参与者将免费获得他们所有的个人基因组数据。事实上，通过这些平台，所有人都可以自由访问个人基因组计划参与者的所有数据。

对丘奇和其他个人基因组计划人员而言，这种对公共个人基因组的承诺不存在逻辑或意图上的矛盾，企业在这种公共个人基因组之中发挥了核心作用。自从人类基因组计划开展以来，时代已然改变。企业不再威胁要通过锁定基因组的产权，来窃取公民的共有遗产。相反，它们是创新过程中的重要合作伙伴，在索取的同时也在给予。[24] 为了给予人们有价值的信息，研究者们首先需要人们给予他们 DNA。他们将使用这种 DNA 来测试和开发更快、更便宜和更精确的测序机器。其目标，是一个价值 1000 美元的基因组就能让所有人都接触到基因组学。丘奇在他 2006 年的《为了人人的基因组》一文中说道："'1000 美元的基因组'已经代表了 DNA 测序能力的前景。这种能力使个人负担得起，乃至于人们可能会认为，用千载难逢的一次性支出获得一个完整的个人基因组并记录到光碟上供医生参考是值得的。廉价的测序技术还可以通过将能够研究基因组的研究人员的数量和能够用于研究比较个体疾病与健康差异的基因组数量相乘来理解这些信息，从而了解疾病和健康情况的个体差异。"[25] 对 DNA 的开放式获取将会开发出更为优越、更为廉价的机器，最终获得的基因组数据会对所有人有意义和益处。

丘奇和他的追随者积极地相信这种开放、包容的措施，这种办法不仅扩展到数据，也扩展到了机器。虽然在丘奇的早期著作，包括《为了人人的基因组》之中，他将"个人"和"研究者"区分开来，但最终，他和他的追随者预见到了一个世界。在这个世界里，所有的个人都能成为研究者，不仅可以获取他们的数据，还可以获取生产工具。正如博贝向我解释的那样："在我想象的未来，DNA 测序技术和其他技术是完全分散的。人们获取它们，并且自行生成它们。"[26] 这是个人基因组计划的支持者设想的开放技术和个人定制化生物学（DIY 生物学）的激进世界。[27] 正如计算机从机构拥有和控制的大型机转变为公民拥有和操作的个人计算机一样，博贝预测基因组学将从一种大规模的政府和企业控制的事业，转变为公民的一种日常活动。它将以一种类似于个人计算脱胎于大型机计算的方式，在基因组学中出现。[28] 最终基因组测序仪将会非常便宜，乃至我们所有人都会将它们放置在我们众所周知的场所里。

然而，为了让这种设想变成现实，工程师需要打破医学界和企业界对基因组测序的垄断。个人基因组计划人员相信，这具有迫切的可能性。个人基因组计划的第四位参与者米沙·安格里斯特向我做出了解释。

安格里斯特：你不需要一家跨国公司来制造一门土豆炮。
作者：你是说测序仪就是一门土豆炮？

安格里斯特：我在说的就是这个……我是说生物工程……是家庭手工业。它不是微软、谷歌或 IBM。[29]

过去小伙子们在他们家的后院里用土豆炮发射土豆，了解牛顿的运动定律、梦想外部空间。现在，他们将创造测序仪，学习遗传学规律，想象人体内部空间。[30] 博贝断言："这是我们在有生之年将会体验到的未来世界。"[31] 但是，只有当我们摧毁主流生物医学机构将基因组序列锁在科学巴士底狱（例如学术和医学研究实验室）里的根深蒂固的做法，才能办到。[32]

这是一个激进的开放式科学愿景，因政府法规的不合时宜和廉价技术的兴起而成为可能。未来，不公正的代表（例如应用生物系统公司、国立卫生研究院）将不再控制获取基因组信息的途径。所有怀有兴趣的小组都有权使用他们自己的、在社区实验室里的廉价台式测序仪直接观察他们的基因组序列。2010 年秋，博贝向我解释道："为了组成一个社区，我们正在开始建设这些社区实验室。还有一个我迫不及待想去走访的地方，就是布鲁克林人称为'基因空间'的地方……他们今年晚些时候就要开业，开始以每月 100 美元的价格出售会员资格，这样你就获准进入生物实验室……他们在布鲁克林有一个非常棒的空间。在这座真正的波希米亚风格的七层大楼里，有舞者、设计师和厨师……你可以用便宜的价格租一个房间。"[33]

开放的人类

可是，在基因组学能够成为开放的科学之前，首先需要有开放思维的人类。在丘奇想象的世界里，这些人相信他们能创造一个 DNA 网络，让所有人都能阅读生命密码。[34]个人基因组计划的第四位参与者米沙·安格里斯特解释道："就像Linux代码对所有人都可用一样，我是参与者1号，我的代码将对每个人都可用。他（丘奇）希望找到其他怀着同样想法的人。"[35]丘奇相信，有足够多的人——10亿甚至更多人——愿意创建一个不受肉体限制的信息网络。这一"数据网络"是由快速、廉价的测序仪器和开放同意协议带来的，将让数据产生前所未有的增长，以指数式的增幅加强研究的力量。[36]2014年1月，奈特基金会和罗伯特·伍德·约翰逊基金会授予杰森·博贝和个人基因非营利组织的马德琳·鲍尔50万美元去创建这一数据架构，他们和他们的合作者将其称为"开放式人类网络"。2013年夏天，博贝向我解释道："个人基因组计划将会成为开放人类的一项交互式操作性研究。"[37]

开放的人类在精神和意图上与"突触"数据库相似，这是赛智生物网络（Sage Bionetworks）建立的一个数据共享区，赛智生物网络是默克公司的前高级副总裁斯蒂芬·弗兰德创建的一个非营利组织。[38]个人基因组计划给予约翰·威尔班克斯，这位知识共享组织的科学副总裁和赛智生物网络的首席共享官，一份个人基因组计划的开放同意表格的副本。威尔班克斯用这份副本起草他称之为"便携式法律同意书"（PLC）的文件，这是一种新颖的同意书工具，旨在将个人允许研究人员处理他们的数据转变为自己对其数据进行处理。[39]便携式法律同意书并非等待研究者提出要求，而是让人们能够在一开始就将他们的数据放入一个公共数据共享区。同样，开放人类试图让人们控制他们的数据，与研究人员共享。威尔班克斯预测，如果有足够多的人这样做，私人系统的问题将变得无关紧要。公共领域数据的力量将压倒私人的圈占："如果用于将这些（数据）加载到一个开放式系统的基础设施已经到位，你已经创建了这样一个想法，即患者应当拥有自己的数据副本，那么在这一封闭圈占区域内部发生的所有事情都无关紧要。如果有足够多的人选择进入一个公共区域，那么你就投入了公开竞争。"[40] 这些新的开放数据共享平台的倡导者认为，这将从根本上改变研究的方法。博贝和鲍尔在"开放人类"网站上解释道："我们认为一个关键的开放人类群体将开始一场数据共享的扩张。反馈和发布数据可以变成改变卫生研究公众形象的标准化实践。"[41]

一路向下的开放

虽然倡导者认为开放基因组和开放人类会迎来互联网的第二次高光时刻，是人类自由事业和创造力的力量，美国国立卫生研究院和哈佛大学审查委员会却有不同看法。据报道，国立卫生研究院管理测序技术拨款的负责人杰夫·施洛斯，认为丘奇没有充分解释为何要允许个人基因组计划在不同的知情同意规则（即开放同意）下行动。[42] 更重要的是，据报道，当谷歌看起来准备向个人基因组计划提供数百万美元时，国家人类基因组研究所的领导层告诉谷歌，他们认为个人基因组计划将会让个人基因组学倒退 20 年。完全测序的基因组具有的价值对个人来说未经证实，而且存在太多的隐私风险。[43]

个人基因组计划对这些担忧的反应仍然保持一致：更加开放。为了让各种风险尽可能透明，它出台了一份 24 页的单行距知情同意书。这份表格非常详细地（用了将近 6 页单行距的篇幅）解释了个人数据被广泛使用的风险和可能的后果：各种非亲子关系的指控、在犯罪现场放入某人的 DNA、拒绝雇用、媒体的接触等等。这份表格还警告道，所有风险都无法预知。"个人基因组计划是公共基因组学研究的一种新形式，因此，不可能准确地预测你参与这项研究可能会遇到的所有风险和不适。"⁴⁴ 他们相信，真实性是最为重要的。⁴⁵ 他们不能保证隐私，因为这在技术上是不可能的。他们不能保证全面披露，因为未来是不确定的。

他们也不能完全信任知情同意书。不阅读同意书就点击"我同意"实在太容易了。⁴⁶ 因此，为了进一步确保所有个人基因组计划参与者知道他们正在签字同意参加的是什么，参与者必须正确回答个人基因组计划准入测验的所有问题。这项测验涵盖了从遗传学基础到人类学科研究伦理史，再到个人基因组计划的各种具体做法和风险等方方面面。⁴⁷

在所有这些方方面面中，个人基因组计划的架构人员都试图建立一个坚持开放和透明原则的项目。⁴⁸ 他们认为，任何不同的东西都违反了自由民主对真实性的承诺。正如怀特黑德生物医学研究所的亚尼夫·埃尔利赫和哈佛数据隐私实验室的拉坦亚·斯威尼证明的那样，基因研究的参与者只需使用几条信息（如性别、邮政编码和出生日期）就能重新确认身份。⁴⁹ 个人基因组计划领导层认为，要保证隐私，就必须对参与者撒谎；隐私在传播空想和幻想。个人基因组计划试图揭露真相。正如米沙·安格里斯特解释的那样："个人基因组计划有助于指出皇帝没穿衣服，绝对的隐私和保密性是虚幻的。"⁵⁰ 在朱利安·阿桑奇、维基解密和爱德华·斯诺登的时代，个人基因组计划人员相信国立卫生研究院承诺的研究对象的隐私处在危险之中。

> 事情正在揭破。数据会泄露出来，你最不想做的就是向某人承诺（隐私权），这些人出于自己的善心，因为他们已经罹患癌症，或者其他什么疾病，他们想要回馈研究，做出贡献……如果有什么事情会阻碍基因组学的发展，那不会是个人基因组计划，

而会是某种丑闻,例如突然全国都意识到这个数以百万计的美国人正在参与的项目完全被破坏,在这中间有艾滋病病毒、性传播疾病以及所有易传播疾病的最为隐秘的细节。[51]

正如2015年阿什利·麦迪逊的黑客事件让数百万人清楚地感受到痛苦那样,互联网上的一切都可以被公开,无论你喜欢与否。[52]个人基因组计划的支持者认为,基因组学的未来取决于认识到这一事实。

从事实到实践

尽管原则上很清楚,但如何创建透明和公开的基础设施却表明这一点并非不证自明。即便对个人基因组计划参与者的样本所发生的事情进行可见信息处理(例如,他们在实验室走流程的日期和次数)都受到了重大挑战。此举要求个人基因组计划合作伙伴将这种透明度设计到他们的信息系统中,这项任务耗费时间和精力,而且并非一蹴而就。例如,科里尔医学研究所将个人基因组计划样本转化为细胞系,只提供了关于个人基因组计划样本的零碎信息。[53]正如百慕大原则一样,让数据发挥作用需要投入各种资源,但并非每个人对此举可行的时间和地点都会达成一致意见。

不同的价值观也对什么信息可用于测序仪产生了作用。丘奇试图创造一个平台,对他所谓的"开放技术"进行创新。他相信从设计到消费,这些机器输出信息的全过程都应当公开进行。可是,那些支持丘奇的下一代测序仪——"极化器"(Polonator)测序仪开发的公司却犹豫不决。丘奇希望从软件到硬件都引入Linux方法,让极化器测序仪处于开放领域。阿根考特个人基因组公司(Agencourt Personal Genomics)

从哈佛大学购买了该专利的许可证。当时,他们同意让极化器测序仪开放资源。然而,阿根考特公司在获得许可证不久,就开始质疑开源方法。几年后,为了保持其在测序市场的地位,应用生物系统公司——丘奇试图打破其测序仪垄断地位的那家公司——决定开发使用极化器测序仪的聚合酶菌落测序法仪器,并收购了阿根考特公司。阿根考特随即放弃哈佛的许可证。丘奇实验室的一位成员解释了深层次的动力:"开放式技术看来为时过早,因为开放硬件有点困难。软件非常棒,是因为复制、编辑和共享你的副本并不关键……购买硬件要花些钱。还有基础设施成本……然后有试剂成本……况且人工劳动的时间很难安排到一起。软件则相反。"[54] 丘奇梦想降低测序仪的成本,使硬件成本接近软件成本,让所有人都能使用。然而,现实是这些机器不可能免费。和人类基因组计划时代一样,它们需要持续大量的资金和劳动力,而不仅仅是一点点投入。[55] 因此,虽然丘奇尽了最大努力,但测序仪没有在所谓的自由经济中流通。[56] 它们仍然是财富1000强公司的产品——在这个案例中,就是收购应用生物系统公司的阿普雷拉(Applera)公司。[57]

科里尔医学研究所和应用生物系统公司并非仅有的限制信息自由流动的机构。个人基因组计划本身在面临资源限制、考虑自身的价值观和目标时,也设置了限制。开放数据需要各种资源,因此必须要做出决定。例如,决定参与者是否可以访问对他们的基因组进行测序产生的所有原始数据。正如博贝解释的那样:

这是一场早就在进行的辩论。最原始的可计算数据实际上是太字节和每个基因组图像数据的太字节,这纯粹是一件可实践的事情……甚至在此之前,也存在各种光点。有些工作人员会说:"哦,这个尖峰是腺嘌呤(A),这个尖峰是胸腺嘧啶(T)"……

因此，参与丘奇实验室工作的人中有一位天文学者，是一位专攻数学的女性。（她）将光点当作群星，用预测光点距离和构成的各种方式来测量……（个人基因组计划）正在将望远镜的另一端伸进极化器测序仪的显微镜。同样的数学方法也适用。于是，她能够继续下去，获得一种更好的从这些图像中提取数据的能力……这太好了，但是太耗费资源了。看来，为了每个人都去做这件事是在浪费时间。因此，我们会做一些决定。[58]

个人基因组计划本身没有寻求改进测序机器的运算程序，而是去创建其他人可以使用的一个平台。因此，个人基因组计划领导层决定不存储和提供对个人基因组计划参与者原始测序读取的开放式访问。

价值观和个人基因组计划项目的目标除了塑造在开放中存在什么信息之外，还塑造了人类参与个人基因组计划的公开领域。虽然丘奇、博贝和安格里斯特试图向任何能够满足开放同意标准的人打开基因学的大门，但今日的个人基因组计划参与者与向任何人开放的目标还是相距甚远。2013年夏，当我询问博贝谁组成了个人基因组计划项目组时，他回答道："大部分是白人。这与人口比例不相称。于是，我们的第十位参与者是一个非裔美国人，这样非裔在群体中就占了十分之一。在一段非常短的时间内，我们的比例就与人口比例相称了！可是，很少有非裔美国人参与其中。我对其他族裔的比例究竟是多少没概念，不过我知道非裔美国人极其稀少。"事实上，科里尔医学研究所将其个人基因组计划样本的85%归类为"白种人"，不到1%是"非裔美国人"，不到1%是"华裔"，2.5%是"其他亚裔"，还有不到2%的西班牙裔美国人。[59]

人们一直担心生物库采集的样品缺乏多样性，不过对个人基因组计划而言，这种多样性的缺乏并不是一个核心问题。[60]博贝解释道："我们还没有进行任何人员招募。多样性对研究当然重要，可是我真的不想处于一个在人们不想共享数据的时候，试图说服他们的位置。"[61]在没有诱导或约束的情况下公开自由行动是构建个人基因组计划的主要价值。多样性是重要的，不过可以在晚些时候来到。目前，个人基因组计划拥有的样本数已绰绰有余——至少是它可能排序的数量的10倍，可以构建它的体系和了解如何进行扩展。"在这个时间节点上，我们还不想或不需要去招募人员。我们仍在构建和思考规模问题，希望多样性问题能以两种不同的方式得到解决。这是一个问题，但对我们来说并不棘手。"[62]

开放，但是包容吗？

个人基因组计划的发展源于一个宏大的愿景，即为基因组学和生物医学信息构建一个开放的平台。这个平台将解放技术创新，恢复萨尔斯顿担心失去的开放式科学的世界。这个项目承诺进行一场革命，推翻国立卫生研究院保护精英研究人员和根深蒂固的官僚作风的统治。它试图创建一个民有、民治、民享的科学。这一愿景的象征，即2011年6月14日，杰森·博贝和其他DIY生物学运动的核心成员，主持召开北美DIY生物学大陆会议。"个人和代表"援引美国独立的遗产，聚集在一起讨论各项基本原则。[63]在这一全新的生物学政治和美利坚合众国中，奠基人都相信公民应当具备道德素质——或"美德"——让他们能够为追求公共利益而抛开私利。[64]在实践中，当时和今天的这些公民全部或者大多数都是白人。正如个人基因组计划的一位参与者在2014年个人基因组计划组织的"基因、环境和个性"（GET）会议上解释的那样，大多数人进入个人基因组计划，是因为他们对"想象力科学"感兴趣。他们是技术科学的狂热爱好者，今日这一群体仍然远不能代表人类的多样性。[65]

与美利坚合众国早期一样，这种多样性的缺乏引发了人们对个人基因组计划公正主张的各种含蓄和明确的质疑。[66] 2012年的"基因、环境和个性"会议上，这些问题几乎没有浮出水面。如我在野外笔记中描述的那样，会议组织者声称正在打破基因组学周围的壁垒，好让非专业人士进入。尽管如此，壁垒仍然很高。环顾四周，众人主要由身着清爽衬衫和牛仔裤的年轻人和一群年纪较大、身穿卡其裤和夹克的人组成。甚至当埃丝特·戴森上台宣布她的专家组将超越小组讨论，去询问"世界其他地方"的个人基因组计划是如何构成时，仍然是所有白人，以及仅仅一个看上去不是白人的先生，组成了这个"世界的其他地方"。组织者宣布墙倒了，可是类似这样的障壁让墙看起来仍然很高。[67]

我不是唯一一个注意到这个问题的人。在一个名为"现在你已得到你的基因组，那么现在有什么？"的突破会议上，个人基因组计划的一位科学家解释道，个人基因组计划的第十位参与者，一位自我认同为非裔的美国人，"得到了许多奇怪的东西"，因为他是一个非裔美国人。直到我举手提问"为什么"之前，我什么都没说。个人基因组计划的这位科学家回应道，完成的大多数基因组学研究都是针对"白种人"的，因此"非裔美国人"的变体看来是独一无二的。个人基因组计划的一位参与者回答道："这是个问题。个人基因组计划的回应会是什么？"个人基因组计划科学家的解释，就像当初博贝对我说的那样，他们希望人们自由选择参加个人基因组计划。因此，他们没有试图招募任何人，包括那些在个人基因组计划中代表性不足的人。[68]

个人基因组计划对开放性的激进拥抱,在许多人眼中,被视为继承了人类基因组计划的"公共基因组学"衣钵。[69]这个项目又一次由一位仁慈的蓄须科学家领导,这一次不是由英国女王授予骑士头衔的约翰·萨尔斯顿爵士,而是被美国喜剧演员斯蒂芬·科尔伯特称颂为"上帝"的乔治·丘奇。[70]然而,就在表面之下,许多人觉得有些事情不太对劲。正如项目不会包含所有信息一样,它也不会包含所有人。这些排除性表明了塑造个人基因组计划的主要价值观和目标:技术创新;快速、廉价和广泛可访问的基因组测序。正如许多接近该项目的人解释的那样,当丘奇滔滔不绝地谈起伦理学时,他的主要目标是推进测序技术:"他(丘奇)的头脑里有崇高的哲学思想吗?他当然有,但他本质上是个发明家。他是个技术专家。他是个喜欢捣鼓器具的人……个人基因组计划将会成为他的测序技术的例证。"[71]博贝赞同道:"个人基因组计划的开始源于乔治是一名技术专家,他想根据人类基因样本评估新的基因组技术,并看看它们的表现如何。"[72]无论是哪种人类样本,都无关紧要。重要的是个人基因组计划的样本数量和进度。正如2010年的一份个人基因组计划出版物解释的那样:"个人基因组计划旨在进行大规模扩张的公共基因组学研究——以及开发和评估相关的技术和研究。"[73]

公众对公众:后基因组时代科学与公正的结构之争

虽然对于技术发展而言,"哪一部分人类"的问题并不重要,但是对于科学和公正而言,这个问题至关重要。一个以白人为主的参与者群体让个人基因组计划回到10年前基因组科学家面临的各种问题上来:基本上是白人男性科学家和工程师建立了基因组学领域,数据库中的

DNA 反映了这一点。存储在基因组数据库中的基因组多样性影响了科学家解读它们的能力。[74] 现今状况与 20 世纪 80 年代乔治娅·邓斯顿面临的人类白细胞抗原分型问题很相似，即缺乏非裔美国人的人体数据，导致难以了解和关心非裔美国人。[75] 建立一个其中大多数人被确定为"白种人"的公共数据库，可能会加剧卫生信息的这种既有差异。虽然个人基因组计划可能是开放性科学，但它会是一门公正的科学吗？它会为谁的利益服务？

在隆重披上公共基因组学的外衣时，个人基因组计划清楚表明，它打算为公众服务。哈佛网站上对人类基因组计划的描述清楚说明了这一信息："我们相信共享对科学和社会有利。我们的项目致力于创造每个人都能获取的公共资源。"[76] 回到默顿科学的准则，丘奇和个人基因组计划接受了开放性准则。然而，与默顿不同的是，他们并不认为技术与这一准则冲突。事实上，他们的想法恰恰相反：技术会促进开放。这并不是因为他们认为在美国联邦政府与贝尔电话公司的官司当中被奉若神明的"技术即财产"的概念已经不再适用，而是他们相信发明家可以为自己的发明申请专利。事实上，丘奇为数十家公司提供建议，也接受它们的支持，其中包括默克和礼来这样的大型制药公司。[77] 自 1989 年以来，他被确定为 64 项专利的发明人。[78] 丘奇不反对专利和私有财产。相反，他相信自己的专利技术可以促进信息的自由流动——例如，通过让 DNA 中包含的信息更容易阅读来实现。

丘奇和个人基因组计划认为，是政府的隐私权，而不是公司的财产权在阻碍开放。与占主导地位的故事相反，他们将公共部门，而不是私人部门定位为向人民传递知识和力量的障碍。这一次的战斗不是在公众和私人之间，而是基于公众利益而产生的基因组学内不同的做法之间。[79]

在一个企业资助科学的时代，在公共场合为了公共利益的行动，仍然强有力地定义善意的科学。[80]然而，"公共"和"公共利益"包含的内容是一个争议较大的问题。这些竞争的结果是很重要的。事实上，个人基因组计划的一些人员怀疑国立卫生研究院认为他们的项目威胁到了隐私权——进而威胁到公共利益——是为了不去打开挑战既定研究模式的大门："为何我们没有得到资助？我认为部分原因是这个项目在做这样一件事的时候太不合标准了。资助它就等于认同一种含蓄的说法，即许多现有的研究正在以错误的方式进行。"[81]个人基因组计划对"公共"的援引同样促进了他们对基因组学的研究。

无论这些推测的真实性如何，显而易见的是，无论公共对私人还是公共对隐私的简单对立叙事框架，都漏过了在塑造知识和公正的斗争中遇到的当代各种现实复杂问题。至少在西方，许多哲学家、政治理论家和法官并不反对财产权和隐私权是良好公共治理的基础，反而对此表示理解。例如，美国政体的奠基人相信，一个不受制于公共监督的私人空间对于培养独立和自由至关重要。[82]尽管私人空间被证明是最重要的，但这并非唯一的价值。[83]正如田纳西州最高法院在沃恩诉费布斯案中断言的那样："这个地区的自由……并不局限于其对隐私权的行使。"自由"从厨房和棉田转移到法院和选举地点（都有效）"。[84]简而言之，自由有私人部分和公共部分。[85]这一点并没有引发争论。引发争议的，是如何妥善界定私人和公共领域，以及自由在公、私领域中的实质。实际上，几个世纪以来，关于公共和私人恰当界限和含义的争论一直是自由民主国家批判性思考和辩论的核心。[86]

个人基因组计划的激进让许多人受到冲击，因为它声称隐私不再是政府或任何实体所能保证的东西。这的确是2007年夏安格里斯特带给我的《纽约》杂志上一篇题为《孩子、互联网和隐私的终结》的文章中传达的清晰信息。[87]虽然《纽约》杂志表示他们的论点只有30岁以下的人才会理解,但社会理论家长期以来都对私人和公共领域的内爆表示担忧。

阿伦特将这一现象追溯至"科学思维"的"现代社会"兴起时期,这一时期能让各国各民族将政府构想成一个被称之为"社会"的"超级人类家庭"的高效行政管理机构。当时,颠覆性的力量不是社会媒体,而是一个社会经济体。

> 社会领域的出现,严格地说,既非私人,也非公共,而是一种相对较新的现象,它的起源与现代社会的出现是一致的,在民族国家之中形成了政治形态……在我们的理解当中,界限是完全模糊的,因为我们在一个家庭的形象中看到人民和政治团体的实体,他们的日常事务必须由一个庞大的全民性的家政管理机构来处理。与这一发展相适应的科学思想不再是政治科学,而是"国民经济"或"社会经济"。[88]

阿伦特是德国犹太人,写作是为反思20世纪20年代末和30年代初经济危机期间纳粹上台掌权的现象。当时,德国的失业率飙升至33%。数百万人担心他们下一顿饭的着落。纳粹党承诺在全国范围内解决经济问题。它使家庭生存需求成为国家的中心职能。需求,而不是自由,来到集体生活的核心。结果,普通公民面临两难境地,即沃尔福冈·施多德1949年执导的广受好评的民主德国电影《轮流》中汉斯·本克面临的两难处境。[89]本克拒绝加入纳粹党,这让他失去了一份继续养活妻子和新生儿子的工作。他后来妥协了,加入纳粹党,再度将食物放在自家的餐桌上。然而,他再也无法畅所欲言。阿伦特试图去理解这种言论自由丧失的原因和后果,以及言论自由在被恐惧和需求驱动的民治社会中的替代品。在这个大众社会,私人领域和公共领域之间的区别消失了,每个领域保证的自由也随之消失。[90]

当然,当代人的关注与阿伦特和施多德的关注截然不同。[91] 然而,相似的是,生与死的问题再度引发了人们为更大的公共利益而放弃私人领域的权利的呼声。例如,去走访医生的办公室,不仅是去一个某人需要得到照顾的地方,而且是一个要求某人要照顾他人的地方。我被要求将我的身体组织和 DNA 给予我的医疗供应方,以便推进医学研究和改善医疗保健。如果我不为这一公共利益而放弃我的隐私权,那么危险的不是我桌上的食物,而是我的医疗保健。

个人基因组计划似乎可以通过在其知情同意书上说明不存在为参与者提供满足其医疗需求的东西,来避免这些困境。事实上,个人基因组计划的同意书告诉参与者,他们"不太可能因为(自己)参与个人基因组计划而以任何方式受益"。[92] 然而,个人基因组计划的一些带头人认识到,他们不能确保所有参与者都完全理解这一点。他们承认,有些人可能因为对自身健康的关注而加入个人基因组计划。[93] 其他人承认,如果像个人基因组计划这样的实践成功,那会是因为稀有疾病社区的支持,这些社区出于对新疗法的希望而有动力分享他们的 DNA 和数据。[94] 最后,个人基因组计划在更广泛的环境中运作,像加利福尼亚大学旧金山分校这样的大型生物医学机构明确地将对公共基因组学的支持与生死问题捆绑在一起。加利福尼亚大学旧金山分校在其"我为你"运动中,试图"动员公众"创建"一个新的社会契约,呼吁人们去取得自己和所爱的人的健康所有权"。[95] 这意味着分享他们的身体组织和医疗记录,从而让乔治娅这样的年轻女孩在他们的"我为你"运动中得以生存。

这是今天我们被要求共享数据的更为广阔的背景。在日常生活中，至少美国、英国和欧洲的公民可能会听到这样的说法：基因组数据将会改善医疗保健，甚至可以让癌症得到治愈。例如，2015年1月，我看完一部电影骑车回家时，看到了这个广告牌。

广告牌矗立在旧金山一个繁忙的十字路口，每天有成千上万的湾区居民经过。也许稍后，在脸书社区，这些同样居住在湾区的居民将会发现，他们能通过分享他们的DNA和医疗记录来协助加利福尼亚大学的各项工作。湾区居民将了解，他们不仅可以为科学提供帮助，还可以帮助社区以及所爱的人。我为你。公共利益先于自身利益。[96]

社区的利益以强迫同意的方式与科学的利益联系到了一起。在我的加利福尼亚大学旧金山分校的医生办公室里，即使不在面前的服务条款表上签字，我也不会失业，但我确实担心自己接受的医疗保健会

2015年1月25日，加利福尼亚州旧金山索玛区的广告牌（作者拍摄）

出问题。我也感受到强制分享令的道德分量。我不想去帮助我的同胞吗？在这种环境中，异议，甚至公开对话都变得很困难。

隐私的结束，故事的结束？

如今，减少个人和集体对隐私的投入有望扩大新的公共领域。然而，这些领域是何种公共领域呢？例如，他们能否培育公共对话的价值，而这种价值长期以来一直是"良好公共政府"的核心？

鉴于哈佛隐私实验室的拉坦亚·斯威尼对数百名个人基因组计划参与者的身份重新识别造成的个人基因组计划参与者之间的不便，在哈佛法学院权利法案项目主办的一个在线公共论坛上，个人基因组计划管理局成员米歇尔·N.迈耶对斯威尼的行为是否合乎伦理提出了种种质疑。虽然个人基因组计划参与者同意将他们的所有基因组和个人信息放到公共领域，但大多数人选择不透露自己的名字。虽然他们知道自己有被认出来的风险，但迈耶认为他们不同意刻意披露身份。她解释道：

> 在整个事件中，最令我吃惊的是，这么多人如此轻易地得出这样的结论：承担重新识别身份的风险就等于允许被重新识别。考虑到个人基因组计划参与者承担的一些其他风险……当然，我承认客观上有使用我的 DNA 序列来克隆我的可能性（顺带一提，根据联邦法律，目前这一行为并不违法）这一事实，但这并不意味着我已经给予被克隆的许可，我已经放弃了反对被克隆的权利，还是说，应当期待我在被克隆的时候无动于衷，甚至感到高兴？ [97]

在线论坛的一位成员米沙·安格里斯特回应道："当然不是。没有人在要求你被克隆时保持沉默、厌恶或高兴（然而，你的克隆人，告诉我她'完全不能自已'）……但考虑到个人基因组计划的存在理由，我认为要求你对个人基因组计划参与者被重新识别不要大惊小怪是公平的。然而，你在大惊小怪。身为你的朋友，也是个人基因组网站理事会的一员，这让我很难过。"[98] 对此，迈耶回应道，"事情是这样的：有些人确实说过，个人基因组计划参与者对被重新识别（而且，通过逻辑推演，对我们承担的任何其他风险，包括被克隆的风险）无权抱怨"。[99] 正是这种封闭和沉默让迈耶担忧。相反，她试图创造一个空间，在这个空间里，一个人可以询问在什么条件下重新识别是合乎伦理的："探索这个问题是我下一篇文章的部分目的。我在第一篇文章中试图做的事情很明确，就是反对在个人基因组计划模型下的想法。我认为我们都希望看到推广的一种模式，参与者已经给予重新识别的许可，'让（伦理）故事结束'。"[100]

丘奇、沃豪斯、伦绍夫和查德威克在他们2008年发表于《自然综述：遗传学》的文章中，阐述了个人基因组计划的核心立场：准确性是获得同意的必要条件。研究人员必须说实话，真相就是这样："数据可以且很可能被获取、共享和链接到其他信息集里，而且无法预见其全部用途和进一步的使用范围。"[101] 没有隐私保障，你的数据将以无法预测或控制的方式被使用。遵照这个真相来行动，伦理和公正将随之而来。[102] 故事结束。

不过，理所当然，总是有比故事更多的东西。正如迈耶指出的那样，理解别人可能使用她的数据来做各种事情，和认可别人做这些事情之间存在差异。当然，她认为，个人基因组计划对透明度和真实性的承诺不应导致参与者的控制权减少："如果个人基因组计划和其他如法炮制的数据持有人因他们的坦率而受到惩罚,这将是怪异的,因为一项政策如果认可数据持有人和数据供应商披露和承认风险,就排除了对同意的需要。"[103] 她相信,另一个世界是可能的。事实上,的确如此。2014 年夏,英国的各主要资助机构,包括惠康信托基金,都认识到告知研究对象他们不能保证隐私的重要性,并且采取措施阻止参与者被重新识别身份。[104]

个人基因组计划的立场是:隐私是不可能保障的;开放性,而非隐私的原则,应当指导我们对人体组织和数据的治理,这使得讨论和考虑其他可能的情境变得困难。这些明确的立场受到真相与公正理想的极大推动,但也限制了我们对各种隐私法规的探索,因此我们无法探知这些法规阻碍和促进公共产品创造的方式。隐私并不总是反对公开性。相反,正如科学人类学家科里·海登长达数十年的生命科学私有化研究所揭示的那样,私有化引发了"集体化的骚乱"。[105] 集体化也刺激生成了新形式的隐私。[106] 为何在个人基因组计划范畴之内,有时很难考虑到这些可能性呢?

阿伦特对真相的反思提供了一些见解。她写道:"麻烦在于,事实真理和其他所有真相一样,都是不容置疑地宣称得到承认且排除辩论的,而辩论构成了政治生活的本质。"[107] 在个人基因组计划一例中,对事实真理的承诺,即数据能够且会被共享,使得辩论这个话题的意义变得模糊。编写个人基因组计划各项协议的那些人认为,个人基因组计划参与者应当对这一事实感到满意,不然他们就应当退出。

由于个人基因组计划制定了开放性和公共基因组学规则,这一立场留下的空间太小,无法探索和辩论各种不可避免的选择。与人类基因组计划的情况一样,将基因组信息放置在开放领域需要资源:即便不耗费其他资源,它也需要服务器空间和电力。现存的这些资源还不足以存储所有信息。个人基因组计划的领导人要就保存和舍弃哪些信息做出各种决定。同样,并非所有信息的使用都能得到支持。要求参与者去了解,并且对他们的数据能被用于个人基因组计划无法预见的目的这一事实表示认同,不会促成个人基因组计划就阻止和促进数据使用的方式方法进行辩论。[108]

故事开始:开放科学同时开放辩论

虽然开放规范有着悠久的历史,特别是在生命科学领域,但它最先是在人类基因组计划中制定的,然后在个人基因组计划中提出了关于其意义和持续价值的各种根本性问题。今天,开放不是技术的反面,而是一种促进技术创新的规范,技术创新正是生命科学的核心。[109] 为了推进测序和其他生物技术,人体组织和数据必须自由流动。在这些条件下,正如人类基因组计划和个人基因组计划的故事表明的那样,开放性的伦理和认知价值发生变化,一些批判性问题被提出:虽然基因组科学家的开放性规则可能促进机器的进步,但这些规则是否支持"良好的科学"和自由探索的模式呢?[110] 拥抱开放性是否会在无意中将规模和效率当作基因组学的驱动要素,取代建立民有、民治、民享的基因组学这个更为广大的目标呢?

在人类基因组测序开始后的10年里,人们对基因组学拥有巨大意义和价值的信念陷入了困境,这些更为关键的问题仍需探索。随着这10年的持续探索,人们越来越清楚,后基因组时代将是一个基因组数据的意义远远还未明确的时代,一个批评的空间打开了。丘奇和个人基因组计划有力地占据了这一空间,争论公共基因组和开放性的新方法。他们打趣说道,国立卫生研究院代表"非我发明不用"(Not Invented

Here）。忘掉隐私[111]，开放万岁！这些大胆的想法启发了许多人，而且在开启关于基因组学的正确实践、技术开发、数据生成和使用的讨论方面，发挥了关键而重要的作用。许多想法，不论过去还是现在，都是从个人基因组计划的意愿当中了解到的。个人基因组计划的意愿在于：挑战关于基因组研究和数据共享的正确道德行为的长期信念。然而，个人基因组计划对待真相和公正的方法面临着多种限制。

我们该如何回应并跨越这些限制呢？我们怎样才能更有效地关注开放性规则的特定开支缩减与选择：去支持还是否认科学实践；去获取还是抛弃知识；对于那些我们关心和注意的机器与人，以及超出我们视线范围的事物，我们该如何行动。[112] 以上事项会被如何看待，又该如何实现？我现在转向这些问题。

第八章

第三大街的生活：后基因组时代的知识与公正

> 我们仿佛落入了一个仙境般的魔咒，它允许我们以失去做可能的事情的能力为条件，去做"不可能"的事情，以不再能够妥善满足我们的日常需求为条件，去取得空想式的惊人成就。
>
> ——汉娜·阿伦特，《论暴力》

自从人类基因组测序完成的10年以来，世界经历了戏剧性的两极分化。对大多数人而言，这是危机时期。千禧年到来之际，对全球繁荣的乐观情绪迅速转变为经济和政治冲击。[1] 2008年的金融危机把每一个行业的机构引入紧缩计划，其中包括我本人所在的机构。雇主削减了薪水。他们要求工人——无论白领或蓝领——为了少得多的薪水做多得多的工作。数百万人流离失所，还有数百万人背井离乡。

对少数人来说，这是一个繁荣时期。今天，很难想象一个没有脸书和推特的世界。然而，仅仅10年之前，这些公司还不存在。也没有社交媒体产业催生的无数创业公司。极少数非常年轻的人成为亿万富翁，还有数千人一夜之间成为百万富翁。[2]

基因组学是这个时代的产物。它起源于，也体现了巨大财富和极

第三大街的建筑景观（作者拍摄）

端贫困之间的脱节。也许这种现象在任何地方都没有我在过去10年居住的旧金山米申湾南岸地区明显。这里曾经有废弃的火车站和汽车停车场，还有油桶燃烧物，仅仅在10年前，年轻的加利福尼亚大学助理教授还有可能负担得起一间小公寓，而现在，这里是闪闪发光的建筑，散发着希望、承诺和繁荣。米申湾曾经是旧金山的工作港口和火车场之乡，在这里，城市与加利福尼亚大学旧金山分校，以及风险投资家联手兴建了310万平方英尺[1]的实验室和办公室、拥有289张床位的加利福尼亚大学旧金山分校贝尼奥夫儿童医院和170万平方英尺的生物技术空间。³

测序巨头伊鲁米纳拥有一座长度可达一个城市街区的大厦。世界上最大的制药商辉瑞公司占地1.1万平方英尺，拜耳公司占地5万平方英尺以上。为了支持这一增长，旧金山市在道路和基础设施上投资4亿美元，在第三大街耗资6.48亿美元兴建了一条地铁线路，为米申湾提供交通服务。⁴

---

[1] 1平方英尺≈0.09平方米。——编者注

第八章　第三大街的生活：后基因组时代的知识与公正　　205

无家可归者的营地，加利福尼亚大学旧金山分校"湾区校园"（作者拍摄）

然而，沿着第三大街继续往南一英里，地铁线路可以通过，但密集的投资结束了。这个猎人角，是全美经济和卫生指标最差的地方之一。布鲁金斯学会在2011年的一份报告中将猎人角描述为一个"极端贫困"地区，40%的人生活在贫困线以下。⁵ 它也是一个癌症、哮喘和其他疾病发病率都很高的地区。数十年来，这个海军造船厂雇用成千上万人，是向广岛和长崎运送原子弹的船只的基地。对这些船只进行喷砂处理产生的放射性废物，以及城市发电厂、下水道、垃圾场和许多其他工业设施产生的有毒物质，污染了水土。

这里的哮喘住院率是该州平均水平的4倍。婴儿死亡率也是加利福尼亚州最高的。乳腺癌和子宫颈癌的发病率是湾区其他地方的2倍。⁶过去10年，当我沿着第三大街骑自行车时，经历过许多次这种令人震惊的对比。在为创新科技投资如此之多的同时，为什么在生活于其阴影之下的人们身上投资却如此之少呢？

2016年3月1日，加利福尼亚大学旧金山分校宣布计划关闭新一代卫生中心之后，这是许多人提出的问题。该中心是为猎人角社区服务的，这也是旧金山最后一家为贫穷的黑人和拉美裔青年提供全方位生殖健康服务的诊所。该大学称关闭是出于"经济原因"。然而，正如第三大街青年中心与诊所的副主任乔伊·杰克逊·摩根所说："他们说成本太高了，但是他们能将这个新设施放进米申湾吗？"[7] 或者像在"改变色彩网站"（ColorOfChange.org）发布的一份请愿书中所说："旧金山市和加利福尼亚大学旧金山分校发布的信息是露骨的：钱是重要的，黑人和拉美裔的生活不重要。"

虽然基因组学和精准医疗的力量和前景在"中国船坞"和西泽·查维斯街之间的第三大街轻轨线路上闪耀着光芒，但是对那些居住在各街区、各地区和各国的人来说，它们的意义还远不清楚。我在本书中已讲述的故事清楚地表明，从亚拉巴马州的塔斯基吉，到苏格兰的格拉斯哥，再到尼日利亚的伊巴丹，人们聚集在市政厅，参与社区活动，在网上讨论基因组学和基因组科学家，关心的是这些华丽的科技新领域将会让谁受益，以及它会对人们的日常生活产生什么影响。有些人担心基因组学没有提供益处，或者会造成损害。生物技术开发是否会提高米申湾的地价，迫使长期居住的居民和为他们服务的各种社区组织，如新一代卫生中心一样搬出去呢？为数据建立温度控制环境，是否比为人类和非人类维护和恢复环境更加重要？[8] 其他人设法通过协商支持社区卫生保健来交换他们的血液和DNA，从而使基因组学研究在当下变得有益。

倾听公民声音的各种努力的意义仍不明朗。对一些人而言，国立卫生研究院投入数百万美元和数千个工时来发展社区参与活动，为发

废弃的造船厂建筑群,后方望见的是伊鲁米纳大厦(林赛·狄龙拍摄)

展一个拥护和支持民主理想的基因组学创造了希望。苏格兰一代项目的科学家致力于吸引公民参与，也营造了类似的善意和乐观情绪，至少在与他们合作的一些社会科学家中是如此。其他人则从一开始就表示怀疑。"这次政府想要我们做什么？"一些参与美国肤色与遗传学社区政策项目的人问道。[9]

在所有情况下，无论是从希望还是抵抗开始，基因组学民主化的种种努力都遇到了更为基础性的问题。科学家、政策制定者和公民都迈出了第一步，他们希望这条道路能够创造出一种民有、民治、民享的基因组学，但很快就遭遇公正和知识方面的种种问题，这让前途变得模糊起来。塔斯基吉大学的研究人员确实打开了将非裔美国人及其基因纳入基因组研究的大门，但最终非裔美国人的样本没有被使用，这项努力也放弃了。苏格兰一代计划避免了研究冰岛人基因组而引发的国际愤怒，但只是为苏格兰人民和研究人员创建了一个价值不明的生物样本库。"23与我"公司最初成功将自己定位成一个民主独行侠，但近日面临一场集体诉讼。[10]

今天，我们生活在各种变化之中。这些变化正在创造一种民主语言有助于促进却无法描述的新秩序，而不是一个基因组学和民主理念共同赋予基因组学人性和促进基因组学进步的故事。正如阿伦特所问的那样，我们现在如何思考和说出我们所做的这件事情呢？我们如何阐明和解决摆在我们面前的公正、伦理和知识等基本问题？后基因组时代提供了一些见解。

从信息（Information）到信息（In-Formation）

在我们生活的时代，对诗学的关注可能比对原则的关注更加重要。

诗学源于希腊语的"创造"（poiesis）一词。它将我们的注意力从一个已经形成的、其基本原则已知的世界，转向正在形成的世界。在这个世界中，意义都远没有确定，更不用说原则了。它要求我们不要去假设意义，而是去创造性地在文字和各类领域里游玩。本书中的故事提供了一种后基因组诗学，可能有助于促进这种集体创造。本着这种精神，我从头至尾都在提出这样一个建议，即如果不将人类基因组之后的这个时代当作信息时代的一部分，而是当作一个"正在形成"的时代，一个所知甚少、可能性很多的信息（in-formation）时代，可能会更具启发性。这是一个由于人们要改变过去的各种确定性，期待激进的新未来，从而形成的激动人心的时代。

然而，在这些未来的名义下，许多事情已经失败。正如政治理论家温迪·布朗在其最新著作《松开民主：新自由主义的秘密革命》一书中所说，我们生活在一个民主常常脱离政治的时代，亦即民主与为了一个社会的基本目标和原则而进行的斗争脱离的时代。[11] 自由民主的长期好处和原则——包容、参与和自由——已经变得程序化和交互化，与进行有意义的改变所需的权力和实践脱节。

依我之见，基因组学是这些基本转变的一部分，而并非与其脱离。这一领域对信息的理解和规范具有象征意义。基因组学承诺通过创造大量关于我们自己的新的、有助于改善生活的信息，来深化民主的自控能力。这与今天基因组数据的各种实际经验形成了鲜明对比。正如个人基因组计划的第四位参与者米沙·安格里斯特发现的那样，一个完整的基因组序列太大，无法在个人电脑上打开。[12] 不用说为了"了解"，哪怕为了"看"数据，也需要访问具有足够计算能力的大学或公司。即使得到谷歌支持，解读能力甚至也在很大程度上让"23与我"公司迷惑。正如本书中的故事已经说明的那样，原因是基因组科学家建立的基础设施，旨在将我们的DNA序列在硅片上编码为"1"和"0"，而并非解码其意义。虽然在人类基因组测序之后的10年间，许多人试图将基因组学的重点转移到解释上，但资金仍然主要流向那些能更快速、更便宜、更有效地产生基因组信息的人。信息资本主义得到强有力的控制权。对意义和最终目的的思考失去了合法性——这是一种轻率的活动，浪费时间和生命。[13]

公共领域的私有化

基因组基础设施也让"公共"概念发生了类似转变，将其从自由民主的含义中分离出来，并将其运用到信息资本主义的工具性上。正如阿伦特所说，在西方的政治思想中，"公共"一词长期以来一直表示"我们"所有人能看见，同时可以聚集起来去建立的共同世界。[14] "这是公共领域公之于众的状况。"她写道，"它能使人们在几个世纪中吸收并散发光芒，无论人们想从时间的自然废墟中拯救什么。"[15]

与过去的时代一样，当今世界各国首脑认为，让事情变得可见可得，与建设一个有意义、可治理、持久的共同世界密不可分。[16] 美国总统奥巴马就职第一天就承诺，自己会坚持"新的开放标准"。他对美国公众说，透明度和法治将是"这一总统任期的试金石之一"。[17] 奥巴马将医疗记录数字化定义为"创建开放式公共政府"这一目标的核心。他的政府仅为鼓励医院将它们的医疗记录数字化，以实现这些记录的"有意义使用"，就投资了300亿美元。[18] 这一理念是：通过数字化提高信息的可视性和流通性，从而实现良好治理和更好的医疗。[19]

然而，如今仍然不清楚的是，阿伦特所观察到的公之于众的状况（或让事物可见）与创造一个公共领域（由具有持久共同价值的事物组成的领域）之间的联系是否仍然存在。[20] 使患者的医疗信息更加透明和自由流动，是否会为美国公众创造有价值的东西？有时，这个问题的答案是肯定的。[21] 例如，通过基因测试公开不同的乳腺癌基因变体，将有助于更多妇女了解她们是否有患这种致命疾病的高风险。不过，更普遍的是，数字化医疗信息所具备的优势并不那么明显。2005年，兰德公司预测，数字化的医疗记录每年将为美国节省810亿美元。2014年，该公司发现，数字化没有带来任何节约，反而可能会增加成本，因为它可能会让医生更容易要求患者进行各项检查。[22] 此外，数字化虽然让信息更为可见可察觉，通向更多信息，但医生和患者如何对这些信息进行分类，以做出良好的医疗决策，目前尚不清楚。人们在海量数据面前该如何思考，是一项长期的巨大挑战。

或许比其他任何事情都更重要的是，基因组学（DNA的数字化）说明了假定数据公共化的民主和伦理价值观的局限性。[23] 正如我们在本书中看到的那样，让基因组信息公开化的目标推动了该领域的投资进程。在人类基因组测序期间，科学家、政治家和记者都承诺，基因组对所有人而言都是有巨大价值的事物：它是"生命的奥秘""我们的共同遗产"，也是医疗保健革命的关键。因此，它应当属于公共领域，而不是由一家强大的公司控制。这个强有力的道德故事推动了为完整的人类基因组而展开的竞争。

现在，十多年过去了，尽管基因组数据的更大可见性和流通性未能创造多少医疗价值，但是从机构储存库中解放数据的驱动力不仅推动了对基因组学的投资，而且更普遍地推动了生物医学信息学的投资。2016年冬，美国副总统乔·拜登被奥巴马总统任命为"国家抗癌登月计划"负责人，呼吁研究人员"打破隔阂，将所有癌症研究人员聚集在一起"。[24] 今天，所有其他价值观——隐私、知情同意、包容——都让位给这项工作,以释放信息,这是种从我们自己的肉体和血液中释放信息的方式。尽管有苏格兰一代计划这样的案例,但新的公共生物医学信息基础设施的价值还远未明朗。这些数据和人体组织可能是有用的,但是通往集体利益的道路在很大程度上仍然是未知的。

尽管如此,以基因组学为代表的生物医学信息方法获得的支持仍然很多。这些支持试图将数据共享视作道德优势,并继续推动它们向前发展。哪怕从一开始,生物信息学的各种公共性观念就在推动私营产业的发展,从应用生物系统公司垄断到现今的测序公司,这些公司今天都还在从个人基因组计划的公共基因组中获益。生物信息基础设施的核心是围绕商业价值建立的:速度、效率和增长。如今,公共基因组数据也在为这些目的服务。[25]

生命的力量,销售的力量

也许没有什么地方比我过去 10 年生活的这座海湾城市能更加鲜明地体现出上述趋势了。2015 年秋,一艘豪华游轮"无极号"在旧金山的公共港口停泊,为前来参加世界上规模最大的技术会议——塞尔斯福斯(Salesforce,即"销售力量")公司赞助的梦想力量大会——的 16 万人提供住宿。财富 500 强公司塞尔斯福斯公司的首席执行官马克·贝尼奥夫——米申湾新建的儿童医院以他的名字命名,在莫斯康展览中心开始他的主题演讲。他感谢自己的母亲,一位乳腺癌幸存者,强调了加利福尼亚大学旧金山分校教授劳拉·埃瑟曼的工作,后者领导雅典娜乳腺健康网络。它以希腊神话中的智慧女神命名,旨在在加利福尼亚州招募 15 万名妇女,以收集信息,包括基因组信息在内——去确定"个性化"的乳腺保健方法是否优于标准的公共卫生建议。埃瑟曼解释

第八章 第三大街的生活：后基因组时代的知识与公正

了与贝尼奥夫及其塞尔斯福斯团队合作的价值：她认为，了解客户和与客户沟通，跟了解患者和与患者沟通有异曲同工之处。贝尼奥夫则解释了与埃瑟曼合作的价值：精准医疗为精密企业铺平了道路。

在这个新世界里，商业和生物学将力量联合起来。通过对云端数据进行妥善管理，生命将得到拯救。当一个儿子对母亲的悉心照料占据舞台中央，成为集体行动的号召时，创建数据系统的那些人的政治经济力量从视野中消失了。贝尼奥夫和埃瑟曼解释道，我们都在这个新世界里面。埃瑟曼对观众说道："每个人都必须扮演一个新角色……所有人，所有病人，站起来！共享你们的数据。"为什么不呢？谁不想在参加一场革命的同时将母亲从癌症中拯救出来呢？"我相信，有了你（贝尼奥夫）的支持，我们就能改变世界。"埃瑟曼总结道。[26]

怀着明确的目标——同时为病人和消费者创造一个更美好的世界——贝尼奥夫和他的公司联合创始人帕克·哈里斯将主题演讲剩下的一个半小时集中到如何通过他们的新塞尔斯福斯平台实现这一目标上。这个平台挖掘互联网事件——收发电子邮件、安排会议等等——从而获取能够帮助公司更好地管理客户关系的数据。当哈里斯以摇滚音乐会风格（一身动作英雄的打扮，手持闪电来代表新平台的速度）现身时，会议内容深入到程序细节。哈里斯和贝尼奥夫解释了塞尔斯福斯平台是如何将数据可视化，并且让公司在市场上更好地沟通和联系的。通过更好的管理来创造更好的世界。

从鼓舞人心的目标和目的（拯救生命）到管理（创建各种平台、算法和数据分析）的快速转变，体现了过去10年基因组学的特征。虽然这本书中描述的每一项举措都是从宏伟目标开始的——从揭示生命的奥秘到反种族主义，再到实现科学的民主化——但最终，宏愿逐渐消退，焦点转移到如何利用基因组数据创造有价值的东西上。在苏格兰，为收集苏格兰人的基因组所做的努力始于对社会契约和利益共享的热烈讨论，但今天的重点是，必须设法筹集足够的资金让样本在干冰上继续存活。在新泽西州卡姆登市，科里尔医学研究所可能会发送 HapMap 的样本，但是各社区咨询团体不再会面。[27] 在加利福尼亚州芒廷维尤的西伊芙琳大道，"23 与我"公司仍在开发算法，但它面临着一场集体诉讼，原告声称该公司的测试结果"毫无意义"。[28] 在被告知基因组数据的巨大价值多年后，对参与基因组学研究的许多公民来说，其结果要么是他们的 DNA 没有被使用（如塔斯基吉的情况），要么 DNA 被存储在一个生物样本库中，DNA 的妥善管理已经成为人们关注的首要问题。

当然，基因组数据并不是毫无意义的数字，而是新管理模式的组成部分。在旧金山第三大街的一次快速骑行证实了这一点。如今，以更低的成本算出更多的基因组数据的能力，使所谓精准医疗的愿景成为现实。反过来，这又为米申湾、拜耳制药、默克和葛兰素史克带来了机会。这些机构推测，新的利润丰厚的产业可能很快会被它们收入囊中。[29] 数百家新的生物技术创业公司应运而生。它们占据的建筑物不可一世的排场与它们承诺的华丽新世界相称。[30] 文特尔会告诉我们，人类基因组测序并未揭示任何东西，但他的科学家同事和公民不曾被愚弄：（人类基因组序列）那里有活生生的、至关重要和强大的东西。然而，公民和社会具备什么能力来评估这些闪光点，并决定在这些建筑和生物医学奇迹的壮举中，谁将被赋予生命，谁的生活会被遗忘在它们的阴影之中呢？

撤销生物医学研究的围城：公共对话成为公共关系

新千年伊始的 10 年，全球各地为了建立上述能力，进行了大量实

第八章 第三大街的生活：后基因组时代的知识与公正

验，这成为那个时代的标志。美国国立卫生研究院为国际单倍型遗传图谱计划开发了大规模的公众参与项目，耗资数百万美元。苏格兰政府大力投资，为苏格兰一代计划发展出民主审议制度。然而，近年来，对公共对话的支持已经转变成对公共关系的支持。在美国启动的"精准医疗"项目就是这种趋势的例证。2013年，时任加利福尼亚大学旧金山分校校长苏珊·德斯蒙德-赫尔曼试图将她的大学定位为这场新的所谓医学革命的起点。该校聘请了一家公关公司与他们合作，发起了一场"我为你"社交媒体运动。运动的目标不是对话，甚至不是索取DNA样本和医疗信息，而是意味着管理。访问"我为你"网站，毫无疑问，将访问者插入到基因组学和精准医疗，将会是一件拯救许多儿童生命的好事。除此之外，还不清楚这项运动是做什么的。加利福尼亚大学旧金山分校发言人戴维·阿林顿解释道："我们正试图让公众意识到，从医学角度来说，他们能为其他人做些什么。"[31] 答案正如埃瑟曼在梦想力量大会上解释的那样：共享你的数据。

在过去的10年中，研究者与患者的交流形式发生了变化，以培养一种管理研究对象的新公关方法。这10年之初，苏格兰一代计划通过医生办公室和机构审查委员会联系潜在的研究受试者。在10年的后期，"23与我"公司创建了算法，用来管理进入其研究部门"23与我"的受试者募集工作。10年末期，加利福尼亚大学旧金山分校与公共关系专业人士和塞尔斯福斯公司合作，以促进精准医疗。对许多人而言，这些发展并不代表企业文化侵蚀医患关系受保护的领域，而是意味着创新。加利福尼亚大学旧金山分校没有受到批评，反而获得了奖励。教育促进与支持委员会认为，该校的"我为你"社交媒体活动是最"具创新性的技术应用"。[32] 高校和企业都越来越多地使用销售宣传技术与媒体、患者沟通。公路上随处可见呼吁市民支持基因组学和生物医学的广告牌。

这种沟通方式与 HapMap 社区参与项目和苏格兰一代计划的讨论组模式明显不同。今天的精准医疗计划不是先了解人们想要什么和相信什么，然后试图创建符合人们意愿的实践和政策，而是从政策（共享数据）开始，尝试将各种想法"输入"公众的头脑之中，让他们遵守。几乎没有足够的空间进行批判性讨论，也没有空间去询问谁会受益。这一刻，答案呼之欲出：如果我们给出我们的 DNA 和数据，我们所有人都会受益。我们被要求相信，这就是与生物医学形式相伴的一种新的社会契约。

这种做法的后续效应显得越来越空洞，还造成了不便。一些人显

作者在操作贝尼奥夫大厅里的互动数字屏幕（林赛·狄龙拍摄）

然受益匪浅：研究人员和商业人士享受着加利福尼亚大学旧金山分校米申湾新校区位于上第三大街的美丽的建筑物、宜人风光、健身房和按摩设施。

至于对其他人的益处，例如那些生活在下第三大街的人，还远不清楚。我们如何讨论和应对生物医学和信息基础设施的这种大规模变革，又如何讨论和应对它们对公民的不同影响呢？我在这里提一些温和的建议。

超越自由主义的限制

至关重要的第一步是要认识到：欧美自由民主国家的核心原则和价值观的实践、意义与影响已经发生了根本性的变化。信息是变革的核心。在谷歌、脸书和亚马逊已成为全球资本主义主要参与者的同一时期，后基因组时代的各项计划得以成形，将信息转化为原始资源和资本形成的媒介。如果曾经可以去想象创造信息的机构和实践处于权力范围之外，帮助公民做出民主决策，现在就不再可能了。相反，它们是施加经济和政治控制的渠道和中心。因此，后基因组学呼吁更加开放的信息流和更加有效的知情同意程序，而未能提供公众信任或符合道德的行为依据，这不必大惊小怪。正如文化评论家乔迪·迪安在21世纪初的敏锐评论："如果一种政治生活模式如同微软或美国电话电报公司的宣言一样有效的话，那么今天任何人都不会接受这种模式。"[33]脸书和谷歌，都更新了迪安的这一构想。

当信息增殖到大多数公民（实际上是科学家）无法理解其意义的时候，什么应当为开明的民主社会提供基础呢？当自由民主的核心支柱（对信息的获取和参与）为21世纪的生物信息资本主义创造劳动力和原材料时，是什么原则和实践建构了公正的治理呢？

继续依靠旧模式和呼吁改革都是非常容易的。看看美国现在发生了什么。目前，美国卫生与公众服务部正在考虑对保护人类受试者的联邦政策，即所谓的"共同规则"进行重大修改。2015年9月发表在《柳叶刀》上的一篇文章将这一项让共同规则"现代化"的工作描述为对精准医疗计划至关重要的工作。[34] 对共同规则拟议修改的核心是，无论样本是否可以进行身份识别，都必须获得生物样本二次使用的知情同意认可。[35] 这将有效地防止我在加利福尼亚大学旧金山分校医生办公室遇到的情况。现在，我必须给出我的知情同意。如果我不希望自己的生物样本和数据被纳入加利福尼亚大学旧金山分校的研究基础设施，我不会被医疗服务拒之门外。这样问题就解决了吗？

不幸的是，没有。这一修改可能会缓解人们对不公平的直接感觉，这种感觉是由一些形式造成的。这些形式迫使公民一旦需要医疗护理的话，就要放弃对自己的生物组织和数据的控制权。然而，这类修改似乎在不经意中授予人们同意使用其数据和生物组织的权力，却又没有创造出让这种同意有意义的各种条件，无意中造成弊大于利。由于这类修改会认可塔斯基吉大学的研究人员所担心的情况，即一揽子同意的局面，这个问题就变得极为重要。如果此类修改被采用，为一个目的而收集的DNA和数据可用于未来的所有用途，就无需额外的追加许可程序。这样做将从实际上消除公民出于某些目的而非其他目的控制其DNA和数据使用的可能性。然而，社会科学和生物伦理学研究，以及本书中描述的公民参与项目，都清楚地表明，许多公民希望保留对其身体组织的某种控制权。各原住民族重申了这一原则，并创建了实施控制权的法律框架。[36] 正如我们将在后面的结论中看到的那样，他们不是唯一要求这种控制权的人。

第八章 第三大街的生活：后基因组时代的知识与公正

其次，拟议的修改要求研究人员简化知情同意书的格式，从而让它们只包括"适当的细节"和"一个理性的人想要了解的信息"。[37] 然而，他们没有具体说明如何做到这一点。面对越来越多的数据和生物组织的使用所带来的问题与复杂性，该如何简化表格尚不清楚。

我对十年来从亚拉巴马州塔斯基吉到尼日利亚伊巴丹，再到苏格兰格拉斯哥的许多项目的分析表明，许多人希望得知有关谁将从基因组学和生物医学与基因组学研究的信息化方法中获益的信息。在美国、苏格兰和尼日利亚，那些被要求参与基因组学研究的人被问及，从最广泛的意义上讲，谁将从研究中受益，这不仅指谁将接受医学治疗，还指对基因组学和生物信息学的大量公共和私人投资创造的工作岗位、利润、研究成果和社会认可会让谁来获得。[38]

重要的是，我们要设法清楚地看到在财富500强企业和各大学对我们的身体和基因组信息进行投资，将其当作通向21世纪的健康和公正的途径时，资金如何流动，建筑物如何建造，资源如何分配，研究的优先事项如何设定，能源又是如何消耗的。例如，加利福尼亚大学旧金山分校雅典娜临床试验的能量等级是多少？[39] 当我们询问乳腺癌单核苷酸多态性数据价值几何时，我们使用了地球上日益减少的多少资源？2000年，只为了对一个人类基因组进行测序，克雷格·文特尔需要塞莱拉的地方电力供应商佩普科公司安装新的变压器和电线杆。[40] 据报道，2010年，在我自己供职的大学，为处理基因组数据，耗尽了校园内的所有备用能源。[41] 2015年，生物学家警告说，处理基因组数据所需的计算能力很快就将会超过YouTube和推特两大社交媒体所需的计算能力。[42] 基因组测序的货币成本可能会下降，但随着大数据项目与航空旅行竞争成为全球碳消耗第一的产业，其环境成本只会上升。[43]

尽管梦想着无止境的进步和开放，但我们毕竟生活在一个充满限制的世界里。无论我们的电脑有多强大或"聪明",并不是所有问题都能得到答案。个人基因组计划选择做最终估算,而不是读取基因组序列的原始数据,来让事情可行。国立卫生研究院通过投资自主基因组研究,而不是资助社区医疗措施的研究,来"改善非裔人群的健康"。[44] 加利福尼亚大学旧金山分校为精准医疗投资数十亿美元,却计划关闭地方社区的卫生诊所。主要的生物医学资助机构将其资源导向定制医学。在时尚界,量身定做是一件昂贵的事情,不是所有人都负担得起。虽然基因组学可以为研制新药提供线索,但这些药物并不便宜。[45] 医疗保健供应方和政府在决定如何适当分配公共和私人资源,以创造获得所谓的分子医学的途径时,面临着各种艰难的决策。[46]

这些决策非常重要。它们决定了当今日益成长的生物信息学和生物医学基础设施的最终结果和目标。它们塑造了事物的构成和意义,这些事物在 21 世纪最初几十年中强有力地收集信息,指导我们生活。它们包括个人信息、健康、全球卫生和生物医学。因此,它们值得我们共同关注。然而,在过去 10 年中,它们很少成为后基因组研究中人们讨论的话题,人们并不了解,也不把它们纳入决策。那些付出巨大努力的倡议(国际人类基因组单体型图计划和苏格兰一代计划)在世纪初 10 年这样做了。到 10 年的末期,这些工作要么被遗忘,要么被视为幼稚,甚至适得其反。生物伦理学家、政策制定者和社会科学家不再将社区参与项目当作研究对象合乎道德地参与的前沿。基因组学的带头人认为,他们为苏格兰人民创造一种民有、民治、民享的资源的努力是目光短浅的。

然而,正如科学研究学者卡丽丝·汤普森所说,好的科学要求我们提出这些问题。好的科学和好的社会是相辅相成的。一个在社会、政治和环境上均健全的后基因组学研究,都需要认知与治理的实践。这些实践方法远远超出了知情同意的狭义范畴，从而发展出能够回应更为基础性的问题的集体技能和实践方法。我们应当将什么东西聚集起来，构建公共产品？基因组学、生物技术和生物医学在构建这些产品方面占据了什么位置？我们该如何决策？这个"我们"又是指谁呢？[47]

公正和集体判断的艺术

回答这些问题，需要对支持"集体判断艺术"的机构进行长期投资。[48]我在这里不是指关于一项法律是否涉嫌违法的判断，或者科学家对一项实验结果的判断。[49]相反，我关注的是什么法律应当来管辖我们，以及研究什么问题会让我们感兴趣的预先判断。[50]这些判断是公正的核心。它们呼吁我们遵守指导所有社会及其对知识的追求的首要原则。约翰·罗尔斯在其影响巨大的著作《正义论》的开篇阐述了公正的这个方面："正义是社会制度的首要价值。"罗尔斯主张，无论效率有多高，秩序有多好，如果构建制度的法律和实践是不公正的，就必须被重新制定。[51]

在一个信息资本主义兴起、不平等加剧和生物医学化发展加快的世界里，我们应当如何获取知识和如何生活这些更加基本的问题，几乎就在本书所讨论的所有基因组项目的表面之下。这些问题最终困扰并从根本上塑造了这些项目的形式和目的。[52]尽管无人怀疑基因组测序在过去10年间明显变得更加便宜和高效，但关于该如何判断这些进步的道德价值的问题还在不断出现。在人类基因组计划进行期间，人类基因组测序成为一场为正义而斗争的象征。在这场斗争中，公共科学家击退了企图将这一计划圈占的各种私人行动。许多人庆祝百慕大协议的共享原则，这些原则是确保人类基因组测序成为公器的行动核心。然而，与此同时，一些人担心基因组学带来的基因图谱和测序基础设施变革，可能会让人们长期珍视的共享惯例失效。最令人痛心的是，约翰·萨尔斯顿在他的自传中描述了基因组学让数据投入开放领域的各种方式，然而这些方式也将人类关进监狱。他认为，为基因组学建造的新建筑物正是这样一种架构，它们让机器之间的数据共享，取代了有血有肉的人类之间的思想共享，更占据了基因组学工作的核心。[53]

这些关于投资数据基础设施和机器是否会在无意中取代和贬低思想和生命的担忧，仍然是后基因组时代一个长期持续而明确的关注点。事实证明，即使实践塑造了多种认知思考和生活的方式（例如，HapMap 的社区参与项目），这些实践在涉及知情同意权以外的管理需求上仍然能力有限。当更加广泛的利益出现，即涉及公民权和医疗保健的构成与各种公共资源的公平分配时，所有参与其中的人员都要艰难回应。然而，最终他们都面临着限制。他们得到研究机构的资助，这些研究机构对项目的支持有时间要求，而且职权范围太有限，无法应对更深层次的宪法问题。

它们也不能解决关于科学和医学恰当结构的问题。一种极为依赖速度、技术创新和风险投资的研究模式，应当主导生命科学吗？一个有望在未来——而不是当下——改善医疗保健的领域，应当转移到生物医学的核心吗？自然科学家和社会科学家都提出了这些问题。美国国家癌症研究所所长哈罗德·瓦尔穆在 2010 年说道："基因组学是一种科学方法，而非医学方法。"[54] 鉴于此，国立卫生研究院、惠康信托基金会和其他主要致力于改善健康和医疗状况的资助者，还有什么理由证明对基因组学的重大投资是正当的呢？

本书中讲述的所有项目都面临挑战，因为它们向集体判断开放了这些根本性问题，这超出了支持它们的研究拨款所给予的狭窄授权范围。尽管如此，致力于回应社会关注的遗传咨询师、社会科学家和政策制定者，还是在过去 10 年中做出了巨大努力。那些设计了 HapMap 社区活动的人，最初确实试图让 HapMap 的意向社区来判断他们自身是否应该参与，但最终还是由国立卫生研究院的领导层决定采样工作是否要继续进行。亚拉巴马州的塔斯基吉对话小组提出了几项政策建议——包括"基本医疗保健应优先于基因服务"的明确声明，但该项目没有得到与政策制定者沟通和根据这些建议采取行动所需的支持。[55] 为苏格兰一代计划工作的社会科学家、律师和科学家投入大量精力进行社区咨询，可是当他们开始采集样本，出现各种问题时，用于解决公众反馈的资金就用完了。这 10 年的结束并没有延续上述每一个项目所创造出来的集体判断，而是默认返回了一个特定的开放性愿景。个人基因组计划认为，基因组学应当向我们所有人开放。这是我们所有人都应享有的一项根本利益。

我们在公开场合如何陈述？

这种立场虽然鼓舞人心，但很容易阻碍辩论和集体决策。个人基因组计划董事会成员米歇尔·迈耶在试图同意公开她自己的基因组数据，并不意味着现在任何人都可以以他们喜欢的任何方式使用她的 DNA 和数据时，认识到了这一点。迈耶担忧，在太多人眼中，一旦她同意将 DNA 和数据"公开"，讨论如何正确使用 DNA 和数据的机会就会关闭。

相反，我们需要更多的公共理解和对一种开放性的基本属性的认识：无论事情可能会多么自由或开放，都必须做出各种决定。英语"决定"（decision）一词源于拉丁语词根"*cis*，"意思是切割或杀死。并非所有的生活方式或数据用法都能得到支持。有些生活方式或数据用法存活下来，而且繁荣兴旺；另一些没有获得支持，就此死亡。必须做出判断。问题不在于是否去判断，而在于如何判断。正如阿伦特提醒我们的那样，对政治生活而言，没有什么比这一点更为基本的了。为了举例说明，在《人的境况》一书中，她回到亚里士多德和古希腊人的时代，因为他们"成为政治人物，生活在城邦里，意味着一切都是通过语言和说服，而不是通过武力和暴力决定的"。[56]我们是通过刀剑还是语言来决定呢？许多事情取决于我们如何回答这个问题。

对阿伦特而言，答案清晰明了：我们要么学会彼此交谈，要么去死。她主张，陈述是使"人的团结"成为可能的原因。陈述是通过我们的努力找到词语来讲述我们的故事，这样才能向彼此表明心意。这种陈述有别于"单纯的谈话"。后者，即"谈话"是工具性的，旨在愚弄敌人或者蛊惑宣传。前者，即"陈述"是具有启发性的，旨在培养人际关系和集体生活。[57]它需要其他人在场。一个共同的世界，是通过在他人面前说话形成的。从这个意义上来说，陈述是一种让人与人结合的方式。它让人们参与进来。

对阿伦特来说，这类陈述也创造了进行判断的各种根据。它促进了与他人的共同思考，阿伦特参考康德的说法，将其描述为一种"扩大的思维方式"，这是进行判断的基础。她写道："判断即便不是第一位的，也是这种与他人共享的世界在其中成真的重要活动。"[58]于是，阿伦特在《人的境况》开篇提出了简单而有力的呼吁："因此，我的提议非常简单，那就是，仅仅去思考我正在做的是什么。"[59]

然而，今天我们可能会觉得我们在做什么是一件不那么简单的事情。在这个时代，越来越多的生活通过个性化媒体和基础设施构成和进行，这类媒体和基础设施创造了我们自己思想的回音室。我们如何才能够跨越彼此之间的分歧，与他人交谈和思考呢？[60] 正如阿伦特经常断言的那样，人类的多元化是"政治生活的条件"。[61] 我们如何聚集在我们的多元化之中，去思考我们在后基因组时代所做的事情呢？

"公共"的改造

早期，基因组学的带头人表示，希望基因组学能够帮助我们完成上述关键的政治任务；它会将我们以多元化的方式聚集，而不是让我们分化。在人类基因组计划完成的庆典上，克雷格·文特尔宣称："我们已经对3名女性和2名男性的基因组完成测序，他们分别是西班牙裔、亚裔、西欧白人和非裔美国人。我们做到的这件事……有助于说明种族概念没有遗传或科学基础。"[62] 文特尔和人类基因组计划的其他带头人认为，尽管我们存在差异，但我们仍是一个整体，基因组是为我们所有人服务的。这一框架意义重大，它让人类基因组计划成为美国和英国公共政府的一项最高成就，并且让人类基因组序列在成为21世纪头几十年最具时代意义的公共产品方面发挥了关键作用。[63]

然而，同一个10年之间，基因组学的决策越来越脱离公众的视野，进入解释较少、更为同质化和等级化的领域。在这个10年初期，国际单倍型遗传图谱计划举行了几次会议，旨在吸引从原住民权利组织到患者宣传团体的不同社区性团体参与。在这个10年的末期，美国总统办公室直接发布精准医疗计划——分析100万名美国人的国家行动。2015年1月，奥巴马总统在国情咨文之中宣布了精准医疗计划。根据国立卫生研究院院长弗朗西斯·柯林斯的说法，当时国立卫生研究院仅有9个月的时间进行设计。他认为，这是一个"非常快速的发展过程"，给"我们所有人带来了压力"。[64] 国立卫生研究院主任办公室召集了一个工作组,全部由学术界和工业界的生物医学和卫生保健专家组成。工作组在春末和夏天举办了 4 次研讨会,并于 2015 年 9 月发布了一份报告,阐述了主要的质疑和挑战,对推进方式提出了建议。[65]

与劳拉·埃瑟曼的"雅典娜临床试验"和加利福尼亚大学旧金山分校的"我为你"运动十分相似,精准医疗计划认为基因组医学方法具有明确的公共价值。正如总统的首席数据科学家帕蒂尔在 2015 年 8 月的一篇博客中所写的那样,精准医疗计划将引领一个"医学新纪元"。在这个新时代,每个人都将接受"量身定制的治疗",并且"成为推动"生物医学研究的"开放和包容模式这一科学发现的积极参与者"。为了使基因组学的这一公共承诺成为现实,帕蒂尔和埃瑟曼一样,认为我们所有人都需要尽到自己的责任:"我们需要所有社会部门共同努力。我们需要人们积极参与研究,自愿选择与那些致力于了解健康与疾病的负责任的研究人员共享他们的数据。"[66]

精准医疗计划在十多年努力接近尾声之际出台,致力于让不同的人参与基因组研究。正如我在记录这些工作的文字当中表明的那样,这些工作在回答关于基因组学是否有价值和对谁有价值的基本问题时犹豫不决。鉴于越来越多的实证证据表明,基因组学在某些情况下可能有明确用途,但远未达到开启一场医学革命的地步。因此,不加批判地促进精准医疗计划是否会导致对该倡议的广泛支持和信任,这一点是令人怀疑的。事实上,许多著名新闻媒体已经表达了质疑。一些人质疑支持药物开发的精准医疗方法的公共利益,在这方面,"每年数万美元的价格将成为常态,某些药物每年的价格将达到 6 位数"。另一些人质疑是否存在对基因组学的足够理解来启动精准医疗计划。[67] 这两种担忧都不新鲜。正如本书中的几个故事所说明的那样,它们在过去 10 年中崛起,并遍布全世界。

今天，基因组学不再是一种象征性的公共产品，而是见证了"公共"一词在指代"公共领域"这一意义时受到的更广泛的侵蚀，这一领域促进了对公共关注的各种问题的思考和集体产品的创造。相反，精准医疗计划对公众的呼吁是一项公关活动的一部分，旨在招募人们提供他们的个人数据和 DNA。这个项目所说的公共领域不是一个致力于创造共同意义和有价值事物的艰难工作的空间，而是一个充满了炫目和引人注目的词语的空间。

如果基因组学要兑现其提供有广泛价值的公共产品、支持多种不同生活的承诺，其领导者必须对公共领域意义、价值和规则的这些转变做出回应。任何将基因组学当作一种公共利益的祈求，在缺乏广大公民关于其基本目的和目标的意见空间的情况下，都将变得越来越空洞。

基因组学：公众关注的问题？

如何创造这些空间当然是一个艰巨的挑战。在美国，关于公民机构可行性的争论进行了两个多世纪。从托克维尔到罗伯特·帕特南，美国社会的观察家认为，国家的自由放任主义和个人与集体生活之间纽带的断裂，威胁着公共生活的生存能力。[68] 其他学者对这个问题给出的判定更广：它不是美国的问题，而是现代性的问题。[69] 还有意见不一致的一个问题：公民参与活动并没有减少，它只是改变了形式。人们可能不再去教堂或参加保龄球联盟，但他们确实创造了自发的公共空间，还利用社交媒体的力量占据了已有的公共空间。解放广场的抗议和"占领华尔街运动"见证了这一点。

无论是在衰退期，还是纯粹的转型，在民主社会中培养公共文化和公民机构的重要性都是无可置疑的。这些公共文化和公民机构聚集公民，在他人在场的情况下，讨论各种关注事项。人们质疑的是这些空间能否以及如何形成。例如，当生物伦理学家和遗传咨询师试图在塔斯基吉召集来自不同经济阶层的非裔美国人讨论基因组学时，许多人拒绝了。他们问道，基因组学与他们的生活有什么关系？当被告知提供一份血样可得25美元时，许多人同意了。它传达的信息很清楚：下一顿饭的钱很重要，基因组医学则不然。

在这10年，对基因组学的投资不断增加，许多人开始感觉到一些重大的后果正在酝酿。然而，聚集众人参与的HapMap项目明确表明，人们参与其中，不是因为他们认为基因组医学很快会改善他们社区的卫生，而是因为他们相信基因组学具有重大的象征意义和经济意义。基因组学对那些掌权的政府代表和企业代表很重要。于是，有些人认为，成为基因组学的一部分，可能是让他们的社区获得认可和支持的一种方式。为了在基因组学周围形成强大的公民空间，这些关于基因组学在构成和承认公民身份方面能够并且应该发挥作用的更基本的问题必须被放在首位。这就要求我们重新定义思考和实施基因组学的各种可能的方法。

重新定义可能性

"重新定义可能性。"这是新成立的加利福尼亚大学旧金山分校贝尼奥夫儿童医院的口号，如今这家医院已成为旧金山高速公路上的风景线。

对于加利福尼亚大学旧金山分校来说，"重新定义可能性意味着先进的技术和富有同情心的护理"。这意味着利用"照顾孩子的特殊紧迫感"来完成创造技术突破的任务。[70] 这种将孩子的未来与技术突破挂钩

第八章 第三大街的生活：后基因组时代的知识与公正　　229

的尝试不仅仅是贝尼奥夫医院的标志，也是加利福尼亚大学旧金山分校整个精准医疗"我为你"运动的标志。"我为你"网站的号召人物是一个小女孩乔治娅。据报道，她有罹患三阴性乳腺癌的轻微风险。她就是加利福尼亚大学旧金山分校所做的事情的原因："为了乔治娅。"[71] 在我本人供职的大学，孩子也是我们新成立的基因组学研究所的一个大型项目的焦点。[72]

　　通过分享数据去拯救儿童的生命是一项公益事业，基因组学的支持者希望很多人都能参与进来。然而，后基因组时代的种种故事号召我们参与的事情太多了。我们必须重新定义可能性，包括当我们努力去重新定义可能性的时候可能想象到什么。正如阿兰达蒂·洛伊 2010 年在哈佛大学科学与民主系列讲座中所呼吁的那样，我们必须"停止向那些有不同想象力的人开战"。[73] 目前，寻求为客户和患者创建一个数据平台的各机构、资本和塞尔斯福斯公司定义了基因组学和生物医学领

旧金山 101 高速公路沿线的广告牌（作者拍摄）

域艺术和技术存在的可能性。提出有关这一行政目标的任何问题都有可能被视为危害卫生事业、危害民主，最终危害儿童。这是对未来的狭隘看法，没有考虑太多的紧迫的问题。一旦一个人离开贝尼奥夫医院，沿第三大街走上几个街区，这一点就显而易见了。那里有人极度贫困，缺乏基本医疗保健，枪支泛滥，还有核污染。当然，这些对我们孩子的未来也很重要。

后基因组时代的核心问题是意义问题，这源于生物技术专家对生命、健康、希望、民主和未来过于狭隘的理解，这些理解掩盖了人类和地球的那些更为广泛的需求。当基因组科学家和政策制定者一次又一次地进行咨询时，来自各行各业、政界和经济界的人，试图将基因组学和他们日常生活中更为关注的那些事情联系起来。塔斯基吉的人说他们无法进入一家医院。尼日利亚伊巴丹的人开始讨论如何支持他们的社区卫生中心。美国得克萨斯州休斯敦的人设想在当地的一所大学里有一个捐赠的席位，这样他们在世界上获取知识和生活的方式就可以传给今后几代的古吉拉特移民后裔。苏格兰的人要求与苏格兰民族的人民共享基因组研究的好处。通过政府雇员、科学家、生物伦理学家、人类学家和社会学家各自的努力，在某些案例之中产生了具体效应。国立卫生研究院为延长社区卫生中心的工作时间提供了支持。苏格兰一代计划制定了一项利益共享协议。然而，在每一个案例之中，收益都是有限的和短期的。虽然美国国家人类基因组研究所确实有为尼日利亚伊巴丹的社区卫生中心提供支持的打算，但是他们决定再也不提供那种支持。正如一位参与多次讨论的生物伦理学家向我解释的那样，向所有社区提供这一服务是不可行的；国立卫生研究院从事的是研究工作，而不是医疗保健工作。正如其他基因组科学家解释的那样，尽管他们相信资源分配和满足基本的卫生需求很重要，但这些不是他们有能力改变的事情。

然而，这是真的吗？当然，一种不同的反应是有可能的。不过，为此，我们需要不同的故事。

重新记忆生活

阿伦特认为，故事是言语和行动的最终结果，它们源自我们与他人的生活。它们展现了我们，让我们的思想和行动对他人真实而有意义。[74]它们出于利害关系，将我们聚集在一起；亦即，它们是"人与人之间的关系，因此能让他们联系在一起"。[75]他们也在促进持续性记忆的意义上帮助我们，同时将我们视为自己共同世界的"亲朋"而赋予新形式的意义，去重新记忆。[76]

本书对我们努力创造的故事做出了微薄的贡献，这些故事可能会让我们聚集起来，创造集体的意义和世界，以回应多元化。通过我所讲的故事，希望读者们能意识到其他对基因组学的看法可能与自己不同的人就在眼前。通过与这些差异的互动，我希望与其他人一起思考新的理由，从而让后基因组时代的集体评价在日后产生。

最近，在旧金山湾区的一项研究表明，故事能够聚集不同的人辩论和评判基因组学。2012年，美国国家癌症研究所资助了阿拉梅达县"减少癌症差异"的网络计划。[77]阿拉梅达县有很大比例的人没有保险或者保险不足。国家癌症研究所试图提高这些服务不足的社区在癌症筛查和生物样本库上的参与度。癌症基因组图谱（TCGA）刚刚起步，它面临的一个常见问题是少数族裔群体的参与率低。

加利福尼亚大学旧金山分校行为与社会科学系助理教授，翻译基因组学跨学科伦理、法律和社会问题研究中心副主任朱莉·哈里斯-韦无意为癌症基因组图谱招募人员,但是想了解服务水平较低的各社区对生物样本库的担忧。因此,2013 年,她申请了补充资金,以支持与阿拉梅达县的非裔美国人社区对话。[78] 具体而言,她提议人们聚集在一起讨论丽贝卡·斯科鲁特的《永生的海拉》一书。哈里斯-韦和社区带头人与阿拉梅达的非裔美国人教会合作,召开阅读小组来讨论这个故事:未经其本人同意,从一位年轻的非裔美国妇女身上提取组织,利用这些组织创造出一些被称为第一代生物技术的细胞系——海拉细胞系。哈里斯-韦报告说,这本书的作用是将人们聚集在一起。各种讨论的范围广泛,还探讨了多个重点关注的问题:黑人的身体是研究对象,而不是医疗的对象;科学家富裕了,社区却陷入贫困;社区缺乏获得有关研究实践和目标的有意义的信息。对这些问题的讨论引发了对可能的补救方式的探讨。一个常见的回答出现了:"在我能发现一些让我的人民享有的东西之前,我不会参与研究。"[79] 然而,这并不是故事的结局。阅读小组的成员也对具体行动提出了建议:"简简单单地给我们一个号码,就像社会保险号码、驾照号码那样……我们可以登录一个数据库,能够知道所有访问和获取我们的样本的人,可以确切地知道样本的用途。"[80] 其他人建议,这样一个跟踪号码,可以用于对样本被他人使用的个人和社区进行补偿。

除了让社区更容易理解和响应研究,阅读小组的参与人员还认为,卫生专业人员需要更好地理解和响应社区。他们主张,医疗保健专业人员需要放慢脚步,让自己了解与他们共事的人。只有这样,他们才能有效地与社区建立联系,并与之有效合作。[81]

就像阿伦特使之理论化,阿拉梅达的教会阅读小组演示的那样,围绕故事聚集在一起讨论,培养出了对各种差异性的思考。[82] 这种扩大的想法为判断如何去创造支持和培育更加多元化的生活的世界提供了依据。

公正：创造思想和生活的制度性条件

然而，这种想法如何才能维持下去呢？聚集在阿拉梅达的教会成员和研究人员，与 10 年前在塔斯基吉遇到的生物伦理学家、遗传咨询师和社区成员面临着同样的挑战：他们得到支持去进行对话，但没有得到支持将对话成果转化为政策。此外，从资助机构的角度来看，其首要目标不是让社区参与关于基因组研究和生物样本库价值的讨论，而是要提高少数族裔的参与率。这次范围更广的讨论，是由于核心调查员朱莉·哈里斯-韦独特的培训和指导，她在卫生教育和健康行为领域拥有公共卫生硕士学位（专攻社区卫生促进），还拥有公共卫生遗传学博士学位。为了让这项工作继续下去，并带来实质性的改变，不仅是个人，机构也必须履行这些承诺，从而去了解新形式的技术科学对不同生活的价值和意义。为了让这一点成为现实，我认为"公正"必须成为人们关注的焦点。

当然，对科学技术的思考而言，"公正"一词并不新鲜。正如我在前文中提到的那样，"公正"与"知情同意权"和"慈善"是对生命伦理学进行定义的《贝尔蒙报告》中提出的三项原则，至少在美国是如此。然而，正如法律学者帕特里夏·金在其 2004 年的口述历史中所指出的那样，她和《贝尔蒙报告》的其他作者对于如何处理公正问题没有"太多线索"。当时，情况看来还不紧急。重点在于"类似于塔斯基吉"这样的问题，即在没有通知他们或征得他们同意的情况下就对他们进行研究。知情同意权的提出看来显然是解决方案。[83]

然而，如今，在一个信息获取得到广泛推广的时代，在某些方面，问题恰恰相反。信息太多了。信息的价值是什么，它为谁服务？我们需要的并不是推动对所有信息的开放性访问，而是去广泛参与有关信息本身是如何形成的问题：这些信息是为了什么目的，对谁有利？这些关于支配我们集体行动的第一原则——或者说最重要的美德形成的问题是关于公正的问题。[84] 如何回答这些问题并不简单。虽然向研究对象告知研究项目的计划远不是一个自动的任务，但是它从显而易见的位置开始：研究的各项提议，以及人类受试对象的审查应用程序。不太清楚的是，如何去评价信息的形成和其价值。它不是符合各种有序的官僚程序的东西。相反，它需要与人——许多人接触。这需要注意各种分歧。信息可能意味着什么，它可能为某些人带来什么益处，与它对其他人意味着什么大不相同。我们根据人类群体对这些差异进行分类的努力往往会失败。正如那些为肤色和遗传学政策进行计划的社区工作人员强调的那样，谈论"非裔美国人"对基因组信息的看法是不可能的。不同的阶级、种族、性别、宗教和历史背景，产生了许多差异。我们对谁是"人们"的理解也必定伴随着类似的批判情感。我认为，他们并不反对科学家。科学家也不是一模一样的。他们对基因组信息价值的评估也有差异。

创造制度条件，让科学家、人文主义者、艺术家、社区成员、活动家和政策制定者能够发现和参与这些差异，对于促成许多人可能认为的公正的决策所需的理解至关重要。过去10年里，在我自己工作的大学里，为了促成这些交流，我一直在参与培养所需的正式和非正式基础设施的各项工作。从一开始，这些工作就包括我们的基因组科学家，以及大学里的自然科学家、社会科学家和艺术家。事实证明，对公正的关注是至关重要的。在早期，我们成立了科学和公正工作组，以共同解决可能关系到我们所有人的问题，但我们为此提出了不同的方法和观点。[85] 艺术实践、人类学方法和材料科学结合在一起，形成了一个温室，成为理解"可持续粮食生产对科学家和农民的不同社区意味着什么"的枢纽。社会科学家和历史学家与法医人类学家合作,帮助创立一个关于法医科学专业和实践中种族分类的使用和意义的对话机制。[86] 对我们的成功至关重要的是长期持续的制度支持。虽然我们的工作得到美国国家科学基金会的支持,但若没有我们大学核心管理机构的长期支持,这项工作是不可能进行的。[87]

对科学和公正问题有意义的变革性参与,需要这种长期性的制度承诺。这种承诺如何才能越过北卡罗来纳州红杉林中的一所因培育新颖思维而著称的大学的界限(而得到推广)呢?

虽然我不能冒昧回答这个显而易见的问题——答案会有许多,而且会根据各种具体背景产生,但是我认为,在美国,现在是时候重新审查《贝尔蒙报告》,召集一个新的全国委员会去重点关注公正的原则了。该委员会至少能解决以下三个问题。首先,公众如何形成和聚集起来,以促进对科学技术的价值和意义进行集体判断?为了回答这个问题,委员会可以审查迄今为止吸引公众参与和咨询新兴科学和技术形式所做的各种努力。从亚拉巴马州的塔斯基吉,到苏格兰的爱丁堡,再到尼日利亚的伊巴丹,从基因组学到干细胞,再到纳米技术,我们学到了什么?虽然国立卫生研究院、惠康基金会和其他国家资助机构已经为这些问题的磋商和民众参与项目进行了投资,但据我所知,对其成果的研究和评估投入的资源很少。

在其他领域,理解公共空间和关键对话的各种努力也将会有意义。城市社会学和地理学中关于这些进程中的种族、阶级和性别结构的学术研究,将会特别具有针对性。正如那些参与肤色与遗传学社区政策项目的人解释的那样,在哪里进行"民主审议"以及谁促进"民主审议"是重要的。"例如,有些人可能会觉得来到一家医院或一座政府大楼,参加一次公共卫生官员主持的谈话很舒服。其他人可能觉得在教堂聚会更舒服，而另一些人可能宁愿在世俗的社区中心聚会。"[88]

应当解决的第二个问题是："公共对话与政策变化如何才能联系起来？"正如阿伦特一直在提醒的那样，陈述不能脱离行动。许多原住民权利活动家和学者被要求参与基因组研究。正如他们反复主张的那样，没有行动的言论是另一种形式的压迫；它需要工作，但不会带来持久的改变。[89] 诸如精准医疗计划之类的倡议，应建立在与政策变革机制明确相关的公共参与活动之中。当人类基因组计划最初开启之时，美国有一个技术评估部门，能够帮助促进这些联系。1995年，这个部门被关闭，这是保守派对公共政府的批评结果的一部分。[90] 20年后，是时候重新考虑是否需要一个能够支持对科技进行关键性公共审议的机构了。[91]

最后一个，也就是第三个问题是：科技创新与不平等之间的关系是什么？这两者之间日益扩大的差距，可能是21世纪最初几十年的决定性问题。在过去10年间，当人们聚集在一起，试图理解基因组学在他们生活中的意义时，这种现象也一再出现。基因研究在顾不到基础医疗保健的情况下，有什么意义呢？这个问题值得我们共同关注。

协调一致关注这些问题，并且呼吁资助机构和伦理审查委员会处理这些问题，可能要走很长一段路，才能取得一条处理公正问题的线索。

后人类基因组时代的生物学思想？

我认为，对公正问题的关注，也将有助于解决基因组学提出的基本知识问题。辨别基因组学的价值不仅是一个谁受益的问题，也是一个我们能了解什么的问题。谁能理解基因组信息，成为当今的生物学和医学专家？有没有人能理解人类基因组，或者说基因组学已经开创了一个计算机思考而非人类思考的时代？

今天，数字计算机处于基因组学的核心。由于基因组学涉及大量数据，许多人认为这些数字计算机将仍然是这一领域的必经之路。[92] 一位基因组信息基础设施的架构师向我解释道："你获得了一条拥有如此多数据的路，乃至于需要计算机将其简化为可以理解的某种东西。"[93] 然而，这一论点应当扩展到何种程度呢？虽然计算机对大数据的完整基因分析必不可少，但这不是解读基因组的唯一方法。在基因组学领域，有些科学家团队不是通过编写计算机代码，而是通过分析序列数据本身，来为基因组注释的。就像个人基因组学公司的生物学综合管理人员那样，他们仔细阅读科学文献，创造出解析工具，用这些工具对人类基因组中有意义的部分（例如，基因在何处停止和开始）做出判断。然而，虽然生命科学领域的许多人承认他们工作的价值，但是要支持和发表相关内容，变得日益困难。这类基因组注释团队的一位成员向我解释道："我认为编辑们实际上更重视自动预测，而不是人工注释。很难发表人工注释内容，因为你只做了一个子集。他们总是说：'好吧，这不是基因组。'我们确实对编码区域1%的基因组进行了选择性剪接比较，还将其与小鼠和人类进行比较，有一些新的发现。但是，它当然不是整个基因组，所以基因组生物学界甚至不会看一眼，也不会将其发送给审稿人。"[94] 在对人类基因组测序的工作当中，速度和规模成了决定性因素。因此，基因组学领域的关注重点是将行动缓慢的人类从现场移除，用更快的、有计算机支持的自动测序仪器取代他们。

现在的任务不再是对人类基因组进行测序，而是对其进行解读，那么对自动化方法（如全基因组分析）的倾向将影响我们对基因组的了解和我们对其了解的质量。例如，考虑一下，人类基因组计划已完成十多年，基因组学界仍然未能对蛋白质编码区域在基因组中的位置问题达成一致意见。计算机支持的自动注释可以预测它们的位置。然而，正如一位致力于开发人类基因组参考序列的人向我解释的那样："我们还没有手动注释整个基因组的第一个关口。所以，仍然存在几个自动预测，尤其是在 15、16、17 和 18 号（染色体）上。"这些自动预测大部分时候都是正确的。然而，她解释道："规则总是会遇到例外情况。这就是为何我们仍需要人工注释。"[95]

个人基因组学公司进入基因组学领域，让这些更深层次的认识问题突显出来。当琳达·埃维、安妮·武伊齐茨基和谢尔盖·布林最初设想成立一家公司，可以让人们用谷歌搜索他们的基因组时，他们设想的是将谷歌的计算机能力、数据管理和处理能力引入生物学领域。他们强调的主要问题是，他们认为一个过时的、家长式的伦理制度阻碍了人们获取他们的基因组中包含的强大信息。他们很快发现，这不是唯一的，甚至不是主要的挑战。更加重要的挑战是，他们面临一个知识问题：算法能了解生命吗？计算机和信息学可以为大量基因组数据提供存储、管理和寻找模式的极佳工具。然而，将基因组数据转化为有意义的知识，仍然需要人类做出判断，即使用哪种算法，以及为这些程序输入哪些数据。[96]

当计算程序替代思维训练时，会发生什么？那么，了解这个世界所需的判断会变成什么？利奥塔尔和阿伦特提出的这些问题至今依然存在。过去 10 年间，许多与我交谈过的计算机科学家和数学家希望找到一个实用的答案。一位与解读基因组的公共工作关系密切的科学工作人员向我解释道："计算机应当引导和告诉人们该去了解什么。"[97]根据这种想象，计算机做的是人类不必耗费时间去做的死记硬背的工作，也是引导解决更加困难的解释性问题的途径。换言之，计算机让人类去自由地处理更有趣和更加困难的生物学问题。

然而，在更广泛的生命科学领域之中，计算机和信息学的兴起提出了一个关于生物学构成的更基本的问题：计算机和信息技术不仅能帮助生物学家做他们已经着手去做的事情，而且能改变生物学实践的本质吗？正如生物信息历史学家哈勒姆·史蒂文斯所指出的那样，信息学将工作和思维方式引入生物学之中，这就要求扩大和加快数据的生产和管理。这种工作模式可能适合计算机和为其编程的计算机科学家。[98] 然而，在过去几个世纪之中人工设计出来的用于了解生命的大量生物学知识和规则，例如分类学、描述性发育生物学，不适应这种大数据方法的话，将会变成什么呢？

后基因组时代是一个我们正在试验各种答案的时代。在这个实验的最初几年，我们学到了一个教训——一个跨越公司研究计划，从"23与我"公司到惠康信托基金会的人类和脊椎动物分析和注释小组，即机构仍然必须找到支持基于人类自身的阅读、思考和判断的方法。支持人类思考可能既昂贵又复杂，但生命的需要不会比这更少、更简单。[99]

与基因组学和生物医学形成一种新的社会契约：从广告牌到科学与公正

我们生活在一个有着巨大希望和巨大绝望的年代。无论你站在哪里（在实验室工作台上拿着移液管，还是站在街上举着抗议标志牌），都会有很明显的危机意识。在一场引人注目的运动之中，基因组学的领导者成为这种根本性变化的感觉的标志。这种变化不仅对生命的了解提出了宏大的见解，而且呼吁根本性的社会变革。最值得注意的是，美国国家科学院联合主席苏珊·德斯蒙德-赫尔曼关于精准医疗的报告，呼吁与生物医学建立一种新的社会契约。在发出呼吁之时，德斯蒙德-赫尔曼借鉴了将身体与民主公民身份联系起来的悠久历史。人体组织捐赠在社会结构中起到核心作用的观点可以追溯到第二次世界大战，当时公民通过献血来支持战争工作。[100] 英国社会科学家理查德·蒂特马斯在他的名作《天赋关系：从人类的血液到社会政策》(*The Gift Relationship: From Human Blood to Social Policy*) 一书中称赞献血是一种支持"二战"之后民主福利国家形成的利他主义行为。"二战"后在英国创立的多个机构，最为著名的是英国国民医疗服务体系，它体现了这一道德原则。与此同时，美国红十字会将献血当作公民义务的一种形式加以推广。[101]

捐赠人体组织的利他主义行为，在玛格丽特·撒切尔及其后的几任英国首相分解福利国家之后，仍留存下来。"9.11"恐怖袭击发生之后，在纽约市献血的长队证明，在美国，公民身份的感受仍然与献血密不可分。[102] 当德斯蒙德-赫尔曼和加利福尼亚大学旧金山分校呼吁他们的患者与医疗供应方分享自己的 DNA 和数据时，他们利用了这些感觉。

然而，自从第二次世界大战以来，情况发生了巨大变化。对于数据交换和血液交换来说，道德经济的权利构成已不再清晰。正如科学家已不再直接与其他科学家共享数据去推动一个相对明确的科学界的目标一样，公民也不再直接向另一个有需要的公民献血。[103] 相反，献血要通过一系列复杂的生物技术和经济实践，血液将被分解成不同的部分（例如红细胞、血浆、DNA 和数据），然后分发给一系列机构，这些机构极易被归类为私人或公共机构。在这些条件下，给予或接受人体组织意味着什么还不清楚。当然，这并不意味着支持社会民主国家。相反，正如社会科学家凯瑟琳·瓦尔德比和罗伯·米切尔所问的那样，这是否意味着"身体成为免费商用生物材料的开放来源呢"？[104] 开源精神与市场逻辑的融合，已经让医疗供应方、生物医学科学家和被请求捐献血液和 DNA 的人之间产生了明显分歧。在这样的情况下，谁能知道在一个人共享他的数据和 DNA 时，有什么公共利益，这种公共利益又是否被代表了呢？[105]

一些基因组科学家对数据共享提出了类似的问题。共享可能导致无法预料的各种问题。百慕大原则要求在 24 小时内共享数据，这妨碍了数据的质量控制。它还将许多资源用于上传数据。讽刺的是，像国立卫生研究院这样的公共机构，已经开始放弃继续提供维护所有数据所需的支持。公开数据的承诺会导致生物信息渠道私有化。[106] 在这些条件下，公开数据的承诺是否仍有最大的实践和伦理重要性？依据是什么？

要想与生物医学形成新的社会契约，这些关于生命科学道德经济权利构成的问题，都需要集体关注。从过去的悲剧和希望中建立起来的道德经济还不够。相反，我们必须重新定义什么是可以思考的，以及怎样才能与之共同生活。对数据基础设施的大量投资、生物医学在人们生活中的作用越来越大，以及全球化和信息资本主义的加剧，定义了后基因组时代。要理解和解决这个时代的知识和公正的各种境况，需要基础性的新思想、想象力和各种资源。

这些不是用一个新闻采访的原声摘要播出和路边媒体（广告牌媒介）能解决的问题。所有生活在旧金山第三大街的人，从闪闪发光的建筑物到被腐蚀和污染的码头，都需要更多的东西。这是科学和公正的问题。

尾　声

　　重新定义可能性。这个时代需要这么做。这是可能做到的。

　　这个道理，我在一定程度上，是从完成本书的研究和写作之旅的地方——滕珀尔霍夫公园的边缘地带了解的。这是德国柏林中部的一片非常大的草地，几个世纪以来一直是军事演习和国家权力示威的场所。普鲁士陆军用这些场地进行训练，供历代德皇观礼。1933年五一劳动节，新成立的纳粹政府在这里举行了一场百万人的大规模集会。希特勒监督将机场（建于1923年）扩建3倍的计划，建造他称为"日耳曼尼亚"的机场，这是他想象中将成为通向欧洲门户的世界最大机场。[1] 他的政权搬到哥伦比亚集中营，这是纳粹建立的最早的一批集中营之一，位于柏林城北部的萨克森豪森，为机场扩建腾出空间。韦斯特鲁格强制劳动营仍在。[2] 在大草地的尽头，这片有着1.23千米弧形无柱屋顶的建筑物占地30万平方米。据报道，今天，它仍是世界上最大的保护建筑物。[3]

　　希特勒战败，第二次世界大战结束后，美军进驻，坦普尔霍夫成为美军的主要航站。冷战时期，在苏联试图切断西柏林的对外联系时，这里又成为运送食品和物资的飞机的主要航站。美军在这里一直驻扎到1994年。机场到2008年都在运营。

2016年8月,坦普尔霍夫的主航站楼建筑物(作者拍摄)

2016年夏,坦普尔霍夫公园的一个周五夜晚(作者拍摄)

随后,坦普尔霍夫成为一个斗争的场所。就像旧金山的第三大街一样,此地是一片庞大的地产。开发商希望在这片地区20%的土地上建造4700套新房子和一个公共图书馆。他们承诺其中的一些房屋是社会廉租房。许多柏林人不相信这个说法,以压倒性多数票决定将这一地区留作供柏林人民进行社区发展的空间。[4] 今天,尽管很困难——至少对一个生活在快速发展的旧金山的美国人而言是如此,坦普尔霍夫公园是一个为骑车人、轮滑爱好者、出外野餐的人以及书籍交换、鸟类停留和社区工作服务的空间。

2016年夏,坦普尔霍夫公园的自行车工作站(作者拍摄)

8月下旬阳光下的坦普尔霍夫公园(作者拍摄)

这次投票也让德国的一些人感到困惑。德国全国性日报《世界报》的副主编乌尔夫·勃沙特评论道:"奇怪的柏林仍在继续这么做。"⁵然而这里的人们决定生活可以以其他的方式继续下去。今日的坦普尔霍夫是一个许多人聚集和会面的地方,包括成千上万居住在以前的机场大楼和机库里的人。

2015年,7.9万个逃离本国迫害的人来到柏林,住房供应告急。一些人认为坦普尔霍夫没有足够的设施来满足这些需求:没有足够的浴室,没有足够的隐私。另一些人担心,对这一地区的住房开发,违反了2014年的柏林全民公投,当时柏林人投票决定不让机场发展房地产业。⁶最终做出的决定是将机库改建成临时住房。今日有1700人住在这些设施里。住宿条件远不理想。大量群居不可避免地导致各种紧张关系,家庭隐私和舒适度缺乏保障。

然而应对这些紧张和困难的工作,已经对欧洲日益增长的仇外心理做出鼓舞人心的回应。一些人已经建立社交网站,让柏林市的老居民请新来的移民到家里共享晚餐和学习。⁷另一些人已经制订了一些计划,

2016年8月,坦普尔霍夫的自行车维修点(作者拍摄)

以便让任何人，包括像我这样的美国人，有机会在坦普尔霍夫充当志愿者，教授英语，烹饪食物，做类似叠孩子衣服这样的一些日常工作。还有一些人在曾经通铁路的小街小巷里开办了咖啡馆和自行车维修点。

今日的坦普尔霍夫深受许多人喜爱。我认为，这并不仅仅是因为在一条飞行跑道上骑自行车和奔跑非常美妙（这的确很妙！），还是由于在这些偏僻的走廊地带，在这些工作当中发生的事情，弥合了各种巨大的分歧，走出了各种艰难逆境，让千家万户得以安家。坦普尔霍夫令人感动和鼓舞人心的是，它是在面临巨大麻烦和诸多巨大困难的时候，将人们聚集在一起去创造另一个可能的世界的地方。

旧金山第三大街、基因组学和生物医学创新，在概念上和地理上似乎都有着天壤之别。尽管如此，可能存在解读数者之间联系的因素。德国在移民和基因组学方面的政策是独一无二的。直接面向消费者的基因检测实际上是被禁止的。[8] 移民是受到欢迎的。两者背后的原因是一致的。这个国家经历过一场所谓的有科学根据的恐怖时期，将本国人民分为被授予生活权利和公民权的人与被剥夺这些权利的人，在许多情况下，后者被剥夺了生命。众所周知，阿伦特宣称原因不是邪恶的个别人，而是一个无思想的官僚机制。[9] 其他人记录了从美国和英国输入的优生学理论为绝育和种族灭绝法律起到的背书作用。[10] 一些人因为阿伦特责难受害者而批评她。许多人将优生学问题视为科学的一个糟糕问题。无论你的立场如何，显而易见的是，遗传学，在关于公民权、真理和公正的国家决策当中，已经发挥了，而且会一直发挥强大的作用。[11]

许多人可能会遗忘或忽略，在风险投资注入动力的定制药物和精准医疗的全部希望之中，基因组学可能会发挥的正面或负面的作用。然而，正如本书中的故事证明的那样，在人类基因组测序完成后的10年里，那些被要求为基因组学提供血液和 DNA 的人并没有忘记。从亚拉巴马州的塔斯基吉，到得克萨斯州的休斯敦，再到墨西哥的墨西哥城，又到苏格兰的爱丁堡，献血和捐献 DNA 的行为一再引发归属问题。我是这个社区、这个民族、这个世界的宝贵成员吗？全世界的人都明白，通过对人类基因组的测序，各国政府、各大小企业和科学家们，将基因组变成了重要的东西，从而为这些重要问题提供了答案。生物伦理学家、社会科学家和法学家试图确定和解释他们的观点的同时，所传达的明确信息是：这些关于归属的重要问题不能，也不应被遗忘。

这些问题在柏林没有被遗忘。我们如何将自己与他人区分开来的难题是公开的。思考这个难题带来的各种问题，并且与之斗争是可能的。依我看，正是这一点赋予了坦普尔霍夫今日的轻松和快乐。当我完成本书，返回旧金山时，我努力去想象在湾区的那个美丽的城市里，这样的一个空间看上去会是什么样子。在那里，在地球上的所有地方，另一个世界都是有可能成为现实的。我希望《后基因组时代》一书的故事可以帮助创造这样的世界。

2016 年 8 月 27 日于柏林

鸣　谢

　　上述文章的任何能力——深层次理解和促进这个世界上美好事物的能力，都是由许多人和机构提供的数十年支持和无数个小时的思考和反思造就的。寥寥数页，根本无法充分说明我为写这一本书累积的许多感激之情。甚至当我考虑尝试去写这么一本书的时候，我就发现自己回到了赋予本书生命的那些地方。"找到更大视野的唯一方法是去某个特别的地方。"我的朋友、同伴和如此之多的想法的源泉，甚好相处的唐娜·哈拉维写道。[1] 当我形成想法，写下封面和封底之间的这些文字时，这对我而言是真的。《后基因组时代》成书，离不开在这些地方支持产生创造性愿景和思想的人们和机构，随着这段旅程的结束，我希望向他们表示感谢。

　　我的旅程从堪萨斯开始，因为这个故事确实就是从这里开始的。旅途早期，亲爱的朋友们、家人和导师，以及一些非常慷慨的资深科学家，都相信一个来自堪萨斯的年轻女孩，她梦想的不是外层空间，而是分子、思想和生命的内部空间。当时的俄勒冈州立大学生物学家和海洋生态学家罗伯特·C.沃雷斯特，在黄色法律公告页的空白处评论了一位来自大平原地区的年轻人的假设和研究建议，他认为她可以研究臭氧层空洞恶化对世界海洋初级生产力的影响。夏威夷威马纳洛海洋研究所的保罗·K.比恩方博士，给我送来了浮游生物沉淀水箱。一位本地化学家保罗·吕勒，处理了我的碳14样本。他们都尽最大努力，在我年轻的时候，将我的生活投放到生物科学之中，向我展示了科学的道德经济的力量。他们和我在堪萨斯大学的诸位导师，特别是萨莉·弗罗斯特-梅森和肯·梅森（她们将我引入分子生物学，最终引入基因组学），教导我学会对关怀、思想和热情的深深尊重。这些情怀激励了许多实践型科学家。这不是一个让科学具备可能性的完整故事，但是我从未忘记它是一个重要的组成部分。

充满热情的思考。[2] 这是最终支撑整个写作项目的东西，它在加利福尼亚大学圣克鲁兹分校找到了一个从始至终的家园。在加利福尼亚大学圣克鲁兹分校的就职面谈期间，当问到我为何要离开东海岸的一所私立大学，加入一所资金短缺的公立大学时，我答道："因为这是一个我的灵魂想要来的地方。"我年轻而天真，也很幸运。数十年来，加利福尼亚大学圣克鲁兹分校一直在前沿地带培养思想，产生了新的思维和生活方式。它帮助当时的一位新任助理教授培养了一个新的思想和行动领域，这些思想和行动在两个重要方面，即科学和公正方面，让这本书成形。我感激许多让这个领域的创造成为可能的导师、学生、同事和行政管理人员：卡伦·巴拉德、马克·迪克汉斯、伊莱恩·甘、赫尔曼·格雷、唐娜·哈拉维、莉齐·黑尔、戴维·豪斯勒、鲁斯滕·霍格内斯、克里什·休斯、齐亚·伊索拉、谢尔登·卡缅斯基、马莎·肯尼、保罗·科克、克里斯蒂娜·莱昂斯、科琳·马森盖尔、安德鲁·马修斯、杰克·梅特卡夫、泰勒斯·米勒、露丝·米勒、安·佩斯、玛丽亚·普伊赫、德拉贝拉卡萨、纳塔莉·珀塞尔、沃伦·萨克斯、阿斯特丽德·施拉德尔，还有许多参与科学与公正培训项目的研究生。[3] 加利福尼亚大学圣克鲁兹分校的其他知识中心和研究团体的支持，对科学与公正，以及本书中发展成形的思想也至关重要，特别是文化研究中心、艺术与科学研究所和意识史学系的支持。基因组科学方面的同事的支持也非常重要。感谢戴维·豪斯勒、贝丝·夏皮罗、埃德·格林、雷切尔·哈特和凯特·罗森布洛姆帮助我了解基因组学的最新进展。特别感谢马克·迪克汉斯，这位非凡的基因组代码编写者、致力于最全面地了解基因组学和生命的朋友和盟友。最后，且很关键的是，我要感谢加利福尼亚大学圣克鲁兹分校社会学部的工作人员、学生和同事们，他们支持了一种有些非传统的研究轨道，在压力下始终保持优雅和良好的幽默感，提供智慧方面的营养。在过去10年间，与你们一起工作一直是我生活中的支持和善意的不绝源泉。我想要特别感谢一路走来激励我的许多本科生和研究生，还有让我与远近的各种发展保持协调的人。特别感谢凯瑟琳·韦尔登、乔斯琳·李和米歇尔·彼得森，她们是动态后基因组时代研究小组的成员，还有汉娜·芬戈尔德、埃里克·阿尔瓦雷斯和凯特·达林，他们组成了一个绝妙的公平数据团队。

　　了解像基因组学这样的全球现象，需要在远离家乡的世界各地长期逗留。许多机构和许多人款待过我，支持本书的研究与写作，我非常感激他们。在苏格兰的爱丁堡，基因组学论坛和爱丁堡大学举办了许多卓有成效的活动。非常感谢吉尔·哈多、简·卡尔弗特和史蒂夫·斯特迪与我进行了充满活力的对话，共进欢乐的晚餐。还要对史蒂夫说，特别感谢你带我多次去爬山，有一次我们经历了令人印象非常深刻的大雪！我还要感谢苏格兰一代计划的工作人员和研究人员的支持，他们多年来都亲切地配合接受许多采访，带我参观了他们的实验室和各种设施，甚至还为我的研究进行介绍，提供重要的评论和反馈。

　　在英国的其他地方，我非常感激伦敦经济学院、国王学院、萨塞克斯大学、剑桥大学和华威大学的同行们，他们在过去十年接待我这么一个访问学者，对本书的许多章节提供重要的批评性反馈。特别感谢卡罗琳·巴塞特、卡洛·卡尔杜夫、卡丽·弗里泽、埃米·欣贝格尔、凯特·奥赖尔登、布朗温·帕里、芭芭拉·普兰萨克、尼古拉斯·罗斯和罗斯·威廉斯。

2013年春，我非常幸运，在布鲁谢基金会（Brocher Foudation）日内瓦湖岸边华丽的土地上度过了两个月时间。在那里，美丽的落日和湖中美妙的天鹅激发了我的灵感，我认真地开始写作。我非常感谢阿尼克·热拉尔、玛丽·格洛克洛德、埃利奥特·盖伊、菲利普·珀莱和罗兰·佩莱，对我们所有来到你们的湖岸边需要物质支持的人，照顾得如此周到，来实现雅克·布鲁谢和卢塞特·布鲁谢设想的愿景，在这一愿景之中，科学和人文思想从未分离。我还要感谢在那两个月内给予我友爱之情和一起打乒乓球的新同行们，特别是要感谢马克·坦南特将我们组织成一个阅读小组，为完成本书第三章和第五章的初稿提供了动力。

2014年10月，我写作本书的最后一个阶段时走访柏林，这是我四访柏林的第一次。在柏林，我在马克斯·普朗克科学史研究所度过了卓有成效、获益良多的几个月，一开始是在人类基因变异知识史研究小组，然后是人为现象、行动和知识研究小组。非常感谢韦罗妮卡·利普哈尔特的最初邀请，感谢她的团队对我这本书的批判性参与和长期持续的积极知识交流。特别感谢珍妮·班厄姆和萨拉·布莱克。珍妮帮助我了解输血与遗传学和生物医学中的数据共享历史和转变的各种意义。珍妮和莎拉都成为我宝贵的伴侣，大家一同充满烦恼和灵感地努力去理解如何在面临诸多历史的现实中生活，正是这些历史在推动和引导我们前进。最后，非常感谢伊丽莎白·埃平格，在我首次来到柏林之时，她与她那当时 6 个月大的女儿阿格尼丝与我在机场见面，在过去数年帮助我开创了一个意想不到的富有的新家。先是成为布鲁谢基金会的伙伴成员，然后成为东德的四个鸡尾酒会的联合东道主，我们共同推动改善知识产权制度来帮助那些最需要的人，在我们联手的同时弥合正在出现的各种政治分歧！

最后，我要鸣谢分布在世界各地的科技研究界人士，是他们在支持一个初露头角的年轻科学家在最深层次意义上探索科学和知识。社会科学研究年会，以及世界各地的正式和非正式社会科学研究网络，使得像《后基因组时代》这样的图书项目成为可能。我要特别感谢我早期的几位导师，是他们一直在支持我和这些更为广阔的世界。他们是：希拉·亚桑诺夫、史蒂夫·希尔加特纳和伊夫琳·哈蒙兹。

写作本书所需的前往上述这些地方的旅行，以及广泛的人种学实地考察和历史研究，依靠几家机构的慷慨资助得以实现。本书的写作是在美国国家科学基金会的资助下启动的，基金会拨款让我进行参与行为悖论研究（资助号码 0351475）。本书的完成，离不开国家科学基金会拨款资助号 SES-1451684 项目的支持，这一项目是资助"公平数据"研究会的。这项研究引导了我的结论性想法，这一研究会上披露的种种讨论让我的这些想法成形。虽然我感激国家科学基金会的支持，不过理所当然，在本书中表达的意见、发现、结论和建议，都是我的个人之见，并不必然反映国家科学基金会的观点。本书的研究和写作还得到英国经济和社会科学研究委员会的杰出访问伙伴关系项目，以及布鲁谢基金会和马克斯·普朗克科学史研究所的驻留项目支持。最后，我要感谢加利福尼亚大学圣克鲁兹分校学术研究理事会和社会科学院多年来对本书的支持。

归根结底，任何一本书的写作都是得到许多人的集体支持的，是这些人在耗费时间回应这项工作。我感谢宾夕法尼亚大学、美国国家人类基因组研究所、西北大学、兰卡斯特大学、爱丁堡大学、斯坦福大学、牛津大学、（纽约）新学院、埃克塞特大学、奥斯陆大学、加利福尼亚大学伯克利分校、加利福尼亚大学圣迭戈分校、伦敦政治经济学院、国王学院、康奈尔大学、加利福尼亚大学洛杉矶分校、旧金山州立大学、华盛顿大学、哈佛大学、剑桥大学、弗赖堡大学、哥本哈根大学、耶鲁大学、慕尼黑的路德维希·马克西米利安大学、卡拉马祖学院和华威大学的观众和听众。我要特别感谢乔安娜·雷丁和耶鲁大学的多位研究生，以及华威大学的罗莎琳德·威廉斯和埃米·欣特贝格尔，是她们二位组织多次研讨会，扩大了我这本书和更为广泛的"科学与公正"的领域。

各种期刊也为学术的发展提供了重要支持。我感激《生物科学》、《科学传播》杂志和《个性化医学》的编辑和盲评专家，让本书第四章和第五章的各章节早期版本首次问世。[4]

我也非常感谢阅读本书的一个或多个章节，并且提供批评反馈意见的朋友和同行们：米沙·安格里斯特、珍妮·班厄姆、萨拉·布莱克、杰森·博贝、莉萨·布鲁克斯、鲍勃·库克·迪根、安杰拉·克里杰、乔治娅·邓斯顿、特洛伊·迪斯特、马利亚·富勒顿、吉尔·哈多、朱莉·哈里斯-韦、唐娜·哈拉维、琼·麦克万、阿朗德拉·纳尔逊、凯特·奥赖尔登、斯库利·西古德松、埃德·史密斯、哈勒姆·史蒂文斯、南希·斯托勒和史蒂夫·斯特迪。感谢你们帮助我改进本书的思维，以及你们对本书的关心和支持。

整整十年来，有几个人一直和我在一起，一直为我提供批判性的知识支持，让我感受到友谊。感谢金·塔尔贝尔（Kim Tallbear），你与我共享这段旅程，并且将对公正的承诺当作一种指导力量。感谢阿朗德拉·纳尔逊，为我们在一个关键时刻为本书的多个章节交换意见，以及我们的相互支持，确保了本书的成功。谢谢你。感谢丽贝卡·赫齐格，你对我走过的路和看待这个世界的方式的信任一直在持续，这是我这一生的希望的基础。感谢你一直提醒我在这条路上坚持。感谢唐娜·哈拉维，谢谢你充满激情的思考，谢谢你帮助我了解我为我们的世界带来得东西，感谢你坚定的长期友谊。对于凯特·奥赖尔登，我敢肯定，听到我讨论在本书每一个章节出现的各种想法的次数要比我想承认的更多，用语言已经无法表达我的感激之情。感谢你在这 10 年间，见证、支持和鼓励我成为一个思想者和人。

我同样感激那些确保我在完成这个长达 10 年的写作项目时保持清醒的人。感谢科琳·马森盖尔、凯特·达林、乔·克勒特、南希·斯托勒、贝卡·古特曼、萨拉·布莱克和珍妮·班厄姆在最后几个月为我加油，给予我支持。还要感谢"布里克西"，在本书写作的最后一个夏天，载着我从伦敦去柏林的这辆自行车，为了这段旅程，为了你让我对这个世界有了更新的惊奇和关怀，感谢你。我很快就会见到你！最后，特别感谢汉娜·芬戈尔德，她在最后几周不知疲倦地与我一起工作，十分专业，确保了所有的尾注、参考书目和图片都井然有序。

最后一节，我要用来感谢芝加哥大学出版社。在过去几年里，我对写作和编辑书籍的工作产生了一种新的、深入的钦佩之情。在一个今日觉得充满了威胁性的缺乏思考的世界里，这样一个阿伦特担心的世界里，将反思的、激情的思考在印刷和数码页面上具体化，让我有了对集体生活的希望。不是空虚的生活，而是充实的生活。生活值得为之而活。这就是我在芝加哥大学出版社发现的对这本书意义最为深刻的承诺。感谢我的编辑卡伦·达林，谢谢你用一种沉静而强大的力量将这些文字送入白日的光明之中，同时你也在帮助我这个作者看到外面的世界。对于如何创造能够广泛交流的文字和论据，让我骑上自行车的鼓励，"永远不要忘记屏幕外的生活"的所有建议和支持，我深表感激。最后，我非常感激埃文·怀特帮助我取得书中图片的使用许可权，感谢唐·霍尔对最终文字版的细心关注，感谢三位盲评专家，他们敏锐的仔细阅读，让这本书变得更好。

2016 年 11 月 21 日于旧金山

注 释

第一章

1. Thurston, "Why I'm Joining Helix as CEO". 2015 年，希利克斯公司从测序业巨头伊鲁米纳公司、华平基金和萨特·希尔风险投资公司获得 1 亿美元融资。
2. 如《麻省理工科技评论》(*MIT Technology Review*)所说，希利克斯公司寻求成为"一个存储你的基因信息的在线仓库"。Regaldo, "Apple Has Plans for Your DNA".
3. 同上。也可见 "About the Precision Medicine Initiative®", National Institutes of Health，2016 年 8 月 17 日访问 https://www.nih.gov/precision-medicine-initiative-cohort-program。
4. Joyner, Paneth and Ioannidis, "What Happens When Underperforming Ideas Become Entrenched?".
5. Pollack, "Awaiting the Genome Payoff".
6. Clinton, "Statement Transcribed on Decoding of Genome", D8.
7. 美国总统比尔·克林顿在白宫庆祝人类基因组草案发布时说道："现在可以想象我们孩子的孩子将会知道的'cancer（英文癌症一词在天文学上指巨蟹座）'一词只是表示一个星座而已。"Clinton, "Statement Transcribed on Decoding of Genome", D8.
8. 克林顿宣称："在人类基因组的这次获得巨大成功的探索中，呈现出的伟大真相之一是，从遗传学角度来看，所有人类，无论种族，在 99.9% 以上都是一样的。" Clinton, "Statement Transcribed on Decoding of Genome", D8.
9. 对基于 DNA 的蛋白质合成的生物学问题如何被描述为一个信息问题，然后写成"生命之书"的丰富的历史探索，见 Kay, *Who Wrote the Book of Life? A History of the Genetic Code*。
10. 值得注意的例外情况包括 Fortun, *Promising Genomics: Iceland and DeCODE Genetics in a World of Speculation;* O'Riordan, *Genome Incorporated*。
11. 当克雷格·文特尔和支持他的私人公司塞莱拉公司挑战弗朗西斯·柯林斯和国立卫生研究院的人类基因组测序工作时，这项工作吸引了公众的注意力。正如我在下一章探讨的那样，各种通俗文章将这项工作描述为一场科学巨人的战争，他们在为了谁来"拯救世界""拯救我们的共同遗产"或拯救公共科学展开角逐。见 Sulston and Ferry, *Common Thread: A Story of Science, Politics, Ethics, and the Human Genome*; Shreeve, *Genome War: How Craig Venter Tried to Capture the Code of Life and Save the World*。

12. 正如我们将看到的那样，人类基因组测序工作的决定性故事，是所谓的私人和公共资助的人类基因组测序工作之间的竞争，以及将人类基因组从私人公司和专利权的圈占之中拯救出来的努力。关于人类基因组测序的私人工作科学领袖克雷格·文特尔是否是一个自大狂，人们已经耗费了许多笔墨争论。Cook-Deegan, *Gene Wars: Science, Politics, and the Human Genome*; Shreeve, *Genome War: How Craig Venter Tried to Capture the Code of Life and Save the World*; Sulston and Ferry, *Common Thread: A Story of Science, Politics, Ethics, and the Human Genome*.

13. Baker, "Housing Crash Recession: How Did We Get Here?".

14. 在美国和墨西哥之间建造一堵墙——20 世纪 90 年代始建的两国之间的一道屏障——是与安全状态的兴起相关的全球边界垒墙兴起的一部分。见 Jones, "Death in the Sands"。

15. 虽然自从 1960 年以来，金融危机之前，对机构的信任度一直在下降，但是大多数人仍然相信大型机构能够了解和确保其投资的价值。危机之后，全球对主要机构的不信任感加深，导致许多人问，如果有任何东西仍有价值的话，那么谁能回答这个关键问题。Fournier and Quinton, "How Americans Lost Trust in Our Greatest Institutions".

16. Freedland, "Post-Truth Politicians Such as Donald Trump and Boris Johnson Are No Joke".

17. Swaine et al., "Young Black Men Killed by US Police at Highest Rate in Year of 1,134 Deaths"; Williams and Blinder, "Baton Rouge Attack Deepens Anguish for Police: 'We've Seen Nothing Like This'".

18. 希拉·亚桑诺夫诊断出生命科学领域中的这个问题。她认为，新的生命科学超越了对知情同意权和隐私的生物伦理学关注，转而涉及本质问题，即谁是公民，什么构成了他们的基本权利。她的书发展了这个学术课题。Jasanoff, *Reframing Rights: Bioconstitutionalism in the Genetic Age*。

19. 关于远离已经形成的各种理论的要求，关注世界上的各种元素是如何凝聚形成人们非常在意和关注的各种事物的论述，也可见阿伦特：《极权主义的起源》(*Origins of Totalitarianism*)。关于阿伦特对各种元素的关注和探讨，见 Disch, "More Truth Than Fact: Storytelling as Critical Understanding in the Writings of Hannah Arendt", 665–694。

20. 关于有限关心和关注的问题，见 Puig de la Bellacasa, "Matters of Care in Technoscience : Assembling Neglected Things", 85–106。要理解真相和事实，不是将它们理解成捏造出来予法律去执行公正的东西，而是法律的价值观和定位帮助去创造和稳定的事物，参见 Jasanoff, *Science at the Bar: Law,*

21. Paul, *Controlling Human Heredity: 1865 to the Present*; Kevles, *In the Name of Eugenics: Genetics and the Uses of Human Heredity*.
22. Catherine Bliss 将关于这些工作的一份叙述文字带入到她的 *Race Decoded: The Genomic Fight for Social Justice* 一书之中。
23. 联合国教科文组织，*What Is Race？*。
24. 《优生学年鉴》(*Annals of Eugenics*)变成《人类遗传学年鉴》(*Annals of Human Genetics*)。高尔顿优生学教授职位变成高尔顿人类遗传学教授职位。Kevles, *In the Name of Eugenics*，252。
25. 20 世纪 60 年代，许多人类遗传学家对血液和蛋白质的分子分析，要比对头骨和身体的测量更为喜爱。Silverman, "The Blood Group 'Fad'"，11–27。
26. Cavalli-Sforza et al., "Call for a Worldwide Survey of Human Genetic Diversity: A Vanishing Opportunity for the Human Genome Project"，490–491。
27. Reardon, *Race to the Finish: Identity and Governance in an Age of Genomics*.
28. Friedlander, "Genes, People, and Property: Furor Erupts over Genetic Research on Indigenous Groups"，22–24; "Patents, Indigenous, and Human Genetic Diversity".
29. Herrnstein and Murray, *The Bell Curve: Intelligence and Class Structure in American Life*，77。
30. 见 Schultze, Dickens, and Kane, "Does the Bell Curve Ring True? A Closer Look at a Grim Portrait of American Society"。
31. 作者的现场笔记，2015 年 4 月 29 日。Donohue, "Beyond Ethics: The Scientific and Technological Development of the International HapMap Project 1998 to 2005"。
32. 如美国国家人类基因组研究所的一位项目主管向我解释的那样："我们真的需要把人力放回到测序项目之中。这是美国国立研究所。出于做对医学有用的事情和回答国会的问题这两个理由，我们都确实需要说，我们的测序项目包含一个关于人类的部分。" 2005 年 5 月 30 日，作者的采访记录。
33. International HapMap Consortium, "Integrating Ethics and Science in the International HapMap Project"，5。
34. 虽然凯瑟琳·布利斯记录了基因组科学家们为构建一种新的反种族主义"种族科学"所做的各种努力，但是她调查的这一时期却与 HapMap 进行这项工作的时间相符。在 21 世纪初，基因组科学家仍然避免使用"种族"一词，许多人仍然否认这个词具有生物学意义。Bliss, *Race Decoded: The Genomic Fight for Social Justice*; Angier, "Do Races Differ? Not Really, Genes Show".
35. International HapMap Consortium, "Integrating Ethics and Science in the International HapMap Project"，5。
36. 同上。

37. Reardon, "The Democratic, Anti-Racist Genome? Technoscience at the Limits of Liberalism", 25–47；Horton, *Race and the Making of American Liberalism*; Starr, *Freedom's Power: The True Force of Liberalism*。
38. Avey, "Reminiscing".
39. Church, "The Personal Genome Project".
40. Ball et al., "Harvard Personal Genome Project: Lessons from Participatory Public Research"，10；Bobe, "Open Humans Network: Find Equitable Research Studies and Donate Your Personal Data for Public Benefit".
41. Clinton, "Statement Transcribed on Decoding of Genome"，D8.
42. 洛克：《政府论》(*Two Treatises of Government*)；Starr, *Freedom's Power: The True Force of Liberalism*。
43. 2013年9月11日，对弗朗西斯·柯林斯的采访。
44. Scherer, "Secret Sharers: A Close Look at Privacy, Surveillance, and Hacktivism"，20–27.
45. 见"I Want My Genome"，Genome Web，2014年3月27日访问 http://www.genomeweb.com/blog/i-want-my-genome。
46. Cohen, "Egyptians Were Unplugged, and Uncowed".
47. 今天，不仅基因组的价值，就连社交媒体的价值，也受到质疑。值得注意的是，许多人现在质疑脸书和推特在"阿拉伯之春"运动的中心地位。学者和活动家认为，将这场起义称为社交媒体革命，会让那些没有资源访问社交媒体的人发挥的作用被边缘化，忽视社交媒体在加剧两极分化中扮演的角色，也无法面对私营企业拥有的一个平台的各种局限性。见 Shearlaw, "Egypt Five Years On: Was It Ever a 'Social Media Revolution'？"。
48. Castells, *The Rise of the Network Society*; Dean, *Publicity's Secret: How Technoculture Capitalizes on Democracy*.
49. "Genomics Gets Personal: Property, Persons, Privacy".
50. Bowker and Star, *Sorting Things Out: Classification and Its Consequences*.
51. 斯科鲁特：《永生的海拉》。
52. Axelrod, "The Immortal Henrietta Lacks".
53. Gilroy, *Against Race: Imagining Political Culture beyond the Color Line*; Landecker, "Between Beneficence and Chattel: The Human Biological in Law and Science"; Wald, "Cells, Genes, and Stories: Hela's Journey from Labs to Literature".
54. Goldberg, *The Threat of Race: Reflections on Racial Neoliberalsim*; Jones,《脏血：塔斯基吉梅毒实验》(*Bad Blood: The Tuskegee Syphilis Experiment*)；Reverby, *Examining Tuskegee: The Infamous Syphilis Study and Its Legacy*。
55. Sunder Rajan, *Biocapital: The Constitution of Postgenomic Life*.
56. Skloot, "The Immortal Life of Henrietta Lacks, the Sequel".

57. Brainard, "HeLa-Cious Coverage: Media Overlook Ethical Angles of Henrietta Lacks Story".
58. Goldberg, *The Threat of Race: Reflections on Racial Neoliberalsim*.
59. 为了分析基因组科学家自诩促进社会公正和反种族主义的事业的各项工作，请看 Bliss, *Race Decoded: The Genomic Fight for Social Justice*。
60. 有关小组讨论的视频，见 "Genomics Gets Personal: Property, Persons, Privacy"。
61. 正如孙达尔·拉詹澄清，本书的故事所说明的那样，资本主义在生物资本时代呈现的形式、价值的来源和交换的基础，还远未清楚和确定。见 Sunder Rajan, *Biocapital: The Constitution of Post-Genomic Life*，7。
62. 见 MeForYou.org，2013 年 12 月 10 日访问。
63. Desmond-Hellman, "Toward Precision Medicine: A New Social Contract?"
64. 见 http://www.meforyou.org/#do-it，2013 年 6 月 4 日访问。该网站于 2013 年 5 月启动，是世界首脑会议（OME）峰会的公关活动的一部分，加利福尼亚大学旧金山分校称之为"近 150 名精选出来的参与者的集体工作，利用个人的和逐渐积累的身体数据的力量，去从根本上改变医学实践"，http://www.ucsf.edu/news/2013/01/13455/what-ome，2013 年 6 月 4 日访问。
65. 桑德尔：《公正：该如何做是好？》。
66. 同上，18。
67. Etzioni, "Justice: What's the Right Thing to Do? Review."
68. The Boston Women's Health Book Collective, *Our Bodies, Ourselves: A New Edition for a New Era*.
69. 洛克：《政府论》。
70. Liptak, "Justices Allow DNA Collection after an Arrest", A1.
71. 事例可见 MeForYou.org, Weconsent.us，以及 http://www.broadinstitute.org/files/news/pdfs/GAWhitePaperJune3.pdf 所述的为实现基因组和临床数据负责任共享的联盟，2013 年 6 月 7 日访问。
72. 关于我对这次经历的陈述，见 http://www.sfgate.com/opinion/article/Should-patients-understand-that-they-are-research-4321242.php，2016 年 10 月 14 日访问。关于加利福尼亚大学旧金山分校的回复，见 http://www.sfgate.com/opinion/openforum/article/UC-advances-medical-research-through-trust-4321228.php，2016 年 10 月 14 日访问。关于《旧金山纪事报》附的社论，见 http://www.sfgate.com/opinion/editorials/article/Biological-material-laws-need-refining-4321235.php，2016 年 10 月 14 日访问。
73. 事例可见 Picciano, "Why Big Data Is the New Natural Resource"。有关生命如何被吸引到经济生产之中的分析，见 Cooper, *Life as Surplus: Biotechnology and Capitalism in the Neoliberal Era*。
74. Spiegel, "Spiegel interview with Craig Venter: 'We Have Learned Nothing from the Genome'".
75. 对于人类基因组计划时代的一个简单的基因组行为的决定论概念，如何对后基因组时代强调不确定性和复杂性让步的绝佳例子，见 Richardson and Stevens, *Postgenomics: Perspectives on Biology after the Genome*。

76. 最近的研究也对生物医学研究的投资价值表示怀疑。事例可见 Bowen and Casadevall, "Increasing Disparities between Resource Inputs and Outcomes, as Measured by Certain Health Deliverables, in Biomedical Research"。
77. GenomeWeb, "nih to Pump up to $96m into New Big Data Centers"。
78. Green et al. "A Draft Sequence of the Neandertal Genome", 710–722; Lorenzen et al., "Species-Specific Responses of Late Quaternary Megafauna to Climate and Humans", 359–364; Shapiro and Hofreiter, "A Paleogenomic Perspective on Evolution and Gene Function: New Insights from Ancient DNA"。
79. "Using DNA Matching to Crack Down on Dog Droppings"; Nelson, *Social Life of DNA: Race, Reparations, and Reconciliation after the Genome*。
80. Bolnick et al., "The Science and Business of Genetic Ancestry Testing", 399–400; Darling et al., "Enacting the Molecular Imperative: How Gene-Environment Interaction Research Links Bodies and Environments in the Post-Genomic Age"; Nelson, *Social Life of DNA: Race, Reparations, and Reconciliation after the Genome*。
81. Hayden, "Genome Sequencing Stumbles towards the Clinic"。
82. 布洛克曼：《未来英雄：33位网络时代精英预言未来文明的特质》(*Digerati: Encounters with the Cyber Elite*)。与这些关于利益的问题是否被炒作关联的是关于伤害性的问题是否也被炒作了。1997年的影片《千钧一发》(*Gattaca*, 又名《变种异煞》)中普及的情节，即人们对歧视和创造一个基因下层阶级的恐惧普遍存在。然而，许多法律学者和社会科学学者，以及生物医学科学家，质疑这些恐惧的证据基础。参见 Wertz, "Genetic Discrimination—an Overblown Fear？", 496。
83. O'Riordan, *The Genome Incorporated;* Stiglitz, *The Price of Inequality: How Today's Divided Society Endangers Our Future*.
84. Kanter and Sengupta, "Europe Continues Wrestling with Online Privacy Rules"。
85. Huet, "Google Bus Blocked by Dancing Protesters in S.F. Mission District"。
86. Knight, "In Growth of Wealth Gap, We're No. 1"。
87. 写一本关于基因组学的书的危险，在于可能促进基因组例外论。很明显，我不认为基因组学会引起特殊的问题或担忧。今天它并不是例外，而是主流。它体现了当时的承诺和危害。
88. 关于生物构造论，见 Jasanoff, *Reframing Rights: Bioconstitutionalism in the Genetic Age*。生命科学对当代社会结构向心性的理论化说法，见罗斯：《生命本身的政治：21世纪的生物医学、权力和主体性》(*Politics of Life Itself: Biomedicine, Power, and Subjectivity in the Twenty-First Century*)。
89. 文化理论家最近所著的几本书，描绘了对第二次世界大战之后如何过上美好生活的理解的希望破灭。事例可见 Berlant, *Cruel Optimism*。

90. 阿伦特：《人的境况》；利奥塔尔：《后现代状态：关于知识的报告》，(*Postmodern Condition: A Report on Knowledge*)。
91. 许多人希望对科技的投资能够改善饱受战争蹂躏的状况，还能为重建对治理的信任提供客观依据。事例可见 Polanyi, "Republic of Science: Its Political and Economic Theory", 54–72。
92. 这一段引文的后续是："在这种情况下，构成我们的思想的物理、物质条件的大脑，仿佛无法理解我们在做什么，所以从现在起，我们的确需要人工机器去做我们所思所说的……无论陈述的相关性如何，从定义上来看，事情都变得政治化了，因为陈述是让人们成为政治存在的东西。如果我们听从长期影响我们的建议，将我们的文化态度调整到适应科学成就的现状，我们就会非常认真地投入一种陈述不再有意义的生活方式。因为今日的科学已经被迫采用一种数学符号的'语言'，尽管它原本只是来充当口头陈述的缩写，可是如今却包含了无法重新翻译成陈述的意义。"阿伦特：《人的境况》，3–4。
93. Hunter, Altshuler and Rader, "From Darwin's Finches to Canaries in the Coal Mine—Mining the Genome for New Biology", 2760–2763.
94. 阿伦特：《人的境况》，178–179。
95. 同上，5。
96. 利奥塔尔：《后现代状态：关于知识的报告》，3。
97. 同上，8。
98. Stevens, *Life out of Sequence: A Data-Driven History of Bioinformatics*.
99. 文特尔：《解码生命》(*A Life Decoded: My Genome, My Life*)。
100. 同上，232。
101. Sulston and Ferry, *Common Thread: A Story of Science, Politics, Ethics, and the Human Genome*, 222.
102. Angrist, *Here Is a Human Being: At the Dawn of Personal Genomics*, 78–80.
103. Hayden, "Technology: The $1,000 Genome".
104. 见 "Illumina Enterprise Value," YCharts, 2016 年 10 月 16 日访问 https://ycharts.com/companies/ILMN/enterprise_value。
105. Hayden, "Technology: The $1,000 Genome"; Regaldo, "Illumina Says 228,000 Human Genomes Will Be Sequenced This Year"; Timmerman, "DNA Sequencing Market Will Exceed $20 Billion, Says Illumina CEO Jay Flatley".
106. 事例可见 Nelkin and Lindee, *The DNA Mystique: The Gene as a Cultural Icon*。
107. 见 "Nobel Winner in 'Racist' Claim Row", CNN, 2013 年 6 月 10 日访问 http://www.cnn.com/2007/TECH/science/10/8/science.race/index.html。
108. Bliss, *Race Decoded: The Genomic Fight for Social Justice*.
109. Owens and King, "Genomic Views of Human History", 451–453; Sorensen, "Race Gene Does Not Exist, Say Scientists"；韦尔斯：《出非洲记——人类前史》(*Journey of Man: A Genetic Odyssey*)。

110. Sulston and Ferry, *Common Thread: A Story of Science, Politics, Ethics, and the Human Genome*.
111. Avey, "Reminiscing".
112. Rabinow, *French DNA: Trouble in Purgatory*.
113. 从人力到机器的自动化转变,让阿伦特担忧的不是因为它可能造成"令人非常遗憾的自然生命的机械化和人工化",而是因为机器强化了生命的新陈代谢倾向或消费倾向。结果是:"机器……不会改变生命与世界相关的主要特征,而只是会让这种特征变得更加致命,这会磨损事物的耐久性。"因此,它们会造成"最终世界上没有一种物体能免于被消费和因消费而被毁灭的严重危机"。阿伦特:《人的境况》,132–133。
114. 同上。
115. Latour and Weibel, *Making Things Public: Atmospheres of Democracy*.
116. Puig de la Bellacasa, "Matters of Care in Technoscience: Assembling Neglected Things", 85–106.
117. 一份我们已经为之公布基因组的动物的目录,见"List of Sequenced Animal Genomes", Wikipedia, 2016 年 3 月 26 日访问, https://en.wikipedia.org/wiki/List_of_sequenced_animal_genomes#Uro chordates。
118. Ramos et al., "Characterizing Genetic Variants for Clinical Action", 93–104.
119. 阿伦特:《人的境况》,182。关于阿伦特将讲故事当作一种"位置不偏不倚"的形式的构想的上佳分析,见 Disch, "More Truth Than Fact: Storytelling as Critical Understanding in the Writings of Hannah Arendt", 665–694。
120. 阿伦特:《人的境况》,6。
121. Haraway, *When Species Meet*.
122. Teilhard de Chardin, *Future of Man*.
123. Angier, "Scientist at Work: Mary-Claire King; Quest for Genes and Lost Children".
124. 20 世纪 90 年代初,美国国家科学基金会投入大量资源来开发这个新领域。一个目标是为了解几个基本问题,即随着政府和企业在第二次世界大战之后,以前所未有的水平投资自然科学和物理科学领域,知识和社会的性质可能会发生怎样的变化。
125. Reardon, *Race to the Finish: Identity and Governance in an Age of Genomics*.
126. Cavalli-Sforza, "Race Differences: Genetic Evidence"; Friedlander, "Genes, People, and Property".
127. 例如,某些原住民族担心基因会被用来质疑他们的(某地)最初定居者的身份,从而对土地和部落成员身份提出要求。TallBear, "Narratives of Race and Indigeneity in the Genographic Project"。
128. 本书根据 2000 年至 2015 年进行的近 100 次半结构化的深入访谈,以及在美国、墨西哥、英格兰和苏格兰的实地调查写成。我在每个地方进行了实地调查和采访,每一章也都描述了相关内容。为本书进行的采访和实地调查,已经过加利福尼亚大学圣克鲁兹分校的机构审查委员会审查，被认为可免除责任。然而，我选择使用知情同意书，这样所有参与的人都能清楚了解采访的目的和目标。除了涉及公众人物的案例，以及在最后涉及开放性问题的主要章节，我都选择隐去受访者身份。我这样做是为了帮助读者了解所描述的问题和困境的公共特征，而不是去了解个别人的观点。
129. 正如我们这个时代在科学与社会问题上最具影响力的理论家唐娜·哈拉维解释的那样："在漏洞只会越来越多和没有底线的时候，为何要讲这样的故事？因为在这样的故事之中，反馈能力会得到明显加强。"Haraway, "Awash in Urine: Des and Premarin® in Multispecies Response-ability", 301–316.

第二章

1. Greene, "Seven Decades Ago, A New, Enormous Kind of Explosion".
2. Moore, *Disrupting Science: Social Movements, American Scientists, and the Politics of the Military, 1945–1975*.
3. 罗伯·尼克松最近创造了"慢暴力"这个词来描述这类破坏性力量，它们在不同的时间尺度上运作，通常是孤立的人类意识无法感知的。当然，基因组学一点都不慢。相反，正如迈克·福尔登主张的那样，基因组学是由它的速度来界定的。然而，它带来的公正问题与尼克松描述的那种问题类似：其运作规模与代表性相违背，因而拒绝决定性的判断。Fortun, "Human Genome Project and the Acceleration of Biotechnology", 182–201；Nixon, *Slow Violence and Environmentalism of the Poor*.
4. 7 年后，这个问题的答案仍然无法得出。研究核辐射影响，以及其带来的知识问题的各种努力的历史，见 Lindee, "Survivors and Scientists: Hiroshima, Fukushima, and the Radiation Effects Research Foundation, 1975–2014", 184–209。
5. Baldwin, *Evidence of Things Not Seen*.
6. Cook-Deegan, "Alta Summit, December 1984", 661–663.
7. Bird, *American Prometheus: The Triumph and Tragedy of J. Robert Oppenheimer*, 6.
8. Sulston and Ferry, *Common Thread: A Story of Science, Politics, Ethics, and the Human Genome*, 8.
9. 这种比喻起源的讨论，见 Keller, *Secrets of Life, Secrets of Death: Essays on Language, Gender, and Science*。
10. 同上，xiii。
11. 20 世纪 60 年代，E.P. 汤普森创造了"道德经济"一词来描述 18 世纪面包骚乱期间规定交换的规范和做法。罗伯特·科勒将这个词引入科学史，来描述果蝇遗传学家的交流实践。我在本章后半部分，将探讨它充当规范性和描述性工具发挥的作用。

12. 本章根据我在 2010 年至 2015 年，对人类基因组计划几位关键架构人员进行的四次深入访谈，以及在杜克公共基因组中心（Duke Center for Public Genomics）和冷泉港实验室（Cold Spring Harbor Laboratory）进行的人类基因组计划关键参与者的口述历史资料写成。加利福尼亚大学圣克鲁兹分校科学和公正研究中心于 2015 年 11 月召开了一次关于百慕大原则历史的重要会议，出席百慕大会议的关键基因组科学家和基因组学史学家在这次会议上齐聚一堂。这次会议也为本章提供了信息。见 "The Genomic Open: Then and Now", Science and Justice Research Center，2016 年 10 月 14 日访问 http://scijust.ucsc.edu/november-18-2015-the-genomic-open-then-and-now/。
13. 关于我使用的"信息资本主义"的定义，见 Franklin, "Virality, Informatics, and Critique; or, Can There Be Such a Thing as Radical Computation？", 153–170。关键的组成部分包括成为主导商品形式的信息的兴起，市场和信息学的共同生产及其对劳动和知识的改造，以及将"民主"的各种目标和包容性纳入这些新的生产和科学模式。
14. 我主要关注的是主角和大反派：约翰·萨尔斯顿和克雷格·文特尔的陈述。
15. Lincoln, "Gettysburg Address".
16. Sulston and Ferry, *Common Thread: A Story of Science, Politics, Ethics, and the Human Genome*, 8.
17. Collins, "Contemplating the End of the Beginning", 641–643.
18. Guthrie, *This Land Is Your Land: The Asch Recordings Volume 1*, track 14.
19. Genome Research，2001。
20. Sulston and Ferry, *Common Thread: A Story of Science, Politics, Ethics, and the Human Genome*, 168–169.
21. Genome Research，2001。
22. 两者形成鲜明反差。克雷格·文特尔有一艘游艇，与身穿西服的人在一起。公众项目分发从伯克利的"拉斯普京"们那里得到的哥特式 T 恤衫来激励其"人民队伍"。Ashburner, *Won for All: How the* Drosophila *Genome Was Sequenced*.
23. 见 Gumz, "UCSC Goes Bald to Back Childhood Cancer Research".
24. Ashburner, *Won for All: How the* Drosophila *Genome Was Sequenced*, 77.
25. Merton, "Notes on Science and Democracy", 115–126，121–122.
26. 美国联邦政府与美国贝尔电话公司的案例，引自 Merton, "Notes on Science and Democracy", 123。
27. Vermeir and Margocsy, "States of Secrecy: An Introduction", 1–12, 2.
28. Shapin, *The Scientific Life: A Moral History of a Late Modern Vocation*, 174.
29. 开放是科学的一个核心准则的观点，至少可以追溯到 17 世纪。例如，弗朗西斯·培根（Francis Bacon）认为，对自然的开放性研究消除了迷信，对创造可靠的知识至关重要。英国皇家学会正式采用了这一开放性原则。然而，对开放性规则的批判性研究表明，其实施往往是局部性的。见 Eamon, *Science and the Secrets of Nature: Books of Secrets in Medieval and Early Modern Culture*，319。

30. Hilgartner, "Selective Flows of Knowledge in Technoscientific Interaction: Information Control in Genome Research"，267–280.
31. "技术科学"一词是科学研究学者布鲁诺·拉图尔（Brtno Latour）创造的，目的是反对将科学和技术区分开的传统做法。我与科学史学家史蒂文·沙宾（Stevem Shapin）都认为，在以前的各个历史时期，这种区分在分析上是有用处的，因为它指出了界定和支持科学家和技术人员的不同机构和文化。然而，到20世纪末，技术创新已经转移到科学的中心，这些区别基本上消失了。在自然科学范围之内，基因组学在这一转变中发挥了核心作用。见 Shapin, *Scientific Life*，8 与拉图尔：《科学在行动》（*Science in Action*），259。
32. Diamond v. Chakrabarty，447 U.S. 303 (1980).
33. 萨尔斯顿在实验室内部的工作，是绘制秀丽隐杆线虫这种蠕虫的细胞谱系遗传图。布伦纳之所以选择蠕虫为模板生物，是因为它具有足够的生物学复杂性来表达各种行为特征，而又很简单，生长速度也够快，足以让基因交叉和分析成为可能。Ankeny, "Natural History of *Caenorhabditis elegans* Research"，474–479.
34. Sulston and Ferry, *Common Thread: A Story of Science, Politics, Ethics, and the Human Genome*，21.
35. Kohler, *Lords of the Fly:* Drosophila *Genetics and the Experimental Life*.
36. 关于萨尔斯顿对基因绘图项目的工作中进行共享的重要性的叙述，见 Sulston and Ferry, *Common Thread: A Story of Science, Politics, Ethics, and the Human Genome*，70。
37. Kohler, *Lords of the Fly:* Drosophila *Genetics and the Experimental Life*，133.
38. 丽娜·陆（音译）对约翰·萨尔斯顿的采访。
39. Sulston and Ferry, *Common Thread: A Story of Science, Politics, Ethics, and the Human Genome*，166.
40. 萨尔斯顿解释道，首次百慕大会议的与会成员"带着写在纸片上的声明"到来，"宣称他们打算对某一特定区域进行排序，还会在会议过程中解决所有的竞争性声明"。这些谈判的结果都被记录在一个名为"人类（基因组）测序和绘图索引"的网站上了，该网站由人类基因组组织（HUGO）管理。见 Sulston and Ferry, *Common Thread: A Story of Science, Politics, Ethics, and the Human Genome*，166。
41. 对蚊蝇遗传学家如何试图创造促进公共所有权的财产概念的解释，见 Kelty, "This Is Not an Article".
42. 正如罗伯特·科勒解释的那样，"道德经济"指的是"获取生活必需品的非金钱义务和权利"。见 Kohler, *Lords of the Fly:* Drosophila *Genetics and the*

Experimental Life，12。E.P. 汤普森创造了这个术语来描述规范基本食品市场的规则、习俗和义务。汤普森:《英国工人阶级的形成》(*The Making of the English Working Class*)。

43. Thompson, "Moral Economy Reviewed"，271.
44. 科勒意识到"道德经济"一词在描述功能和规范功能之间的紧张性。与作者的个人通信。
45. Sulston and Ferry, *Common Thread: A Story of Science, Politics, Ethics, and the Human Genome*，94.
46. 要看深入描述这些当时当地的实际情况的历史记录，见 Jones, Ankeny, and Cook-Deegan, "Bermuda Triangle"。
47. 2013 年 1 月 22 日，作者的采访。
48. 如 2015 年 11 月，另一位参与人类基因组测序工作的杰出基因组科学家向我解释的那样，百慕大开放性政策的一部分，对富人要比对穷人更有利。与作者的个人通信。
49. 2013 年 1 月 22 日，作者的采访。
50. 事实上，这是与克雷格·文特尔进行的不间断斗争中的一个关键问题。文特尔提出了一种人类基因组测序的"突击销售法"，部分原因是他相信这将更快引导科学家找到有意义的那部分基因组——遗传因子，还会大大加快整个基因组测序的速度。反对他的人认为这种突击销售法会在人类基因组测序当中造成严重的空缺。这会导致为了数量和速度而牺牲质量。这并不是许多为公共人类基因组计划工作的人愿意做的权衡。见 Sulston and Ferry, *Common Thread: A Story of Science, Politics, Ethics, and the Human Genome*，119。
51. Johns, *Piracy: The Intellectual Property Wars from Gutenberg to Gates*，237.
52. 2013 年 1 月 22 日，作者的采访。
53. 百慕大会议也不像听起来那样如同田园诗一般。2 月下旬，灰蒙蒙的天空下，基因组科学家齐聚百慕大，在一间没有开窗户的粉红色调旅馆里会面。见 McElheny, *Drawing the Map of Life: Inside the Human Genome Project*，117。
54. 有关监狱之门的说法，见萨尔斯顿和费里的文字记录 13、14、86、99、207 和 266。
55. Sulston and Ferry, *Common Thread: A Story of Science, Politics, Ethics, and the Human Genome*，50.
56. 同上，177。
57. 同上，156、205–206、131。
58. Stevens, *Life out of Sequence: A Data-Driven History of Bioinformatics*，104.
59. Sulston and Ferry, *Common Thread: A Story of Science, Politics, Ethics, and the Human Genome*，189.
60. 同上，188–189。
61. 同上，203。

62. 关于速度在人类基因组计划中的核心地位的论述，见 Fortun, "Human Genome Project and the Acceleration of Biotechnology", 182–201。
63. 利奥塔尔：《后现代状态：关于知识的报告》, 5。
64. 斯坦伯格认为，国立卫生研究院没有与日本、英国和德国竞争的资源。见文特尔：《解码生命》, 158。
65. Sulston and Ferry, *Common Thread: A Story of Science, Politics, Ethics, and the Human Genome*, 247. 当美国总统的科学顾问和弗朗西斯·柯林斯澄清开放性原则并没有阻止私人公司使用这些数据时，市值又恢复了。
66. 同上。
67. 当然，这是塞莱拉公司。同上, 220。
68. 事例可见约迪·迪安对社交资本主义的兴起和信息社会基础设施的同步扩张的分析。Dean, *Publicity's Secret: How Technoculture Capitalizes on Democracy*, 3–4.
69. Sulston and Ferry, *Common Thread: A Story of Science, Politics, Ethics, and the Human Genome*, 238. 也可见 Cukier, "Open Source Biotech: Can a Non-Proprietary Approach to Intellectual Property Work in the Life Sciences?"。
70. 肖雷特（Shorett）、拉比诺（Rabinow）和比林斯（Billings）在《自然：生物科技》(*Nature Biotechnology*) 发表的评论文章中捕捉到了这些变化。Shorett, Rabinow, and Billings, "Changing Norms of the Life Sciences", 123–125.
71. 诸如杰里米·边沁这样的启蒙思想家都认为，信息和知识保证了正确的判断。Bentham, "Of Publicity", 310. 对这种观点的持续中心性的当代描述，见 Dean, *Publicity's Secret: How Technoculture Capitalizes on Democracy*; Nunberg, "Data Deluge", 1、10–11。
72. Sulston and Ferry, *Common Thread: A Story of Science, Politics, Ethics, and the Human Genome*, 8.
73. 同上, 276–289。
74. 美国众议院, 2010 年。
75. 克雷格·文特尔接受《明镜周刊》采访的报道, "We Have Learned Nothing from the Genome"。
76. 格雷克：《信息简史》(*The Information*), 221–222 引述了香农的这一番话。
77. Terranova, *Network Culture: Politics of the Information Age*, 12.
78. 推特网在推文被认为是辱骂时确实关心其意义。随着"alt-右键"在美国的兴起，加上许多人认为是对文明、理性话语的攻击性语言的东西，人们对词汇的价值和意义的问题的注意力可能会提高。Andrews, "Twitter Suspends Prominent Alt-Right Accounts".
79. Dean, *Democracy and Other Neoliberal Fantasies: Communicative Capitalism and Left Politics.*
80. 泰拉诺瓦使用"环境"（milieu）这一术语指的是信息在其中传输的方式，不仅指通信的内容，还有"当代文化展现的在其中的无质量流动的方式"。Terranova, *Network Culture: Politics of the Information Age*, 8.
81. 文特尔：《解码生命》，160, 190, 30, 79。
82. 柯林斯：《上帝的语言》，90。
83. 同上，98。
84. 同上，100。
85. 见 Terranova, *Network Culture: Politics of the Information Age*, 32–33, 对数字化胜过模拟化的精度优势的论述。
86. 文特尔：《解码生命》，232。
87. 同上，100。
88. 同上，166。
89. 在《人的境况》开篇和结尾，阿伦特都描述了她所处的人造卫星时代的科学和技术激活的地球上的火箭运动，以及她认为的这种运动所造成的意义疏远和架空。
90. 文特尔：《解码生命》，110。
91. 同上，200。
92. 同上，181。
93. 詹姆逊：《政治无意识》，60–61。
94. Baudrillard, *Ecstasy of Communication*；波斯特：《信息方式：后结构主义与社会语境》(*Mode of Information: Poststructuralism and Social Context*)。
95. Nunberg, "Data Deluge"，1–10, 11。
96. Clarke, "Information Wants to Be Free ..."。
97. 文特尔的报告说，为了给基因组测序所需的计算机供电，地方上的电力公司缺乏足够资源，塞莱拉公司必须安装一个新的变压器和几根电线杆。文特尔：《解码生命》，251。
98. 这里的内容摘自 2009 年 6 月 19 日，乔治·丘奇与查理·罗斯（Charlie Rose）在《查理·罗斯秀》电视节目上的讨论。见 http://www.charlierose.com /guest/view/6321，作者上次访问时间为 2011 年 9 月 8 日。
99. 很难确定具体日期。是克林顿、文特尔和布莱尔在 2001 年宣布草案完成的时间？是 2003 年"最终"文案发布的时间？这种模糊性点出了根本问题：基因组科学家建立的基础设施适合生产，而不适合解释基因组信息。因此，从基因组学界传来的消息将继续改善这些信息的生产，也就不足为奇。

第三章

1. 我在这段文字里插入的"多样性"一词，是美国国家人类基因组研究所的领导层后来不承认的。他们辩称自己没有研究"人类遗传多样性"，而是"人类遗传变异"。想来他们将"变异"理解成了比"多样性"更为中性、客观的术语。1998 年 12 月 16 日，与国家人类基因组研究所项目主管的私人通信。
2. Reardon, *Race to the Finish: Identity and Governance in an Age of Genomics*.
3. Friedlander, "Genes, People, and Property: Furor Erupts over Genetic Research on Indigenous Groups", 22–24；Swedlund, "Is There an Echo in Here? Historical Reflections on the Human Genome Diversity Project".
4. 作者的实地调查笔记，2015 年 4 月 29 日，马里兰州贝塞斯达，《捕捉基因组学的历史》。
5. Lewontin, "Apportionment of Human Diversity", 381–398.
6. Angier, "Do Races Differ? Not Really, Genes Show"; Fitzpatrick, "Biological Differences among Races Do Not Exist, WU Research Shows"; Hotz, "Scientists Say Race Has No Biological Basis", A1.
7. Gilroy, *Against Race: Imagining Political Culture beyond the Color Line*.
8. 关于黑人民权运动对界定 20 世纪晚期美国政治中包含的各种概念的重要性的论述，见 Skrentny, *Minority Rights Revolution*。
9. Higginbotham, "African-American Women's History and the Metalanguage of Race", 251–274.
10. 具体来说，我拜会和采访了霍华德大学、塔斯基吉大学和北卡罗来纳州立农业技术大学的研究人员。
11. 本章基于实地调查和 2000 年春对塔斯基吉大学遗传咨询师、遗传学家和生物伦理学家进行的六次深入访谈，以及 2013 年对努力在塔斯基吉建立基因组测序中心的关键参与者进行的后续访谈，还有对 20 世纪 90 年代末和 21 世纪初试图建立基因组测序中心，在美国传统黑人大学工作的非裔美国学者的另外五次深入访谈写成。
12. 阿朗德拉·纳尔逊在她的新书 *Social Life of DNA: Race, Reparations, and Reconciliation after the Genome* 中，对基因组学对种族公正性意义的模棱两可、争论和斗争进行了非常可贵的探讨。
13. 关于生物医学实践从"实际科学"向推测性、预期性的形式的这一转变更为普遍的讨论，见 Adams, Murphy, and Clarke, "Anticipation: Technoscience, Life, Affect, Temporality", 246–265。
14. Hotz, "Scientists Say Race Has No Biological Basis", A1.
15. Flint, "Don't Classify by Race, Urge Scientists", B1.
16. 杜波依斯:《黑人的灵魂》。
17. 根据美国国家糖尿病、消化和肾脏疾病研究所的数据，"非裔美国人"比"白种人"罹患与高血压相关的肾衰竭的概率高出 6 倍。见 "High Blood Pressure and Kidney Disease"，国立卫生研究院，2013 年 7 月 1 日访问，http://kidney.niddk.nih.gov/kudiseases/pubs/highblood/。
18. 抗原是机体对其他器官自行挑选的方式，在抵御感染方面起着至关重要的作用；机体"承认"移植器官与自身器官相匹配最为重要，因此人类白细胞抗原类型必须匹配。

19. 邓斯顿本人对她的研究和事业的叙述，见 Dunston, "A Passion for the Science of the Human Genome", 4154–4156。

20. 见 http://www.genomecenter.howard.edu/milestones.htm，2013 年 5 月 3 日访问。经产妇指的是经历过多次怀孕的妇女。这些多胎妊娠会提高人类白细胞抗原水平，从而简化了试剂的生成。

21. 见 http://www.genomecenter.howard.edu/milestones.htm，2013 年 5 月 13 日访问。

22. Cann, Stoneking and Wilson, "Mitochondrial DNA and Human Evolution", 31–36.

23. 如一位非裔美国生物医学科学家向我解释的那样："如果……你希望在经济上保持好的势头，你又只问了我在哪里可以用最少的钱获得最广泛的人类多样性，那我如何才能做到这一点？对我来说，答案是非裔美国人。因为他们让你深入非洲，而这种混合性给了你一些较新种类的变异，这些变异可能来自较年轻的人群。于是，你就将新旧所有种类的变异收集到了一起。"作者 1999 年 1 月 14 日进行的采访。

24. 同上。

25. Dausset et al., "Centre D'etude Du Polymorphisme Humain (Ceph): Collaborative Genetic Mapping of the Human Genome", 575–577.

26. 与此同时，乔治娅·邓斯顿与她在霍华德大学医学院的同事尝试为改善健康状况，去研究多个非裔美国人群体的基因差异。霍华德大学人类学教授迈克尔·布莱基正在创新基因技术，以鉴定纽约市非裔墓地里发现的遗骸。虽然研究人员广泛接受在纽约市非裔墓地遗骸鉴定项目中使用基因技术，但使用遗传学来辨别祖先之举引发了许多争论。我将在第五章探讨这些辩论。Blakey, "Beyond European Enlightenment: Toward a Critical and Humanistic Biology", 379–406.

27. Jackson, "Assessing the Human Genome Project: An African American and Bioanthropological Critique", 105–112.

28. 同上，99–101。

29. 美国国立卫生研究院少数族裔机构研究中心（RCMI）项目支持在霍华德大学对该计划进行立项。见 http://grants.nih.gov/grants/guide/pa-files/PAR-11-132.html，2013 年 5 月 7 日访问。

30. 关于遗传学界转向了解非裔美国人历史的重要意义的过程和社会学分析，见 Nelson, *Social Life of DNA*。

31. 哈利：《根》。

32. 当时，历史学家正在收集奴隶船的各种记录归档，并且让这些档案首次开放使用。见 http://www.slavevoyages.org/tast/about/history.faces，2013 年 6 月 12 日访问。

33. 1999 年 6 月 4 日，作者的采访。

34. 1999 年 1 月 14 日，作者的采访。

35. 1999年6月4日，作者的采访。
36. 同上。对基因组表征作为一种修复形式的构想和争论，见 Nelson, *Social Life of DNA*。
37. Duster, *Backdoor to Eugenics*.
38. 迪斯特确信，从工业经济向后工业经济的转变，让许多工人被取代，这种现象是造成这种倾向的主要因素（Duster, *Backdoor to Eugenics*, 6）。对于用社会的结构性变化，而非个人倾向来解释不平等的各种模式的论点的进一步阐述，见 Fischer et al., *Inequality by Design: Cracking the Bell Curve Myth*。
39. Herrnstein and Murray, *Bell Curve: Intelligence and Class Structure in American Life*; Wailoo, *Dying in the City of the Blues: Sickle Cell Anemia and the Politics of Race and Health*.
40. Dunston, "G-RAP: A Model HBCU Genomic Research and Training Program", 106–107; Swedlund, "Is There an Echo in Here? Historical Reflections on the Human Genome Diversity Project"; Marks, "Letter: The Trouble with the HGDP", 243.
41. Harry, "The Human Genome Diversity Project and Its Implications for Indigenous Peoples".
42. "原住民民族的决议"，原住民民族委员会论生物殖民主义，2002年3月5日访问，http://www.ipcb.org/resolutions/index.htm。
43. Kahn, "Genetic Diversity Project Tries Again", 720–722; Lewin, "Genes from a Disappearing World", 25–29; Macilwain, "Diversity Project 'Does Not Merit Federal Funding'", 774.
44. Cavalli-Sforza, "The Human Genome Diversity Project".
45. Swedlund, "Is There an Echo in Here? Historical Reflections on the Human Genome Diversity Project"; Harry, "Patenting Life and Its Implications for Indigenous Peoples", 1–2.
46. 可斟酌美国国立卫生研究院的一位项目官员对科学家未来愿意采用新的伦理实践，例如社区咨询的解释："我认为对某些人而言，这就像'无论怎么做，只是为了不让我们落入多样性项目的陷阱'。"2005年6月30日，作者的采访。
47. 1999年1月12日，作者的采访。如我们将在下文中看到的那样，1997年，国立卫生研究院已经转变立场，委任了一位基因变异项目主任。
48. Herrnstein and Murray, *Bell Curve: Intelligence and Class Structure in American Life*，405–410.
49. Duster, "Review Essay in Symposium on the Bell Curve", 158–161.
50. 行为遗传学领域一直是引起争议的根源，基因组科学家们想方设法要避开便不足为奇。关于这一领域的深入历史探讨和对这些争论的原因和作用的分析，见 Panofsky, *Misbehaving Science: Controversy and the Development of Behavior Genetics*。

51. 事实上,将基因与智力和种族联系起来的说法很快出现在诸如《纽约时报》这样的著名刊物上。Wade, "First Gene to Be Linked with High Intelligence Is Reported Found"; Wade, "Researchers Say Intelligence and Diseases May Be Linked in Ashkenazic Genes".
52. 2013 年 4 月 30 日,作者的采访。
53. Sankaran, "African American Genome Mappers Pledge to Carry on Despite Grant Rejection", 1.
54. 1999 年 6 月 4 日,作者的采访。
55. 1998 年 8 月 25 日,作者的采访。
56. 同上。为单核苷酸多态性联盟提供的样本最终来自美国国家健康与营养调查(NHANES)。见 http://www.cdc.gov/nchs/nhanes.htm, 2013 年 9 月 19 日访问。120 份样本来自被称为"欧裔美国人"的人,120 份来自被称为"非裔美国人"的人,60 份来自"墨西哥裔美国人",30 份来自"美国原住民",120 份来自"亚裔美国人"。研究人类基因变异的历史虽然短暂,却充满活力,考虑到这一点,这种 DNA 多态性资源引起关注不足为奇。然而,引起关注不是因为美国国家人类基因组研究所使用美国的种族和族裔分类来构建资源,而是因为它选择不提供样本的种族和族裔起源信息,还明确禁止研究人员尝试对样本进行种族和族裔分类。他们解释道,这个有些令人吃惊的决定是出于伦理考虑。参见 Collins, Brooks, and Chakravarti, "A DNA Polymorphism Discovery Resource for Research on Human Genetic Variation", 1229–1231。
57. Greenberg, "Special Oversight Groups to Add Protections for Population-Based Repository Samples", 745–747.
58. Epstein, *Inclusion: The Politics of Difference in Medical Research*.
59. Jones, *Bad Blood: The Tuskegee Syphilis Experiment*; Reverby, *Examining Tuskegee: The Infamous Syphilis Study and Its Legacy*.
60. 1999 年 6 月 7 日,作者的采访。
61. Epstein, *Inclusion: The Politics of Difference in Medical Research*, 75–76.
62. 同上,90。
63. Reverby, *Examining Tuskegee: The Infamous Syphilis Study and Its Legacy*, 218–219.
64. 同上,223。
65. 同上,222。
66. 同上,223。
67. 时任塔斯基吉大学校长本杰明·佩顿设想将生物伦理学课程融入大学的各个科系。正如 2000 年为塔斯基吉大学生物伦理中心提出的延续提案解释的那样,该中心试图"让塔斯基吉大学的所有新生接触生物伦理学问题和思维过程",并且"确保所有塔斯基吉大学的毕业生都具备适合其职业选择的生物伦理学问题的应用知识"。Tuskegee University, "The Tuskegee University

National Center for Bioethics in Research and Health Care: Continuation Application".

68. Smith, "Trickle-Down Genomics: Reforming 'Small Science' as We Know It", 19.
69. Cavalli-Sforza, "Race Differences: Genetic Evidence", 51–58.
70. 自20世纪70年代以来，《贝尔蒙报告》就在指导美国联邦政府的伦理学研究政策。King, "Dilemma of Difference", 75–82.
71. 根据与会人员收集的调查数据，金的演讲得到了"压倒性"的积极回应。2000年5月1日，作者的采访。
72. Human Genome News, "Ramping Up Production Sequencing", 3.
73. 具体来说，他认为这将扩大具有不同兴趣的生物学家使用最先进的基因组技术的机会，促进学生"广泛参与远景研究"，并确保"通过让公众广泛了解人类基因组计划的技术活动，从而使遗传学的未来得到广泛的社会讨论"。Olson, "Genome Centers: What Is Their Role?", 17–26.
74. 道歉的全文，见http://www.cdc.gov/tuskegee/clintonp.htm，2013年5月13日访问。
75. Olson, "Genome Centers: What Is Their Role？", 26.
76. 在亚拉巴马州，有12个县在被称为"黑带地区"的地方。布克·T. 华盛顿在1901年的自传里解释道："据我所知，这个词最早用来指代这一地区可用土壤颜色来和其他地区相区别。这部分地区拥有这片丰厚、自然肥沃的黑色土壤，或者说，它是美国南部使用奴隶最赚钱的那部分地区，于是被带到那里的奴隶的人数也最多。后来，特别是那场战争以来，这个词似乎在一种政治意义上被使用，即用来指代黑人人数超过白人的那几个县。" Washington, *Up from Slavery*, 108.
77. 达菲抗原/趋化因子受体是人类疟原虫间日疟原虫和诺氏疟原虫的蛋白质受体。具有一种达菲抗原基因特殊形式的个体被称为"达菲零值个体"，能够抑制这种蛋白受体，从而对间日疟原虫和诺氏疟原虫的感染具有抵抗力。在疟疾高发区域，人类遗传学家认为自然选择有利于遗传"达菲零值个体"。除了达菲零值个体之外，他们假设周边区域的基因变异也会被保留下来。然而，他们不知道由此产生的连锁不平衡达到什么程度，这是一种测量染色体遗传变异关联性的方法。利奥尼德·克鲁格利亚当时在西雅图的弗雷德·哈钦森癌症中心工作，此地距离奥尔森和史密斯工作的华盛顿大学只有几个街区，他正好提出基因变异将被会被联系在一起，从而被共同遗传的区域的长度为3kb，即3000个碱基。如果这是真的，那么知道一个基因变异只能让你能够预测这一基因变异的3000个碱基之内的变异。这使得预测得太少，需要太多的实际基因分型，从而让单倍型遗传图谱——基于这些预测能力的遗传图谱成为可能。鉴于当时美国国家人类基因组研究所的领导层表示有兴趣资助单倍型遗传图谱，回答连锁不平衡延伸到什么程度是一个高优先级的问题。Kruglyak, "Prospects for Whole-Genome Linkage Disequilibrium

Mapping of Common Disease Genes", 139–144.
78. Reich et al., "Reduced Neutrophil Count in People of African Descent Is Due to a Regulatory Variant in the Duffy Antigen Receptor for Chemokines Gene".
79. Olson, "Genome Centers: What Is Their Role？" 26. 恳谈会发端于 1996 年，美国国家人类基因组研究所在传统黑人大学和各基因组中心之间建立了一个基因组研究伙伴关系项目。该项目资助了史密斯在华盛顿大学的研究工作。
80. 2000 年 5 月 1 日，作者的采访。
81. 见美国人口普查局的"贫困"调查，2013 年 5 月 13 日访问，http://www.census.gov/hhes/www/poverty/data/census/2000/poppvstat00.html。
82. 2013 年 2 月 7 日，作者的采访。
83. Hamblin and Di Rienzo, "Detection of the Signature of Natural Selection in Humans: Evidence from the Duffy Blood Group Locus", 1669–1679.
84. 有关该项目的说明，见 http://search.engrant.com/project/Tn596K/apolipoprotein_b_variation_and_coronary_heart_disease_risk_in_african_americans，2013 年 5 月 13 日访问。
85. 20 世纪 90 年代中期，内科流行病学家理查德·库珀和流行病学家查尔斯·罗蒂米正在写论文，建议人们可以将非洲的个别人与美国的非裔美国人进行比较，以了解非裔美国人社区流行的诸如高血压这样的疾病是由基因还是环境引起的。塔斯基吉大学的研究人员认为，针对黑带地区的研究将有助于这一研究方向。Cooper et al., "The Prevalence of Hypertension in Seven Populations of West African Origin", 160–168.
86. 他们的希望是发展成为一个"弗雷明翰式"的研究。弗雷明翰心脏研究始于 1948 年，马萨诸塞州弗雷明翰市的 5209 名受试者参加，研究人员在此后几十年间对他们进行研究。值得一提的是，研究人员跟踪了受试者的心脏病发展状态，将风险因素与每一次意外事件联系在一起。塔斯基吉大学的研究人员提出了类似的方法。然而，这一次，塔斯基吉大学计划从黑带地区招募总共 2000 名非裔美国人，而不是马萨诸塞州弗雷明翰市的白人中产阶级。2000 年 9 月 12 日，作者的采访。
87. 国立卫生研究院收到研究人员的要求，希望将更多不同种族背景的个人的更多样本纳入新泽西州卡姆登的科里尔医学研究所保存的人类基因细胞库。Greenberg, "Special Oversight Groups to Add Protections for Population-Based Repository Samples", 745–747.
88. 事实上，这个问题仍未解决，它在本书所述的所有故事中都扮演着一个角色。
89. 2011 年亚拉巴马州立大学的一项研究表明，该州的文盲率为 25%。见"Macon County residents react to ASU study", WSFA News, 2013 年 5 月 13 日，http://www.wsfa.com/story/15118931/macon-county-residents-react-to-asu-study?clienttype=printable。
90. Bonham et al., "Community-Based Dialogue: Engaging Communities of Color in

the United States' Genetics Policy Conversation", 325–359.
91. 2000 年 4 月 27 日, 作者的实地调查笔记。
92. 2000 年 5 月 1 日, 作者的采访。
93. 2000 年 5 月 1 日, 作者的采访。特洛伊·迪斯特和黛安娜·比森在研究非裔美国人对基因检测的看法时发现了类似的事情。他们采访的一个人将对镰形细胞性状疾病的担忧和担心房子着火时窗户破碎的问题进行了比较。见 Beeson and Duster, "African-American Perspectives on Genetic Testing", 151–174。
94. 2000 年 4 月 28 日, 作者的采访。
95. 2009 年, 塔斯基吉的贫困率是 50.5%。见 "Tuskegee, Alabama(AL) Poverty Rate Data", City-Data, 2013 年 5 月 13 日访问, http://www.city-data.com/poverty/poverty-Tuskegee-Alabama.html。
96. 2000 年 4 月 28 日, 作者的采访。
97. 同上。
98. 同上。
99. 当我问起这项研究对当地社区的益处时,我被告知:"通过参与像我们这样的项目,他们已经习惯……参与一项基因工程,尤其是政府指导的基因工程,于是在他们去医院时,有人告诉他们:'哦,我们会看看你是否有镰形细胞,或者你的孩子是否有镰形细胞。'我不认为这会让他们警醒。但是,我不会泄露这些数据。这只是为了让我们知道如何为你未来的健康状况做准备……因为现在他们可能不会这样做。但是,我们必须通过帮助他们参与我们的项目和类似(我们这样的)项目……改变这种心态。"2000 年 5 月 1 日, 作者的采访。研究人员为何提出这样的论点,以及为何许多潜在的研究对象会对此困惑,是可以理解的。它引起的科学和公正的问题没有得到完全解决, 这引起了人们的不安。我将在结论中回到这个问题上来。
100. 2000 年 4 月 28 日, 作者的采访。
101. 同上。极不光彩的是,诺贝尔奖得主莱纳斯·鲍林建议所有携带镰形细胞性状的人应当在前额刺青。Wailoo, *Dying in the City of the Blues: Sickle Cell Anemia and the Politics of Race and Health.*
102. 2005 年 6 月 1 日, 作者的采访。
103. 2004 年 6 月 11 日, 作者的采访。
104. 然而,应当一提的是,该中心的带头人也注意到社区没有意识到生物伦理学的必要性:"生物伦理学仍然让这个社区困惑。他们并不真正了解那到底是什么。我的意思是,我们可以定义它 5000 万次,但是它不在这个世界的语境之内。" 2000 年 4 月 28 日, 作者的采访。
105. 2000 年 5 月 1 日, 作者的实地调查笔记。
106. 弗朗西斯·柯林斯接下去说了这么一句动人的话:"我很高兴,今天我们正在谈论的唯一种族是人类。"克雷格·文特尔也同意:"在塞莱拉公司的五个基因组中，没有办法将一个种族与另一个区分开来。社会和医学都把我们当作种群的组成部分，作为个体，我们都是独一无二的，人口统计数据并不适用。"见 http://www.ornl.gov/sci/techresources/Human_Genome /project/clinton2.shtml，2013 年 5 月 13 日访问。

107. King, *Interview with Patricia King: Belmont Oral History Project*.
108. 这些问题在 Susan Reverby 的书 *Examining Tuskegee: The Infamous Syphilis Study and Its Legacy* 之中进行了精彩的讨论。
109. King, *Interview with Patricia King: Belmont Oral History Project*.
110. 关于面向未来的期许性科学问题的论述，见 Adams, "Anticipation: Technoscience, Life, Affect, Temporality", 246–265。
111. 密西西比大学被许多人称为"奥莱小姐"，它数十年来一直在与种族问题斗争。20 世纪 60 年代初，肯尼迪执政时期，密西西比州长罗斯·巴尼特反对废除种族隔离政策。肯尼迪征召国民警卫队护送 29 岁的詹姆斯·梅雷迪思，让他可以进入大学校园，当时巴尼特正在大学体育馆里发表演讲，内战时期南部邦联的旗帜在人群头顶飘扬，他在为密西西比州的"风俗"和"传统"辩护。20 世纪 80 年代，理查德·哈钦森博士在密西西比大学发展出一个全国心肺和血液研究所（NHLBI）资助的动脉粥样硬化纵向研究项目。1998 年，他成功地增加了一项对非裔美国人心脏病的纵向研究，这项研究被称为杰克逊心脏研究。有关该项研究的信息，见 http://jhs.jsums.edu/jhsinfo，2013 年 5 月 18 日访问。研究人员，如华盛顿大学的德博拉·尼克森，最终与哈钦森，而不是史密斯合作，从黑带地区来获取"非裔美国人"的样本。

第四章

1. 并非所有美国原住民都反对参与人类基因变异研究。Bliss, *Race Decoded*, 60. 2006 年 9 月 7 日，作者的实地调查笔记。关于美国原住民对 DNA 的关注和参与活动的深入讨论，见 TallBear, *Native American DNA*。
2. 2006 年 7 月 27 日，作者的采访。
3. 2005 年 5 月 30 日，作者的采访。
4. "Background on Ethical and Sampling Issues Raised by the International HapMap Project", National Human Genome Research Institute，2012 年 5 月 22 日最新修改，https://www.genome.gov/10005337。
5. 相关概述，见 Wall and Pritchard, "Haplotype Blocks and Linkage Disequilibrium in the Human Genome", 587–597。
6. International HapMap Consortium, "Integrating Ethics and Science in the International HapMap Project", 472.
7. Foner, *Story of American Freedom*.
8. International HapMap Consortium, "Integrating Ethics and Science", 471–472.

Scott, *Only Paradoxes to Offer: French Feminists and the Rights of Man*.

9. 本章根据 HapMap 对讨论的一些创始会议的实地调查，以及 2004 至 2007 年进行的关于该计划的多次辩论的 22 名主要组织者和参与者的访谈写成。在此期间，以及 2013 年和 2014 年，我还对其中许多人进行了后续采访。

10. Couzin 在 "New Mapping Project Splits the Community" 一文第 1391–1393 页引述柯林斯的话。

11. 2006 年 9 月 11 日，作者的采访。

12. 2005 年 11 月 10 日，作者的采访；2005 年 5 月 30 日，作者的采访。

13. Dembner, "Harvard-Affiliated Gene Studies in China Face Federal Inquiry"; Benjamin, "A Lab of Their Own: Genomic Sovereignty as Postcolonial Science Policy", 341–355.

14. 2005 年 5 月 30 日，作者的采访。

15. 2006 年 9 月 13 日，作者的采访。

16. 2005 年 5 月 30 日，作者的采访。

17. 2006 年 7 月 27 日，作者的采访。

18. 在这些庞大的多数派群体内部，他们打算从具有"强大"身份和强大政治组织的社区采集血液和 DNA。2006 年 11 月 20 日，作者的采访。

19. International HapMap Consortium, "Integrating Ethics and Science in the International HapMap Project", 472.

20. 2005 年 5 月 30 日，作者的采访。

21. 2006 年 11 月 20 日，作者的采访；2006 年 9 月 13 日，作者的采访；Reddy, "Good Gifts for the Common Good: Blood and Bioethics in the Market of Genetic Research", 429–472。

22. "生物构造论"是希拉·亚桑诺夫首创的一个术语，为的是呼吁人们注意生命科学现在成为一个领域行动的方式。在这个领域，公民的基本权利和责任受到争议，从而被锻造出来。保罗·拉比诺在 20 世纪 90 年代后期首创"生物社会性"一词，用于描述新的社会群体正在遗传特征周围形成的方式。Jasanoff, "Reframing Rights: Bioconstitutionalism in the Genetic Age"; Rabinow, "Artificiality and Enlightenment: From Sociobiology to Biosociality".

23. 2007 年 8 月 14 日，作者的采访。

24. 关于遗传研究样本的采集和使用的首次社区咨询活动的执行摘要，可见 https://www.nigms.nih.gov/News/reports/archivedreports2003-2000/Pages/community_consultation.aspx，2015 年 12 月 11 日。

25. 2006 年 10 月 27 日，作者的采访。

26. 同上。

27. 同上。

28. 本节的所有描述和引述均取自在 http://locus.umdmj.edu/nigms/comm/submit/coll policy.html 发布的 "Policy for the Responsible Collection, Storage, and

Research Use of Samples from Identified Populations for the NIGMS Human Genetic Cell Repository"第一版，2002年1月22日访问。该政策的最新版本可在http://www.nigms.nih.gov/Research/SpecificAreas/HGCR/Reports/Pages/default.aspx 阅读，2014 年 8 月访问。

29. 后来，国家人类基因组研究所在科里尔医学研究所创建了自己的细胞储存库，直接控制规范样本使用的各项政策。
30. 2002 年 9 月，琼·麦克万与伦理、法律和社会问题理事会会议的个别沟通。
31. 同上。
32. 对国家人类基因组研究所的其他人而言，这个术语是为了将这种方法与联邦认可的各社区合作所要求的正式协商进程区分开来。2016 年 11 月 1 日，作者与他们的通信。
33. 2005 年 11 月 10 日，作者的采访。
34. 20 世纪 60 年代，基于个人经历的自我认同在美国国内出现，成为一种权威的自我定义模式。这种方法具有政治意义，部分原因在于它对界定人类的权力进行了重新定位，让其从政府当局和科学专家那里回到人民手中。它回应了 20 世纪六七十年代知识分子和活动家认同的权力问题，即所谓的关于边缘化主体（如"妇女"和"非白人"）的知识的专业化生产问题。希望在于这种认同的形成模式能够确保人的主观维度不会被忽视，这样人类就不会像塔斯基吉案例中的研究对象那样被弱化，仅被当作单纯的物体来对待，只有从他们身上获得知识才有其价值。自我认同为何被理解为一种民主的胜利是容易理解的：它代表了一个人们在这个最为私人化的领域——身份认同上，克服权威来自我治理的简单事例。
35. 2005 年 11 月 10 日，作者的采访。
36. Macer, "Ethical Considerations".
37. Skrentny, *Minority Rights Revolution*.
38. 2006 年 10 月 27 日，作者的采访。
39. 2006 年 6 月 12 日，作者的采访。
40. 2005 年 11 月 21 日，作者的采访。
41. 见 "NCBI retiring HapMap Resource", http://hapmap.ncbi.nlm.nih.gov/hapmap-populations.html，2014 年 8 月 20 日访问。
42. 2005 年 5 月 30 日，作者的采访。
43. Swedlund, "Is There an Echo in Here? Historical Reflections on the Human Genome Diversity Project".
44. International HapMap Consortium, "The International HapMap Project", 793. 副词"很大程度上"使得这些研究者能坚持一种"科学的"种族概念。"种族"一词虽仍在使用，但关于基因组科学家用来否认种族正确性的策略的更多论述，见 Reardon, *Race to the Finish: Identity and Governance in an Age of Genomics*.

45. 见 "Guidelines for referring to the HapMap populations in publications and presentations", http://hapmap.ncbi.nlm.nih.gov/citinghapmap.html.en，2015 年 12 月 15 日访问。
46. 2006 年 9 月 5 日，作者的采访。
47. 2005 年 5 月 30 日，作者的采访。
48. International HapMap Consortium, "Integrating Ethics and Science in the International HapMap Project", 467–475.
49. 2005 年 5 月 30 日，作者的采访。
50. International HapMap Consortium, "Integrating Ethics and Science in the International HapMap Project", 470.
51. 2006 年 11 月 20 日，作者的采访。
52. 同上。
53. 同上。
54. Butler, *Giving an Account of Oneself*, 22.
55. 2013 年 9 月 10 日，作者的采访。
56. 这次会见的完整记录，见 Reardon, *Race to the Finish: Identity and Governance in an Age of Genomics*, 74。
57. International HapMap Consortium, "Integrating Ethics and Science in the International HapMap Project", 789–793.
58. 2006 年 11 月 20 日，作者的采访。
59. 2006 年 9 月 13 日，作者的采访。
60. 将一种事物当作关注事项的讨论，见第一章。
61. 2006 年 11 月 20 日，作者的采访。
62. 2006 年 6 月 12 日，作者的采访。
63. 同上。
64. Epstein, *Inclusion: The Politics of Difference in Medical Research*.
65. 2006 年 11 月 20 日，作者的采访。
66. 2006 年 6 月 12 日，作者的采访。
67. Reddy, "Good Gifts for the Common Good: Blood and Bioethics in the Market of Genetic Research", 429–472, 438.
68. 同上，454。
69. 2006 年 6 月 12 日，作者的采访。
70. 回想一下，HapMap 计划的带头人在项目开始后，决定不在美国收集 HapMap 第一个正式阶段的样本。例如，他们没有在纽约州的新罗谢尔美籍意大利裔社区收集"南欧人"的样本，而是决定去意大利采集。血样是在得克萨斯州的休斯敦和科罗拉多州的丹佛采集的，但没有被包括在正式庆贺的 HapMap 的结果之中。
71. 2005 年 11 月 21 日，作者的采访。

72. 同上。
73. Petryna, *Life Exposed: Biological Citizens after Chernobyl*; Rose and Novas, "Biological Citizenship".
74. 2006 年 9 月 13 日，作者的采访。
75. 国际医学科学组织委员会与世界卫生组织合作的《涉及人类受试者的生物医学研究的国际伦理指南》, http://www.cioms.ch/frame_guidelines_nov_2002.htm, 2014 年 8 月 4 日访问。
76. 2005 年 5 月 30 日，作者的采访。
77. 2006 年 8 月 11 日，作者的采访。
78. 2006 年 9 月 11 日，作者的采访。
79. Kitcher, *Science, Truth, and Democracy*; Sclove, *Democracy and Technology*.
80. Hacking, *Social Construction of What?*
81. 2006 年 9 月 11 日，作者的采访。

第五章

1. Fears and Poste, "Building Population Genetics Resources Using the U.K. NHS", 267–268；Fletcher, "Field of Genes: The Politics of Science and Identity in the Estonian Genome Project", 3–14；Gordon, "Why Estonia? A Population's Self-Selection for National Genetic Research"; Marshall, "Tapping Iceland's DNA", 566.
2. Smith et al. "Generation Scotland: The Scottish Family Health Study; a New Resource for Researching Genes and Heritability", 74.
3. 见 http://www.generationscotland.org/index.php?option=com_content&view=article&id=33&Itemid=35，2013 年 11 月 9 日访问。"苏格兰一代"计划的纲要，见 http://www.generationscotland.org/index.php?option=com_content&view=article&id=33&Itemid=35，2013 年 11 月 9 日访问。
4. 公共主权的概念可以追溯到启蒙时期，当时的政治哲学家，最著名的是让-雅克·卢梭，他认为制定法律的能力在于人民。这些法律的效力源于它们表达人民的普遍意愿。卢梭：《社会契约论》。
5. Benjamin, "A Lab of Their Own: Genomic Sovereignty as Postcolonial Science Policy", 341–355.
6. Hazell, *The State and the Nations: The First Year of Devolution in the United Kingdom*.
7. 任何打算用苏格兰镑在英格兰支付出租车费的人都会明白，这是一个现实的、有时有争议的问题。还要考虑英格兰公民是否应当能够免费上苏格兰大学的争论。Jack, "Free Education for Young Scots? Only If the English Students Pay Full Whack".
8. Jasanoff, "Idiom of Co-Production"; Reardon, "Human Genome Diversity Project:

A Case Study in Coproduction",357—388。
9. 具体而言,基因组学论坛由经济和社会科学研究理事会(ESRC)资助,为的是确保社会科学和公众观点对英国形成新的基因组科学和技术产生影响。见 "Genomics Forum: ESRC Genomics Policy and Research Forum", GenomicsNetwork, 2015 年 12 月 20 日访问, http://www.genomicsnetwork.ac.uk/forum/。
10. 2008 年,我对参与基因组学项目规划和行政管理的 9 名核心研究人员和政府官员进行了半结构化的采访。我还参观了处理基因组学血样的实验室。2010 年和 2012 年,我再度采访了同一批人中的许多位,二度参观了那个实验室。2013 年,我参加了一个有部分话题是讨论基因组学未来的研讨会。2014 年,我回到那里,根据本章内容举办了一个讲习会。许多参与基因组学项目的人都来参加,提供了非常有帮助的反馈意见。
11. Busby and Martin, "Biobanks, National Identity and Imagined Communities: The Case of the UK Biobank", 237—251。
12. 关于在科学界造成的紧张气氛,以及后第二次世界大战时期一直存在的关注,见 Kevles, *In the Name of Eugenics: Genetics and the Uses of Human Heredity*; Stepan, *The Hour of Eugenics: Race, Gender, and Nation in Latin America*; Muller-Hill, *Murderous Science: Elimination by Scientific Selection of Jews, Gypsies, and Others, Germany 1933–1945*。关于优生学的辩论在英国如何展开,以及苏格兰在这些讨论中的地位,见 "A Differential Paradox: The Controversy Surrounding the Scottish Mental Surveys of Intelligence and Family Size", 109—134。
13. Fletcher, "Field of Genes: The Politics of Science and Identity in the Estonian Genome Project", 3—14。
14. Guerrero Mothelet and Herrera, "Mexico Launches Bold Genome Project"。
15. Specter, "Decoding Iceland", 40—51; Rose and Rose, *Genes, Cells, and Brains: The Promethean Promise of the New Biology*。
16. 关于冰岛基因解码案例的精彩深入分析,见 Fortun, *Promising Genomics: Iceland and DeCODE Genetics in a World of Speculation*。
17. Winickoff, "Genome and Nation: Iceland's Health Sector Database and Its Legacy", 80—105。
18. 当时,这是一家大型制药公司和一家基因组学公司达成的最大交易。见 http://www.thefreelibrary.com/Hoffmann-La+Roche+and+deCODE+genetics+Sign+Genomics+Collaboration+To ... -a020209570, 2013 年 4 月 10 日访问。罗氏制药确实规定,要支付全部资金,就必须满足某些基准条件。解码公司未能达到这些标准,最终只收到大约 7430 万美元。有关分析,见 Sigurdsson, "Springtime in Iceland and 200 Million Dollar Promises"。
19. 冰岛生物学家和医学科学家质疑这种同质性假设。见 Zoëga and Andersen, "Icelandic Health Sector Database: Decode and the 'New' Ethics for Genetic

Research"。

20. 关于了解人类基因变异研究的教育和信息意义何在的争论，见 Reardon, *Race to the Finish: Identity and Governance in an Age of Genomics*。
21. 1999 年 2 月 12 日，作者的采访。
22. Specter, "Decoding Iceland", 49.
23. Duncan, "World Medical Association Opposes Icelandic Gene Database", 1096; Eyfjörd, Ögmundsdottir and Zoëga, "Decode Deferred", 491.
24. Specter, "Decoding Iceland", 44.
25. Lewontin, "People Are Not Commodities".
26. Specter, "Decoding Iceland", 49–50.
27. Appiah, *Cosmopolitanism: Ethics in a World of Strangers*.
28. 见 http://www.nytimes.com/2000/06/27/science/reading-the-book-of-life-whitehouse-remarks-on-decoding-of-genome.html?pagewanted=all&src=pm，2013 年 6 月 25 日访问；Wade, "Scientists Complete Rough Draft of Human Genome"; Sulston and Ferry, *Common Thread: A Story of Science, Politics, Ethics, and The Human Genome*。
29. 正如苏格兰一代计划的一位早期带头人向我解释的那样："我的概念是苏格兰——单一的医疗保健供应方，每个人都享有福利医疗保障，很少有私人医疗保健，基本上是一个封闭的群体。尽管我们是联合王国本土的一部分，但由于多种历史文化原因，我们在一个国家内部以民族实体（国中之国）的方式运作，苏格兰人民安土重迁。因此从祖父母辈到父母辈到孩子辈再到孩子的孩子一辈，跟踪个人卫生记录是可行的。由于这个群体的关系相对稳定，它显然具有很高的同质性，拥有北欧白种人 98% 的血统……98%。" 2008 年 11 月 26 日，作者的采访。
30. McKie, "Steam Rises over Iceland Gene Pool"; Meek, "Decode Was Meant to Save Lives ... Now It's Destroying Them".
31. Hickman, "GM Crops: Protesters Go Back to the Battlefields".
32. 见 Boseley and Carter, "He Stripped the Organs from Every Dead Child He Touched"。这一丑闻最终导致 2004 年《人体组织法案》（Human Tissue Act）通过和人类组织管理局成立。
33. 1999 年，英国皇家学会创建"社会科学计划"，意在创立各种方法，让公众参与研究的设计和治理。2000 年，英国议会上院科技选择委员会建议"与公众直接对话……应当成为（科学）进程的一个必要组成部分"。House of Lords, "Science and Society"。苏格兰一代项目在其网站上引用议会上院报告的这一部分。见 http://www.generationscotland.org/index.php?option=com_content&view=article&id=61&Itemid=126，2013 年 4 月 10 日访问。
34. 事实上，我最初了解苏格兰一代计划，是应邀在英国经济与社会科学研究委员会在苏格兰爱丁堡举行的基因组学政策和研究论坛发表了一次大会报告。

这个论坛是一个新机构，旨在将关于遗传学发现的社会和科学含义的社会科学研究与公众和政策辩论联系起来。也可见 Royal Society, *Science in Society: The Impact of the Five Year Kohn Foundation Funded Programme*。

35. 见 http://www.generationscotland.org/index.php?option=com_content&view=article&id=61&Itemid=126，2013 年 4 月 10 日访问。
36. Wakeford and Hale, *Generation Scotland: Towards Participatory Models of Consultation*.
37. 2008 年 7 月 10 日，作者的采访。
38. 见 http://www.generationscotland.org/index.php?option=com_content&view=article&id=61&Itemid=126，2013 年 4 月 10 日。
39. 苏格兰一代计划的出版物之一——*Generation Scotland: Towards Participatory Models of Consultation* 援引社会契约论之父让-雅克·卢梭的观点，证明让公民参与基因组学相关决策的正当性。卢梭关于社会契约的观点，见卢梭：《社会契约论》，18。
40. 在这个屏幕上，会出现一个 "Discover Generation Scotland" 按钮，该按钮会显示标题为 "Addressing the Health and Wealth of Scotland"。人们可以从标题下方的内容，了解 "苏格兰一代计划将会为苏格兰及其人民带来医疗、社会和经济上的益处"。http://129.215.140.49/gs/gindex.html，2008 年 12 月 16 日访问。
41. 见 "Health in Scotland," Scottish Government，2008 年 12 月 14 日访问，http://www.scotland.gov.uk/Publications/2004/04/19128/34905。此外，2003 年，伦敦卫生和热带医学院的戴维·利昂和同事们发布了一份报告，提到处于工作年龄（15 岁到 74 岁）的苏格兰人的死亡率是西欧最高的。见 http://www.scotpho.org.uk/home/Comparativehealth/InternationalComparisons/int_mortality_comparisons.asp，2008 年 12 月 14 日访问。
42. 苏格兰一代计划关注的精神健康，是苏格兰国民公共卫生优先事项，特别是将苏格兰一代计划定位为一个苏格兰民有民享的项目。有关苏格兰当前公共卫生集中关注精神卫生的解释，见 "Mental Health Indicators"，NHS Health Scotland，2008 年 12 月 14 日访问，http://www.healthscotland.com/scotlands-health/population/mental-health-indicators.aspx。
43. 2012 年 7 月 17 日，作者的采访。
44. 见 "Scots Family Study Logs 1000th Volunteer"，University of Dundee，2013 年 4 月 10 日访问，http://www.dundee.ac.uk/pressrelease/2006/prdec06/familystudy.html。
45. 苏格兰政府的分析人士普遍认为，一个小民族主体，要办成事情需要集体努力，要与该民族的人民合作。Keating, *Government of Scotland: Public Policy Making after Devolution*，216。在国家政策和规划问题上，开展 "公共协商" 来征求公民的意见是一种常见做法。苏格兰一代计划也没有什么不同。

Haddow et al., *Public Attitudes to Participation in Generation Scotland*.
46. Davie, *The Democratic Intellect: Scotland and Her Universities in the Nineteenth Century*.
47. 见 http://129.215.140.49/gs/ukb.htm, 2008 年 12 月 14 日访问。苏格兰人参与遗传学研究的历史确实很长，可以追溯到 80 年前，即 1932 年的群体研究。2008 年 12 月 2 日，作者的采访。
48. 见 http://www.generationscotland.org/images/stories/RSE_meetingreport_aressing_the_health_and_wealth_of_scotland.pdf, 2013 年 4 月 25 日访问。
49. Chief Scientist Office, Guidance for Applicants to the Genetics and Health Care Initiative, 2.
50. 见 http://www.tmri.co.uk/news/item.aspx?a=25&z=1, 2013 年 4 月 15 日访问。
51. Anderson et al., "Effects of Estrogen Plus Progestin on Gynecologic Cancers and Associated Diagnostic Procedures: The Women's Health Initiative Randomized Trial", 1739–1748.
52. Brower, "A Second Chance for Hormone Replacement Therapy？", 1112–1115.
53. 2008 年 12 月 2 日，作者的采访。
54. Dawson, *Public Perceptions on the Collection of Human Biological Samples*.
55. 事例见斯密著《国富论》第一卷第八章："但是改善较大部分的境遇，绝不能被视为对整体的不便。一个社会中的大部分成员贫穷而悲惨的话，是一定不会繁荣和幸福的。此外，公平的是，那些为全体人民供应食物、衣物和居所的人，应当得到自己劳动成果中的一部分，让自己食能果腹，衣能蔽体，有屋容身。"见 conlib.org/library/Smith/smWN3.html#I.8.35，2013 年 4 月 10 日访问。
56. 在《国富论》一书题为"货币的起源和使用"的一个著名段落里，斯密描述了对一种共同商品或货币的实际需求："我们假定，某人拥有的某种商品比他自己需要拥有的多，而另一个人拥有的比所需的少。前者必然会很乐意将多余的一部分处理掉，而后者则愿意向前者购买。但是，如果后者刚好没有前者所需要的东西，他们之间也就不能进行交换……为了避免这类麻烦情况，社会的每个时期的每一个谨慎的人，在第一次分工确定以后，都必须很自然地努力设法一直都能以某种方式管理自己的事务，从而让他除了拥有本行业特有的产品之外，还可以随时拥有一定数量的某种其他商品。这样一来，就如他设想的那样，很少有人会拒绝交换他们这一行业的产品。"见"An Inquiry into the Nature and Causes of the Wealth of Nations"，Adam Smith，2013 年 4 月 10 日访问，http://geolib.com/smith.adam/won1-04.html。
57. 卢梭：《社会契约论》。
58. Haddow et al.,"Generation Scotland: Consulting Publics and Specialists at an Early Stage in a Genetic Database's Development", 139–149.
59. 2008 年 12 月 2 日，作者的采访。

60. 当基因组学采用更精简的治理模式，并且创立了一个不包含社会科学家的执行委员会时，这一点将发生变化。
61. Haddow et al., "Generation Scotland: Consulting Publics and Specialists at an Early Stage in a Genetic Database's Development", 139–149.
62. 参与基因组学项目的社会科学家了解其他公共咨询工作，因为这些工作没有通过改变政策来跟踪调查结果。他们认为，如果没有这一后续行动，这些做法不过是粉饰橱窗，几乎不会产生实质性的改变。同上。
63. 领导基因组学项目的一位自然和医学科学家解释道："重要的是，对那些通过与社会科学家对话发展出来的想法，正在使用合适的工具、社会科学措施和手段来进行测试。"
64. 同上。
65. Haddow et al., Public Attitudes to Participation in Generation Scotland, 276.
66. 同上。
67. 如我们将在下文中所见，重要的是，参与者也希望制药公司不被允许获得他们的DNA。同上，31。
68. 同上。
69. 见 http://www.genomicsnetwork.ac.uk/esrcgenomicsnetwork/news/mediaroompressreleases/2005pressreleases/title,91,en.html，2013年4月10日访问。正如一位为该项目工作的社会科学研究人员反映的那样，这一承诺是真实的。面对各种严峻的问题，基因组学领导层致力于回应公众意见。2012年7月18日，作者的采访。
70. Generation Scotland, Generation Scotland Management, Access, and Policy Publication.
71. 2008年11月26日，作者的采访。
72. 2012年7月17日，作者的采访。
73. Haddow et al., Public Attitudes to Participation in Generation Scotland, 279.
74. 2012年7月18日，作者的采访。
75. 2008年11月27日，作者的采访。关于全球各国的生物样本库如何相异的设想和实施生物组织的财产、利益和民主治理概念的讨论，见 Gottweis and Peterson, *Biobanks: Governance in Comparative Perspective*; Kaye and Stranger, *Principles and Practice in Biobank Governance*。
76. Haddow et al., "Public Attitudes to Participation in Generation Scotland", 280.
77. 2012年7月17日，作者的采访。
78. 2012年7月18日，作者的采访。
79. 2012年11月26日，作者的采访。
80. 2012年3月8日，作者的采访。
81. 2008年7月10日，作者的采访。
82. Laurie and Gibson, *Generation Scotland: Legal and Ethical Aspects*. 关于回应研

究对象有可能在隐私被侵犯的情况下，没有获得利润或直接利益而产生的潜在怨恨的方式，报告的作者建议"依靠苏格兰人的身份和基因组学项目的'苏格兰风格'，去创造对该项目的所有权的感觉"。Laurie and Gibson, *Generation Scotland: Legal and Ethical Aspects*, 39.

83. 基因组学的一位组织者解释道："这是一种强烈的民族自豪感。例如，人们会觉得，如果我们说'嘿，我们会将这些样品送到英格兰去'，苏格兰人不太可能说可以这么办。"2012年7月17日，作者的采访。
84. 同上。
85. 这种方法也有历史经验可循。正如海伦·巴斯比和保罗·马丁所说，以民族公民身份为基础动员人民参与献血活动，伴随着血液将会在联合王国使用的期望。Busby and Martin, "Biobanks, National Identity, and Imagined Communities: The Case of UK Biobank", 242.
86. Reich and Lander, "On the Allelic Spectrum of Human Disease", 124–137.
87. Dickson et al., "Rare Variants Create Synthetic Genome-Wide Associations", 1.
88. Angrist, *Here Is a Human Being*.
89. 2012年7月18日，作者的采访。
90. 2012年3月8日，作者的采访。
91. 2012年3月8日，作者的采访。
92. 2012年7月18日，作者的采访。
93. 我在2008年被告知："在这个特殊的第二阶段，我必须老实说，根本没有（公众参与和教育）的模范。这只是想要让尽可能多的人加入（基因组学计划）。"2008年12月2日，作者的采访。
94. 2012年7月18日，作者的采访。
95. 同上，20。
96. 2012年7月17日，作者的采访。
97. 2012年7月18日，作者的采访。
98. 基因组学团队的一位成员向我解释道："他们越来越多地发现，当他们进行越来越详细的分析时……父母没有突变……所以这个孩子身上的突变是从零开始的。这不是100%的情况，差得很远，但大概达到40%。在某种程度上，当你想到这种情况的时候，一点都不会感到惊讶，因为人类繁衍过程中很多事情都会出错，而且大多数时候，这些事情可能是破坏性的。我记得几年前读过一篇关于自然流产的文章，文中有一个女人几乎不知道自己怀孕了。她大约怀孕两周，然后就流产了。我认为我们在生孩子方面效率很低。"2012年7月18日，作者的采访。
99. 2012年7月17日，作者的采访。
100. 同上。
101. 2012年3月8日，作者的采访。
102. 见"SFHS Participants Continue to Support Generation Scotland", Generation

Scotland, 2014 年 4 月访问, http://www.generationsscotland.co.uk/index.php?option=com_content&view=article&id=86:sfhs-participants-continue-to-support-generation-scotland&catid=39:latest-news&Itemid=5。

103. Benjamin, "A Lab of Their Own: Genomic Sovereignty as Postcolonial Science Policy", 341–355.
104. 阿皮亚:《世界主义：陌生人世界里的道德规范》；巴特勒:《脆弱不安的生命：哀悼与暴力的力量》。
105. 事例见纳菲尔德生物伦理学委员会的最新报告, "Solidarity: A Reflection on an Emerging Concept in Bioethics", 2013 年 11 月 7 日访问, http://www.nuffieldbioethics.org/solidarity-0。也可见 Prainsack and Buyx, *Solidarity and Biomedicine and Beyond*。
106. 2008 年 11 月 26 日，作者的采访。
107. 出于利他主义的原因，捐献血液和其他人体组织在英国历史悠久，早已闻名。参见 Titmuss, *The Gift Relationship: From Human Blood to Social Policy*。然而，如我们将在本章和后续几章中看到的那样，在基因组学的背景下激发的利他主义，引发了关于改变人体组织交换的伦理、经济和政治背景的种种问题。
108. 阿伦特:《过去与未来之间》, 185。我将在第七章回归这个话题，展开论述。
109. 2017 年 2 月 13 日，与罗宾·默顿和阿奇·坎贝尔的私人交流。
110. Hartocollis, "Cancer Centers Racing to Map Patients' Genes".

第六章

1. 对这一历史时刻，以及早期社交媒体意识形态的批判性评价，见范·戴克:《互联文化：社交媒体批判史》, 11。
2. 值得注意的是，将成为我故事一部分的其他公司有"遗传学领航者"公司、"为我解码"公司和"路径基因组"公司。
3. 见 http://mediacenter.23andme.com/blog/2008/09/09/23andme-democratizes-personal-genetics/, 2015 年 12 月 17 日访问。
4. Avey, "Inspiration Comes in Many Forms".
5. Pollack, "The Wide, Wild World of Genetic Testing".
6. 纽约州公共卫生部在 6 个月前，向 26 家公司发送了类似的信件。Wadman, "Gene-Testing Firms Face Legal Battle", 1148–1149.
7. Pollack, "F.D.A. Faults Companies on Unapproved Genetic Tests", B2.
8. 该文件进一步解释道，它们只对"23 与我"公司有价值，因为只有公司而非人民有能力制作一些测试数据的东西，即"数据库和统计信息"，来向"其他来源推销"。见 http://dockets.justia.com/docket/california/casdce/3:2013cv02847/429459, 2014 年 10 月 12 日访问。
9. 阿伦特:《人的境况》, 5。

10. MacKenzie, "Machine Learning and Genomic Dimensionality", 73–102.
11. 事例见 Jenny Reardon and Jacob Metcalf, "Biocuration Workshop Report", 2015 年12月22日访问, http://scijust.ucsc edu/wp-content/uploads/2013/04/Biocuration-Workshop-Report.sjwgrapp.pdf。
12. 具体来说，本章根据 2008 年至 2012 年与各个人基因组公司的创始人或工作人员，以及致力于个人基因组公司引发的生物管理问题的学者所进行的 16 次半结构性访谈写成。2008 年至 2010 年，我还访问和参展了两家个人基因组公司和其他几家从事生物管理的生物信息学公司总部。这几次访问让我有机会向公司员工了解更多非正式信息，对各公司的文化有所感触。
13. Rabinow, "Artificiality and Enlightenment: From Sociobiology to Biosociality".
14. 托马斯·戈茨提供了这样一种描述："布林提出了一种不同的方法，一种由计算能力和惊人的大数据集驱动的方法。这是一种利用他的算法敏感性的方法——谷歌在计算能力方面的传奇般的信念——以加快速度和提高科研潜力为目的……换言之，布林提议绕开几个世纪的科学认识论，转而发展一种更为谷歌式的科学。他想先收集数据，然而进行假设性猜测，再往后找到获得答案的模式。他有足够的资金和算法来做这件事情。" Goetz, "Sergey Brin's Search for a Parkinson's Cure".
15. 埃维写道："遗传学研究的一个重要组成部分是，而且一直以来都是所谓的受试人，一个真正的、活生生的、贡献了他或她的非常宝贵的信息的人……通过在受试者与受试者之间建立防火墙（有时大声为此辩护），提供一份介入生物医学研究的许可证通常不保证有任何益处回馈受试者——研究人员已经被免除，或者不承认根据具体情况而定，与他们的受试者有任何直接沟通的责任或能力（听起来几乎是封建的，不是吗？），仿佛研究后的表型细节与手头的任务无关。" Avey, "Inspiration Comes in Many Forms".
16. 亦即，任何居住在允许"23 与我"公司出售其套件的司法管辖区的人。"23 与我"公司希望在全球范围内开展业务，但是在其他国家销售的法律问题构成了重大障碍。在美国，2008 年，纽约州和加利福尼亚州向"23 与我"公司发送了终止文书。Pollack, "California Licenses 2 Companies to Offer Gene Services".
17. "23 与我"公司的文化散发出童趣，公司总部和网站上都涂抹了蜡笔色彩。我走访该公司的时候，浴室里有玩具，我离开时带走了贴纸和一件 T 恤。我本来希望拿走一顶无檐小便帽，但是他们已经没有了。
18. Avey, "Inspiration Comes in Many Forms".
19. 2011 年 9 月 9 日，作者的采访。
20. 同上。
21. 见 http://blog.23andme.com/2008/02/27/what-you-can-do-for-23andme-and-future-generations/，2014 年 10 月 6 日。
22. http://blog.23andme.com/23andme-and-you/anne-and-linda-unveil-23andwe-at-d6/,

2014 年 9 月 10 日；"23andWe Research Update: Something Old and Something New"，*23 and Me Blog*，2010 年 12 月 10 日，2014 年 9 月 10 日访问，http://blog.23andme.com/23andme-research/23andwe-research-update-something-old-and-something-new/。

23. 参与者免费接受"23 与我"公司的服务。"The Search for a Cure Starts with Your DNA"，23andMe，2014 年 10 月 2 日，https://www.23andme.com/pd/。

24. http://mediacenter.23andme.com/press-releases/23andme-and-the-parkinsons-institute-announce-initiative-to-advance-parkinsons-disease-research/，2014 年 9 月 10 日访问。

25. Pollack, "Google Co-Founder Backs Vast Parkinson's Study".

26. 见 https://www.23andme.com/you/survey/take/health_intake/finish/，2014 年 9 月 10 日访问。

27. 2011 年 9 月 9 日，作者的采访。

28. "Introducing a Do-It-Yourself Revolution in Disease Research"，23andMe，2014 年 9 月 22 日访问，http://blog.23andme.com/23andme-and-you/introducing-a-do-it-yourself-revolution-in-disease-research/。

29. 特纳：《数字乌托邦》，103–107。

30. Sunder Rajan, *Biocapital: The Constitution of Postgenomic Life*，283.

31. Gertner, *The Idea Factory: Bell Labs and the Great Age of American Innovation*.

32. 2011 年 9 月 9 日，作者的采访。

33. 对于遗传学和基因组学研究的道德经济的这种理想主义观点的批评，请参考第二章。

34. 2011 年 9 月 9 日，作者的采访。

35. 同上。

36. Anderson, *Free: The Future of a Radical Price*.

37. Winterhalter, "A Genetic 'Minority Report': How Corporate DNA Testing Could Put Us at Risk".

38. 2011 年 9 月 9 日，作者的采访。

39. 然而，即使是那些最热衷于融合这些力量的人，诸如媒体学者亨利·詹金斯，也指出，融合不仅仅是为了给人民带来新的自由，也是为了给企业带来新形式的消费和力量。然而，到了最后，詹金斯建议，消费并不像我们想象的那样与民主的公民权相悖。也许我们可以用我们的钱来投票。再者说，或许参与商品化的流行文化"为更有意义的流行文化铺平了道路"。Jenkins, *Convergence Culture: Where Old Media and New Media Collide*，222. 这在十年前听起来就像异端邪说，但是在一定程度上，由于我们热爱的那些企业，例如苹果公司的关系，这些想法日益能够被明确表达出来；事实上，它们正在被接受。

40. 这句话是谷歌道德准则的开场白。见 https://investor.google.com/corporate/

code-of-conduct.html，2014 年 9 月 12 日访问。

41. 关于个人基因组计划的第一篇新闻文章，见 Toner, "Harvard's Church Calls for 'Open Source,' Non-Anonymous Personal Genome Project"。
42. 美国国家人类基因组研究所尤其如此。
43. 人类基因组计划只产生了单倍体序列。关于文特尔基因组的描述，见 Levy et al., "The Diploid Genome Sequence of an Individual Human"。
44. Kennedy, "Not Wicked, Perhaps, but Tacky", 1237.
45. 本次访谈的完整记录可在 http://www.yourgenome.org/people/james_watson.shtml 找到，2014 年 9 月 12 日访问。
46. 2011 年 9 月 9 日，作者的采访。
47. 2010 年 6 月 15 日，作者的采访。
48. 当 "23 与我" 公司进行营销时，它以一种独特的方式做到了这一点，在一项杰出的技术产品——飞艇上 "贴花"。根据飞艇企业介绍，"23 与我" 公司贴花纸的主人，用了 6 天时间粘贴，贴花代表了市场营销的最新进展："特殊条款已经成为技术和生意的商标。过去的'广告'现在变成了'品牌'，过去的'广告牌'出现在飞艇风险投资公司行话的'贴花'上。'尤利卡'的第一个贴花是皮克斯公司的 'UP' 字样和主人公的家被数百个彩色气球空运到远方新家乡的精美描绘图案。第二个贴花，目前就在'尤利卡'上，是 '23andMe.com Personal Genetics'。它邀请感兴趣的团体和个人访问公司的网站，从全新的角度了解他们的基因。" 见 http://www.nasa.gov/centers/ames/pdf/576856main_summer09.pdf，2014 年 9 月 22 日访问。
49. 2010 年 6 月 15 日，作者的采访。
50. Salkin, "When in Doubt, Spit It Out".
51. 关于特质与习惯的论述，见 Bourdieu, *Distinction: A Social Critique of the Judgement of Taste*。
52. 2010 年 6 月 15 日，作者的采访。
53. 虽然这一假设现在已成为主流，但是对种族、性别和阶级与基因组学解释的相关性仍有一些批评。事例可见 Bolnick et al., "The Science and Business of Genetic Ancestry Testing", 399–400。
54. 2010 年 6 月 15 日，作者的采访。
55. Lowe, "Google Wife Targets World DNA Domination".
56. 23andMe, "Time to Thank Our Friends".
57. Avey, "Inspiration Comes in Many Forms".
58. 见 "What Are Genes", 23andMe, 2014 年 9 月 15 日访问, https://www.23andme.com/gen101/genes/。
59. 23andMe, "23 与我" 公司 DNA 处理实验室视频（2014），http://www.youtube.co/watch?list=PLFvkfbvHpp1lEK7U0ehu_akvIX9ZIzJDc&v=0gC8RQ7PemM#t=16。

60. Wojcicki, "Research Participants Have a Right to Their Own Genetic Data".
61. 同样，非营利个人基因组计划伦理、法律与社会问题咨询委员会成员米沙·安格里斯特将个人遗传学描述为"公民科学"运动的一部分。Angrist, "Eyes Wide Open: The Personal Genome Project, Citizen Science, and Veracity in Informed Consent", 691–699.
62. 2011年9月9日，作者的采访。
63. Genome Web, "Walgreens to sell Pathway Genomics' Sample Collection Kit". 2013年，"23与我"公司也向广大受众大力营销，在食品频道等电视台投放广告。见 http://www.ispot.tv/ad/7qoF/23-and-me，2014年10月3日访问。
64. Shuren, "Statement before the Subcommittee on Oversight and Investigations, Committee on Energy and Commerce, United States House of Representatives".
65. 同上。当国会议员道出这些担忧时，遗传学家进行了研究，试图证明这类担忧被夸大了。见 Green et al., "Disclosure of APOE Genotype for Risk of Alzheimer's Disease", 245–254。
66. 洛克：《政府论》。
67. 卢梭：《社会契约论》。
68. 我在英国也清晰地听到类似的担忧，在英国，已经很紧张的健康服务的压力尤为令人担忧。2008年7月16日，作者的采访。
69. Shuren, "Statement before the Subcommittee on Oversight and Investigations, Committee on Energy and Commerce, United States House of Representatives".
70. 2010年8月9日，作者的采访。
71. 2008年和2009年，据报道，"23与我"公司收到许多记者要求参与他们的服务的请求。虽然这为该公司提供了许多免费宣传，但不同结果的报道却造成了一个信誉问题。事例见 Davies, "Keeping Score of Your Sequence"; Hunter, "Letting the Genome out of the Bottle——Will We Get Our Wish？", 105–107。
72. Ng, "An Agenda for Personalized Medicine", 724–726.
73. 科学史学家洛兰·达斯顿记载，至少从17世纪起，客观性"一直是一个整体的、不可变的概念"，它假设只有通过约束情感和个人看法才能辨明客观真相。简而言之，客观性是非个人化的和非观念性的。见 Daston, "Objectivity and the Escape from Perspective," 110–123。
74. Personalized Medicine Coalition, "Personal Genomics and Industry Standards: Scientific Validity", 1–4.
75. 2010年6月15日，作者的采访。
76. 2010年3月30日，作者的采访。
77. 他们希望这则信息能够影响客户与医疗保健系统的互动。例如，有人收到"遗传学领航者"公司的一份报告，显示患结肠癌的风险较高，那么他可能不会等到他们年纪更大的时候再做结肠镜检查。事实证明，这种方法对购买了"遗传学领航者"公司健康计划的员工，以及希望获得基因组信息从而做出更健康的选择的员工都很有吸引力。

78. 见"23 与我"公司的评论区,"Google Co-Founder Blogs about 23andMe Data, Parkinson's Risk"。
79. 2010 年 3 月 30 日,作者的采访。
80. Haraway, *Simians, Cyborgs, and Women*, 193.
81. 2010 年 10 月 24 日,作者的采访。
82. Williams, "On the Tip of Creative Tongues: Curate".
83. Strasser, "Experimenter's Museum: Genbank, Natural History, and the Moral Economies of Biomedicine, 1979–1982", 60–96.
84. 2010 年 10 月 24 日,作者的采访。
85. Darnovsky, "Spitterati and Genome Research"; Winterhalter, "A Genetic 'Minority Report': How Corporate DNA Testing Could Put Us at Risk".
86. 2009 年 10 月 5 日,作者的实地调查笔记。
87. 同上。
88. 美国众议院能源和商务委员会监督与调查小组委员会。直接面向消费者的基因检测和对公众健康的影响; Darnovsky, "The Spitterati and Genome Research"。
89. 2010 年 10 月 24 日,作者的采访。
90. 对私人科学和学术科学界限模糊的各种方式的深入研究,以及这些关系的历史,见 Shapin, *Scientific Life: A Moral History of a Late Modern Vocation*。
91. 美国食品药品监督管理局发给"23 与我"公司的书信副本,见阿尔贝托·古铁雷斯发给作者的电邮信息,2014 年 10 月 6 日,http://www.fda.gov/iceci/enforcementactions/warningletters/2013/ucm376296.htm。
92. 见 http://blog.23andme.com/news/23andme-provides-an-update-regarding-fdas-review/,2014 年 10 月 6 日访问。
93. 见 Wojcicki, "23andMe Provides an Update Regarding FDA's Review"。
94. 例如,2012 年生命技术公司收购的"遗传学领航者"公司,在 2015 年 8 月通知其客户,计划销毁所有客户的基因结果和样本。见 http://thegenesherpa.blogs pot.com/2012/08/5-years-later-navigenics-fulfills-my.html,2016 年 11 月 16 日访问。
95. 2010 年 11 月 18 日,作者的采访。
96. 见 http://blog.23andme.com/2008/02/27/what-you-can-do-for-23andme-and-future-generations/,2014 年 10 月 6 日访问。
97. 2010 年 3 月 19 日,作者的采访。
98. 美国国立卫生研究院资助方法的保守性质是那些推进个人基因组学的人的一个常见主题。我与一位在该领域工作的科学家谈过,他告诉我,有些人认为美国国立卫生研究院代表"非此处发明即不用"。作者的实地调查笔记。
99. 2010 年 9 月 3 日,作者的采访。
100. 同上。

101. 美国食品药品监督管理局在2013年给"23与我"公司的书信中，有一个很长的段落，解释了其为与"23与我"公司合作发送了许多邮件，进行了多次面对面会议，耗费了大量时间和精力。言下之意是，"23与我"公司对其时间和精力没有给予回报。见阿尔贝托·古铁雷斯发给作者的电子邮件信息。
102. Lowe, "Google Wife Targets World DNA Domination". 对谷歌的类似描述，见Kelleher, "Google: World Domination Starts Today"。
103. Cook-Deegan, *Gene Wars: Science, Politics, and the Human Genome*.
104. 事例可见 Wojcicki and Avey，*23andMe Research Revolution*（2014）中的这次谈话，http://www.youtube.com/watch?v=WfI62N8pOkE。
105. 利奥塔尔：《后现代状态》，5。
106. Wrote the Personalized Medicine Coalition : "Transparency in disclosing companies methods and criteria is the most pragmatic goal", Personalized Medicine Coalition, "Personal Genomics and Industry Standards: Scientific Validity", 3.

第七章

1. Desmond-Hellman, "Toward Precision Medicine: A New Social Contract?", 129.
2. 这种患者帮助医生的构想，见 Desmond-Hellman, "Attention Stressed Out Doc: Can the Consumer Be the 'Cavalry' That Saves You?"。
3. Philippidis, "Top 10 Biopharma Clusters".
4. Kelty, *Two Bits: The Cultural Significance of Free Software*, 10, 23, 310.
5. 关于阿龙·斯沃茨的生活和遗留问题，见 Peters, *The Idealist: Aaron Swartz and the Rise of Free Culture of the Internet*. On the copyright wars, see Baldwin,*Copyright Wars: Three Centuries of Trans-Atlantic Battle;* and Johns, Piracy:*The Intellectual Property Wars from Gutenberg to Gates*。
6. 见 Reardon, "Should Patients Understand That They Are Research Subjects?"《旧金山纪事报》也在杂志上发表过加利福尼亚大学旧金山分校的一篇回应和一篇支持性社论。
7. Harris, "Letter to the Editor".
8. 事实证明，我的医生也有顾虑。他向我解释道，即使医疗保健建议很简单，向所有人推荐，而且通过频繁的公共卫生信息加强的时候，我们也不能让人们自行治疗和做各种医疗保健。当系统变得更加复杂，医疗建议根据不断变化的研究结果一直在变化时，会发生什么呢？
9. 关于导致研究资金与"抗击疾病"事业联系起来的各位参与者和历史偶然事件的探讨，见 Creager, "Mobilizing Biomedicine: Virus Research between Lay Health Organizations and the U.S. Federal Government, 1935–1955", 171–201。
10. 生命科学是一个中间空间，材料的交换在其中既非"接受"，也非"给予", 而是两者兼有。关于产生生命科学的各种条件的一个极好的讨论, 见 Hayden, "Taking as Giving: Bioscience, Exchange, and the Politics of Benefit-Sharing", 729–758。

11. 除了与同事们喝咖啡休息和郊游吃冰激凌外, 本章是根据 2010 年对个人基因组计划项目的主要组织者进行的一轮半结构性访谈, 以及 2013 年进行的后续采访写成的。2012 年和 2014 年, 我还参加了两次主要的个人基因组计划年会, 即基因、环境和个性会议。得到他们的允许, 本着个人基因组计划的开放性精神, 我在本章使用了一些受访者的姓名。
12. Angrist, *Here Is a Human Being: At the Dawn of Personal Genomics*; Church and Regis, *Regenesis: How Synthetic Biology Will Reinvent Nature and Ourselves*.
13. Church, "Genomes for All", 47–54.
14. "Life Technologies takes benchtop genome sequencer on tour of UK in a Mini". MTB Europe, http://www.mtbeurope.info/news/2012/1209012.htm, 2016 年 11 月 16 日访问。
15. 在人类基因组计划时代, 所有人的目光都停留在奖品——人类基因组序列上。几乎所有为测序投入的公私资金, 都用于人类基因组测序上了, 只有两项主要工作持续存在: 公共人类基因组计划和塞莱拉公司领导的人类基因组测序私人项目。两个项目都使用应用生物系统公司的机器。令丘奇沮丧的是, 应用生物系统在测序仪行业获得了长达 10 年的垄断地位。Church and Regis, *Regenesis: How Synthetic Biology Will Reinvent Nature and Ourselves*, 167.
16. 同上。
17. 同上, 174。
18. 2010 年 10 月 17 日, 作者的采访。
19. Lunshof et al., "From Genetic Privacy to Open Consent", 410.
20. 2010 年 10 月 17 日, 作者的采访。
21. 同上。
22. 同上。丘奇为完整的基因组测序寻找基因组。完整基因组测序对个人进行独一无二的身份认证, 因此保持匿名性带来了重大的技术和法律上的质疑和挑战。
23. Church and Regis, *Regenesis: How Synthetic Biology Will Reinvent Nature and Ourselves*, 212.
24. 关于获取是给予的一种形式的论述, 见 Hayden, "Taking as Giving: Bioscience, Exchange, and the Politics of Benefit-Sharing"。
25. Church, "Genomes for All", 48.
26. 2013 年 7 月 24 日, 作者的采访。
27. 博贝帮助创设的 DIY 生物学运动的描述, 见 "An Institution for the Do-It-Yourself Biologist"。
28. 对个人基因组计划的领导者而言, 个人基因组学提到了这一出自个人计算机世界的"自己动手"精神。随着个人基因组学变得越发主流和商业化，这一参考被证明难以维持，引发了去改变这一项目名称的愿望。今天，博贝领导"开放的人类"计划，这个项目基本上是个人基因组计划的延伸，不过名称和体制结构更加符合该项目的目标。

29. 2012年6月4日，作者的采访。
30. 我在这里有意用"小伙子们"这个词。我所知的基因组测序创新者没有一个不是男性。
31. 2013年7月24日，作者的采访。
32. 丘奇在他的个人网站上解释道："从人类基因组计划一开始，我就在游说改进测序技术，反对集中于遗传图谱、与企业的竞争，以及对常见单核苷酸编目的过分开支。"Church, "Human Genome Project (HGP) History (a Personal Account)".
33. 2010年10月17日，作者的采访。关于基因空间的更多信息，见 http://genspace.org/，2016年11月16日访问。
34. Regaldo, "Geneticists Begin Tests of an Internet for DNA".
35. 2012年5月24日，作者的采访。
36. 2012年7月16日，作者的采访。
37. 2013年7月24日，作者的采访。
38. 见 Timmerman, "Stephen Friend, Leaving High Powered Merck Gig, Lights Fire for Open Source Biology Movement"。
39. "Your Data Are Not a Product", 357–357.
40. 2012年6月18日，作者的采访。
41. 见 "Open Humans Network"。
42. 据报道，他也不认为个人基因组计划提出了一个明确的科学性假设。
43. Angrist, *Here Is a Human Being: At the Dawn of Personal Genomics*. 早在2003年，即2008年《反基因歧视法案》（GINA）通过前几年，个人基因组计划就在向国立卫生研究院寻求资金。即使在法案通过之后，对长期护理和人寿保险的拒绝仍然是一个严重威胁。
44. 见哈佛大学医学院"知情同意书"，2015年1月5日访问，http://www.personalgenomes.org/static/docs/harvard/pgp_Consent_Approved_02212013.pdf。
45. 个人基因组计划的领导层认为，研究设计的真实性和开放性，应当是获得参与者同意的首要原则。Lunshof et al., "From Genetic Privacy to Open Consent", 406–411.
46. 实际上，个人基因组计划的表格读取时间数据表明，这种情况经常发生。2013年7月25日，作者的采访。
47. 见哈佛大学医学院"知情同意书"，2015年1月5日访问，http://www.personalgenomes.org/static/docs/harvard/pgp_Consent_Approved_02212013.pdf。这一测试也培育了民主的包容性理想。首先，哈佛大学审查委员会要求所有

个人基因组计划参与者都拥有遗传学硕士学位。准入测试取代了这一要求，将个人基因组计划项目向设想的普通美国人开放。博贝解释道："个人基因组计划的轨迹是从医学人士大集合到聚集普通大众，对吗？对于个人基因组计划十项目，大学审查委员会要求一个（遗传学）硕士学问，这不太公平。就像我这样，我没有遗传学硕士学位……这就是准入测试的初衷：让我们把这个项目变得公平吧。"2010 年 10 月 7 日，作者的采访。

48. 卡丽丝·汤普森很好地传达了个人基因组计划开放同意的这种精神。Charis Thompson, *Good Science: The Ethical Choreography of Stem Cell Research*，182。

49. Tanner, "Harvard Professor Re-Identifies Anonymous Volunteers in DNA Study". 然而，应当指出的是，斯威尼和埃尔利赫在对参与者"重新辨识身份"时，获取信息是比较容易的：个人基因组计划人员已经同意将信息放置到公共领域，美国犹他州多态研究中心成员，许多是摩门教徒，大量参与系谱研究。如华盛顿大学的马利亚·富勒顿向我解释的那样，鉴于研究群体的这些特殊性，我们不清楚隐私保密性的各种研究结果能延伸到什么地步。另见 Gitschier, "Inferential Genotyping of Y Chromosomes in Latter-Day Saints Founders and Comparison to Utah Samples in the HapMap Project"，251–258。

50. 同上。

51. 2010 年 10 月 17 日，作者的采访。

52. Perlroth, "Ashley Madison Chief Steps Down after Data Breach".

53. 2013 年 7 月 25 日，作者的采访。

54. 同上。

55. 21 世纪头十年，对开发测序仪器技术投入的热情和资源的记录，见 Angrist, *Here Is a Human Being: At the Dawn of Personal Genomics*。

56. 安德森：《免费：商业的未来》。

57. 2008 年，应用生物系统有限公司与英杰公司合并，创建美国生命技术公司。阿普雷拉公司已不复存在。

58. 2013 年 7 月 24 日，作者的采访。

59. 见 "Personal Genome Project (CGP)", Coriell Institute for Medical Research，2015 年 8 月 25 日访问，https://catalog.coriell.org/0/Sections/Collections/nigms/pgps.aspx?PgId=772&coll=GM。

60. 这种多样性的缺乏，以及其他一些问题，与不准确的遗传检测结果有关。事例可见 Manrai et al., "Genetic Misdiagnoses and the Potential for Health Disparities"，655–665。

61. 2013 年 7 月 24 日，作者的采访。

62. 同上。

63. 博贝用美国大陆会议的一个场景开始他的演讲。2011 年 6 月 14 日，实地调查笔记。有关此事的描述，见 "Codes", DIYBio, 2015 年 8 月 25 日访问，http://diybio.org/codes/。

64. 本杰明·富兰克林写道："只有尚德的民族才有自由的能力。"方纳:《美国自由的故事》,第8页,引述富兰克林原话。
65. 2014年4月25日,作者的实地调查笔记。
66. 美国历史学家埃里克·方纳认为,公民权益如此之多的明显缺乏,推动了美国的自由运动。见方纳:《美国自由的故事》。
67. 2012年4月25日,作者的实地调查笔记。
68. 同上。
69. 个人基因组计划的知情同意书声明:"个人基因组计划是一种新的公共基因组形式。"见哈佛医学院的"知情同意书",2015年1月5日访问,http://www.personalgenomes.org/static/docs/harvard/pgp_Consent_Approved_02212013.pdf。
70. 见 Johnson, "George Church, Harvard Genetics Professor, Banters with Stephen Colbert"。
71. 2012年5月29日,作者的采访。
72. 2013年7月24日,作者的采访。
73. Lunshof et al., "Personal Genomes in Progress: From the Human Genome Project to the Personal Genome Project", 47–60.
74. Bolnick et al., "The Science and Business of Genetic Ancestry Testing"; Manrai et al., "Genetic Misdiagnoses and the Potential for Health Disparities", 655–665.
75. 对乔治娅·邓斯顿工作的讨论,见本书第二章。
76. "About pgp Harvard", Personal Human Genome Project: Harvard, 2015年1月5日访问, http://www.personalgenomes.org/harvard/about。
77. "George M. Church's Tech Transfer, Advisory Roles, and Funding Sources", Harvard Molecular Technologies, 2015年1月5日访问, http://arep.med.harvard.edu/gmc/tech.html。
78. 同上。
79. 然而,应当指出的是,甚至连约翰·萨尔斯顿都相信企业在人类基因组测序事业中扮演着一个重要角色。事实上,当默克制药公司让表示序列标记的数据免于被文特尔及其企业支持者圈占的时候,萨尔斯顿将该公司称为"白衣骑士"。Sulston and Ferry, *Common Thread: A Story of Science, Politics, Ethics, and the Human Genome*, 139。
80. 关于公共演示的建设成为科学中心的历史记载,见Ezrahi, *Descent of Icarus*; Shapin and Schaffer, *Leviathan and the Air-Pump:Hobbes, Boyle, and the Experimental Life*。
81. 2013年7月25日,作者的采访。
82. 方纳:《美国自由的故事》,9。
83. 与其他自由民主权利一样,在美国成立之初和其后的两个多世纪里,这项权利被授予少数被视为公民的精英阶层。
84. 方纳在《美国自由的故事》第53页引用的田纳西州最高法院的陈述。见

text of original case in Humphreys, *Reports of Cases Argued and Determined in the Supreme Court of Tennessee*, vol. 4。

85. 阿伦特提醒了我们这个词的最初用法，"private"一词最早指剥夺状态。这个词的字面意义就是"被剥夺"。只处于私人领域的人类不是完整的人类。阿伦特：《人的境况》，38。
86. Boyle, *Shamans, Software, and Spleens: Law and the Construction of the Information Society*。
87. Nussbaum, "Say Everything: The Future Belongs to the Uninhibited"。
88. 阿伦特：《人的境况》，28。
89. 施多德是战后时期民主德国首屈一指的电影导演。影片《轮流》的一篇重要评价和描述，见"Rotation"，民主德国电影博客，2016年8月17日访问，https://eastgermancinema.com/2011/03/07/rotation/。
90. 阿伦特：《人的境况》，31。
91. 理解这种差异的一种方法是，它类似于米歇尔·福柯观察到的统治状态和自由权力之间的差别。福柯认为，我们需要在"作为自由之间的战略博弈这种权力关系"和"我们通常称之为权力的统治状态"之间进行区分。Foucault, "'Omnes et Singulatim': Toward a Critique of Political Reason", 299. 阿伦特和施多德担心的都是统治的状态。社交媒体例证的权力关系是自由之间的战略博弈。
92. 见"Consent Form"，Harvard Medical School，2015年1月26日访问，http://www.personalgenomes.org/static/docs/harvard/pgp_Consent_Approved_02212013.pdf。
93. 个人基因组计划参与者的兴趣在于自身的健康，在"基因、环境和个性"历次会议的讨论中也很明显。作者实地调查笔记。
94. 2012年7月16日，作者的采访。
95. 见 Chu, "MeForYou Campaign Rallies Public to Join Push for Precision Medicine"。
96. 这句话译成英语就是，"共同利益先于自身利益"。这句话从1933年起就印在第三帝国时期的钱币上。
97. Meyer, "Reflections of a Re-Identification Target, Part 1".
98. Angrist, "I Never Promised You a Walled Garden".
99. Meyer, "Ethical Concerns, Conduct, and Public Policy for Re-Identification and De-Identification Practices".
100. 同上。
101. Lunshof et al., "From Genetic Privacy to Open Consent"，5.
102. 与他们认为"透明度是解决伦理问题的关键"的信念一致，个人基因组计划对重新识别身份的争议的回应，是允许人们选择提供自己的姓名。这会清楚地表明谁真正愿意被识别出来。见 Connelly, "pgp Harvard Update—Including a New 'Real Name' Option"。
103. Meyer, "Reflections of A Re-Identification Target, Part 1".

104. 见 https://wellcome.ac.uk/press-release/research-funders-outline-steps-prevent-re-identification-anonymised-study-participants，2017 年 2 月 10 日。
105. Hayden, "Taking as Giving: Bioscience, Exchange, and the Politics of Benefit-Sharing"，751。
106. 关于隐私权和财产权该如何修改，从而为更加公正的集体社会服务的讨论，见 Thompson, *Good Science*，181–188。另见 Harrison, "Neither Moore nor the Market: Alternative Models for Compensation Contributors of Human Tissue"，77–105。也可见 Laurie, *Genetic Privacy: A Challenge to Medico-Legal Norms*。
107. 阿伦特：《过去与未来之间》，236–237。
108. 它也没有注意到个人基因组计划带头人以何种方式制定一个尊重参与者意愿的项目，例如，他们是否希望自己的姓名与数据关联起来。见 Connelly, "pgp Harvard Updates—Including A New 'Real Name' Option"。
109. Dean, *Democracy and Other Neoliberal Fantasies*; Tkacz, *Wikipedia and the Politics of Openness*.
110. 在这里，我借鉴了卡丽丝·汤普森对"好科学"的构思，她认为这是一门在伦理层面不会被否定的科学。注意到这种关系会让科学更加健全，更多地被理解，社会不公正的情况也会缓解。Thompson, *Good Science*，28。
111. 据报道，丘奇在接受《洛杉矶时报》采访时主张，我们应当"做到这一点（忘记隐私权），从而让人民不在乎它（隐私权）"。Brown, "Geneticist on DNA Privacy: Make It So People Don't Care"。
112. Barad, *Meeting the Universe Halfway: Quantum Physics and the Entanglement of Matter and Meaning*.

第八章

1. Klein, *Shock Doctrine: The Rise of Disaster Capitalism*.
2. 2012 年脸书上市时，数百万人一夜之间成为百万富翁，导致旧金山的房价翻倍，租金暴涨，迫使许多长期居民外迁。见 Ludka, "Meet the New Facebook Millionares"。
3. Richtel, "Battle of Mission Bay"，BU 1，5。
4. Said, "Pfizer to Open Research Center in SF's Mission Bay".
5. Kneebone, Nadeau and Berube, "Re-Emergence of Concentrated Poverty: Metropolitan Trends in the 2000s".
6. Hunters Point Family, "Our History", http://hunterspointfamily.org/who-we-are/our-history/.
7. Barros, "UCSF Plans to Shutter Clinic Serving Minority Youth".
8. 正如唐娜·哈拉维提醒我们的那样，尽管本书重点关注的是基因组学对人类的意义这个问题，但所有人的福祉都是联结在一起的。今天，关于基因组学对于环保和应对今日受损的地球意味着什么等问题，也是很紧迫的。关于这些问题的讨论，见最近关于反灭绝的讨论。见 Gross, "De-Extinction Debate: Should Extinct Species Be Received？"; Haraway, *When Species Meet*。

9. 2000 年 5 月 1 日，作者的采访。
10. 但是，它也得到了 1.15 亿美元的支持。见 "23andMe Raises $115M in Series E Financing Round"。*Genome Web*，2015 年 10 月 14 日。https://www.genomeweb.com/business-news/23andme-raises-115m-series-e-financing-round，2015 年 10 月 23 日。
11. Brown, *Undoing the Demos: Neoliberalism's Stealth Revolution*，128.
12. Angrist, *Here Is a Human Being: At the Dawn of Personal Genomics*. 然而，正如安格里斯特在 2016 年 1 月向我解释的那样，伊鲁米纳公司现在为其客户提供带有他们的基因序列的 iPad。用更大众的说法讲，数据现在在"云盘"里。人们查看他们的基因组序列，需要的是互联网接入和许可代码，而不是一台强大的计算机。
13. 过去 10 年间，我不止一次听一位基因组学家提出，思考伦理问题浪费了时间，而这些时间本可以用来拯救生命。
14. 阿伦特在希腊人、罗马人、中世纪神学家和启蒙思想家（从亚里士多德到托马斯·阿奎那，再到亚当·斯密）的著作之中，为他的论点寻找到了力量。
15. 这种公众性源自人们聚集在一个共同的事物周围，并发现它对所有人的"绝对多样性"。通过差异，而不是通过一个管理大众社会的盲目因袭的态度来发现差异，产生了共同的意义。阿伦特：《过去与未来之间》，55–57。
16. 然而，这种情况可能正在迅速改变。在特朗普就任总统的最初一段时间，人们见证了先前的可公开数据从联邦网站上被大量删除。见 Berman, "We Rely on the Government for Lots of Data"。
17. Obama, "Remarks of the President in Welcoming Senior Staff and Cabinet Secretaries".
18. Ehley, "Why Obama's $30B Digital Health Record Plan Is Failing".
19. 医疗记录数字化成为奥巴马政府关注的焦点，这凸显了潜在的诸多复杂问题。许多人认为病历是私人信息。谁应当看到它们，为了什么目的，还远未有定论。
20. 对信息资本主义如何让宣传摆脱束缚成为自由民主规范的更加广泛的考量，见 Dean, *Publicity's Secret: How Technoculture Capitalizes on Democracy*。
21. 为推翻马里亚德基因公司对乳腺癌 1 号基因和乳腺癌 2 号基因变异信息的垄断控制的努力，见 Free the Data, http://www.free-the-data.org/，2016 年 8 月 24 日访问。
22. McCormick et al., "Giving Office-Based Physicians Electronic Access to Patients' Prior Imaging and Lab Results Did Not Deter Ordering of Tests"，488–496.
23. 当我完成这本书的写作时，特朗普政府的上台让开放数据的价值的复杂性凸显出来。世界各地的人们努力确保一些数据保持公开（例如气候数据），同时努力删除其他数据（例如，可能会被用于政府监管的图书馆用户数据）。见 Thielman, "Libraries Promise to Destroy User Data to Avoid Threat of Government Surveillance"; Brown, "A Coalition of Scientists Keeps Watch on the U.S. Government's Climate Data".

24. Allen, "Biden's Cancer Bid Exposes Rift among Researchers".
25. 从这个意义上来说，基因组学证实了社会理论家在许多其他领域观察到的东西。当代是一个由自由民主政府向新自由主义政府转变的时期。这种转变的特点是生活的所有领域都是"节约型"的。Brown, *Undoing the Demos: Neoliberalism's Stealth Revolution*, 122.
26. 见 "Chapter 1: Welcome and Corporate Overview", https://www.youtube.com/watch?v=fAChUEBlnrM，2015 年 9 月 16 日访问。
27. 然而，科里尔医学研究所仍会向 HapMap 社区发送新闻稿，告知他们的样本是如何被使用的。最近，国立卫生研究院以安全问题为由，决定撤出 HapMap 的资源。见 "NCBI Retiring HapMap Resource", 2016 年 6 月 16 日，2016 年 8 月 24 日访问，http://www.ncbi.nlm.nih.gov/variation/news/NCBI_retiring_HapMap/。
28. Munro, "Class Action Law Suit Filed against 23andme".
29. Birch, "Rethinking Value in the Bio-Economy: Finance, Assetization, and the Management of Value," 1–31.
30. 事实上，我是加利福尼亚大学旧金山分校密逊湾校区的健身俱乐部会员，在我深入思考周围发生的各种变化之前，我就将这个俱乐部称为"特卡健身俱乐部"。它的各种空间都是宏大和未来派的。
31. "Want to help heal the world? Start by sharing your health data", TEDMED, 2013 年 5 月 13 日，访问日期：2015 年 9 月 21 日，http://blog.tedmed.com/tag/meforyou/。
32. Kim, "UCSF Wins Four CASE Awards of Excellence".
33. Dean, *Publicity's Secret: How Technoculture Capitalizes on Democracy*, 14.
34. Jaffe, "End in Sight for Revision of Us Medical Research Rules", 1225–1226.
35. 然而，2016 年 6 月 29 日，美国国家科学院发布了一份报告，质疑这种要求同意对未识别生物样本二次使用的明智性。事实上，他们呼吁行政部门收回其关于共同规则拟议修改的全部通知。见 "Congress Should Create Commission to Examine the Protection of Human Participants in Research; Notice of Proposed Rulemaking to Revise Common Rule Should Be Withdrawn", *National Academies of Sciences, Engineering, Medicine*, 2016 年 6 月 29 日，访问日期：2016 年 8 月 24 日，http://www8.nationalacademies.org/onpinews/newsitem.aspx?RecordID=21824。
36. 事例可见 Kimberly TallBear, *Native American DNA: Tribal Belonging and the*

False Promise of Genetic Science 的结论部分。我在自己的书 *Race to the Finish* 中也对这类工作进行过讲述。

37. 见 "Federal Policy for the Protection of Human Subjects", Federal Register, 2015 年 10 月 20 日访问, https://www.federalregister.gov/articles/2015/09/08/2015–21756/federal-policy-for-the-protection-of-human-subjects#p-243。

38. 卡丽丝·汤普森和鲁哈·本杰明观察到, 美国民众对加利福尼亚州在干细胞研究方面的投资也有类似的担忧。见 Thompson, *Good Science* 及 Benjamin, *People's Science: Bodies and Rights on the Stem Cell Frontier*。奥克兰的绿色阵线协会(Greenlining Institute)在 2006 年举行的"走向公平治疗"会议上明确讨论了这些问题。见《干细胞研究多样性问题简报》, Tayag, "Toward Fair Cures: Diversity Policies in Stem Cell Research"。

39. 我要感谢唐娜·哈拉维, 在我们沿第三大街外的旧金山湾散步的时候, 她将这个能源问题的知识点告诉了我。

40. Venter, *A Life Decoded*, 250–251。

41. 作者的实地调查笔记, 2011 年 4 月 13 日。

42. Hayden, "Genome Researchers Raise Alarm over Big Data"。

43. Vaugham, "How Viral Cat Videos Are Warming the Planet"。

44. 见 "Welcome", H3Africa: Human Heredity and Health in Africa, 2015 年 10 月 6 日, h3africa.org。

45. 这些药物的价格可能高达每个月 1 万到 2 万美元。见加利福尼亚大学圣克鲁兹分校 2016 年 5 月在 Karuna Jaggar 举行的公平数据会议上, 关于这是否公正的讨论, 2016 年 5 月 19 日 12 点 15 分的推特帖子, https://twitter.com/karunajaggar/status/733375465164054530。

46. 我要感谢史蒂夫·斯特迪指出, 在英国国家卫生局开出的 11 种最昂贵的药物中, 有 10 种是用生物技术生产的, 有 2 种是酪氨酸激酶抑制剂, 后者是基因组学研究中出现的唯一一种新型药物。见 "Hospital Prescribing England 2013–14", Health and Social Care Information Centre, 2014 年, https://www.digital.nhs.uk/catalogue/PUB15883/hosp-pres-eng -201314-un-dat.xlsx。

47. Koenig, "Have We Asked Too Much of Consent?", 33–34。

48. 我要感谢马克斯·普朗克研究所的科学史协会判断艺术工作组, 他们对我们所说的判断艺术的含义进行了鼓舞人心的讨论。

49. 这些是重要的法律和科学研究课题。科学研究领域案例见 Galison, *How Experiments End*。

50. 为了提醒读者, 我在这里使用了阿伦特关于利益的构想来表现我们之间的东西。

51. Rawls, *Theory of Justice*, 3。

52. Clarke et al., "Biomedicalization: Technoscientific Transformations of Health, Illness, and U.S. Biomedicine", 161–194。

53. 见第二章与 Sulston and Ferry, *Common Thread: A Story of Science, Politics, Ethics, and the Human Genome*。
54. Wade, "A Decade Later, Genetic Map Yields Few New Cures"。
55. Fleck et al., "Summary Dialogue Report"; Bonham et al., "Community-Based Dialogue: Engaging Communities of Color in the United States' Genetics Policy Conversation", 325–359.
56. 阿伦特:《人的境况》, 26。
57. 同上, 180。
58. 阿伦特:《过去与未来之间》, 218。
59. 阿伦特:《人的境况》, 5。
60. 关于回音室问题的社交媒体平台讨论, 见 Jones, "How Social Media Created an Echo Chamber for Ideas"。脸书上最近的反驳意见, 见 Kokalitcheva, "Is Facebook a Political Echo Chamber? Social Network Says No"。
61. 阿伦特:《人的境况》, 7。
62. 见 "Office of the Press Secretary", 国立卫生研究院, 2015 年 10 月 8 日访问, https://www.genome.gov/10001356。
63. 事实上, BBC 将其 "策划本公司播出的所有广播和电视节目的全面历史, 让其可对公众开放" 的工作, 称为 "BBC 的基因组学计划"。我要感谢珍妮·班厄姆让我注意到这个项目。见 "Genome-Radio Times Archive Now Live", BBC, 2015 年 10 月 9 日, http://www.bbc.co.uk/blogs/aboutthebbc/entries/108fa5e5-cc28–3ea8-b4a0–129912a74efc。
64. 见 "Precision Medicine Initiative Participant Engagement and Health Equity Workshop (Day 1)", 国立卫生研究院的视频广播和播客, http://videocast.nih.gov/summary.asp?Live=16498&bhcp=1。
65. 见 "The Precision Medicine Initiative Cohort Program—Building a Research Foundation for 21st Century Medicine"。
66. 见 Patil and Devaney, "Next Steps in Developing the Precision Medicine Initiative"。
67. 见 Graber, "The Problem with Precision Medicine"; Kroll, "Obama's Precision Medicine Initiative: Paying for Precision Drugs Is the Challenge"。
68. Putnam, "Bowling Alone: America's Declining Social Capital", 65–78.
69. Durkheim, *Suicide*.
70. 见 "Redefining Possible", 加利福尼亚大学旧金山分校, 2016 年 8 月 24 日访问, http://www.ucsfredefiningpossible.com/。
71. 见 http://www.meforyou.org/, 2016 年 8 月 24 日访问。
72. 关于该计划的说明, 见 "Treehouse Childhood Initiative", 加利福尼亚大学旧金山分校, 2016 年 8 月 24 日访问, https://treehouse.soe.ucsc.edu/。
73. 洛伊特别关注想象资本主义之外的世界的困难。见 Roy, "Can We Leave the Bauxite in the Mountain? Field Notes on Democracy"。我要感谢鲁哈·本杰明

呼吁我关注这份演讲稿，还在她的书 *People's Science* 中分析了这个问题。
74. 阿伦特：《人的境况》，97, 173, 176, 184。
75. 同上，182。
76. 我只能从这个结论开始，来打开我们对基因组学的想象，以考虑比人类生命更重要的事情。我向唐娜·哈拉维求助，她在"关系与善良"的构想中，使用莎士比亚的语言来动摇我们关于如何建立人际关系的观念。成为家庭的关系，可能不是最好的。成为关怀的关系，不仅仅是靠培养人类的人际关系产生的。哈拉维写道："'关系'是一个组合词。所有的动物都拥有共同的'肉体'，这种肉体是横向的、符号化的和系谱性的。" Haraway, "Anthropocene, Capitalocene, Plantationocene, Chthulucene: Making Kin", 159–165. 阿伦特也理解这些尘世间各种联系的重要性。她写道："地球是人类境况的精髓。"阿伦特：《人的境况》，2。
77. 美国国家癌症研究所拨款许可号 U54 CA15350605。有关此项拨款的信息，见 https://projectreporter.nih.gov/project_info_description.cfm?aid=8729265&icde=31790021&ddparam=&ddvalue=&ddsub=&cr=1&csb=default&cs=ASC，2016年11月5日访问。
78. 关于最早呼吁的说明，见 http://grants.nih.gov/grants/guide/rfa-files/rfa-ca-09–032.html。有关"上级主管部门"拨款的说明，见 https://gs spubssl.nci.nih.gov/nciportfolio/search/details%3Bjsessionid=D7AF989619BAD64244F4A073B738C86C?action=abstract&grantNum=3U54CA153506–03S2&grantID=8534909grtSCDC=FY%202012&absID=8537579&absSCDC=CURRENT。
79. 本节引述的内容来自读书小组的多次讨论，这些讨论得到了阿拉梅达县"减少癌症差异"补助金网络计划行政补充案的支持。美国国家癌症研究所拨款许可号 U54 CA15350605。我要感谢朱莉·哈里斯-韦和贾因卡·阿尼亚格帮助我理解这项研究及其成果。
80. 同上。
81. 同上。
82. 哪些故事能帮助我们，哪些故事没用设定标准，这一点相当重要。在这里，谈话和陈述的区别至关重要。要为功用性目的服务的故事，例如，"我为你"运动中关于乔治娅的故事就是为了动人心弦，说服公民将他们的身体组织和数据交给加利福尼亚大学旧金山分校——显然不是我们需要的故事。
83. King, *Interview with Patricia King: Belmont Oral History Project*.
84. 关于对公正的这种表述，请见我在导言中对罗尔斯的讨论。
85. 对我们的方法的讨论，以及集体项目的各种实例，见 Science and Justice Research Center (Collaborations Group), "Experiments in Collaboration: Interdisciplinary Graduate Education in Science and Justice"，1–5。Reardon et al., "Science and Justice: The Trouble and the Promise"。

86. 关于这些事例的更多详情，见 Reardon et al., "Science and Justice: The Trouble and the Promise"。
87. 我们的工作得到了美国国家科学基金的大力支持，拨款许可号 SES-0933027。在这项工作中表达的任何意见、调查结果、结论或建议不一定反映国家科学基金的观点。
88. Bonham et al, "Community-Based Dialogue: Engaging Communities of Color in the United States' Genetics Policy Conversation", 5–6.
89. Reardon, *Race to the Finish: Identity and Governance in an Age of Genomics*.
90. Lambro, *Fat City: How Washington Wastes Your Taxes*.
91. 要想取得成功，任何这类工作都应当从无线下载的缺点中吸取教训，建立一个不受当前政治约束，对广泛的公众关注问题更加敏感的机构。有关无线下载的评估，见 Jasanoff, *The Ethics of Invention*。
92. Callon, "Elements of a Sociology of Translation: Domestication of the Scallops and the Fishermen of St Brieuc Bay", 196–233.
93. 2010 年 11 月 16 日，作者的采访。
94. 2011 年 2 月 18 日，作者的采访。
95. 同上。
96. 这也需要人类能"读取"计算机仍难以理解的数据（如图表中包含的数据）。
97. 2010 年 4 月 14 日，作者的采访。
98. Stevens, *Life out of Sequence: A Data-Driven History of Bioinformatics*.
99. 感谢史蒂夫·斯特迪提出的"体内思维"设想。
100. 让献血可行的各种技术性变化（冰箱等），见 Bangham, "Blood Groups and the Rise of Human Genetics in Mid-Twentieth Century Britain"。
101. Pemberton, *Bleeding Disease: Hemophilia and the Unintended Consequences of Medical Progress*.
102. Waldby and Mitchell, *Tissue Economies: Blood, Organ, and Cell Lines in Late Capitalism*, 2. 对无偿献血这一种自愿的利他主义行为的持续意义，也可见 Tutton, "Person, Property, and Gift: Exploring Languages of Tissue Donation to Biomedical Research", 17–38。
103. Waldby and Mitchell, *Tissue Economies: Blood, Organ and Cell Lines in Late Capitalism*, 22. 由于献血从直接身体对身体的交换转化为官僚机构介导的间接收集系统，利他主义受到了历史性的挑战，见 Whitfield, *Who Is My Stranger?*。
104. Waldby and Mitchell, *Tissue Economies: Blood, Organ and Cell Lines in Late Capitalism*, 24.
105. 10 年前，科学研究学者希拉·亚桑诺夫提出了一个类似的问题，即在一个创富和创知紧密交织的时代，社会与科学契约的概念是否可行。Jasanoff, *Designs on Nature: Science and Democracy in Europe and the United States*.

106. 关于关闭美国全国生物技术信息序列档案读取中心的讨论,见 Genome Biology Editorial Team, "Closure of the NCBI SRA and Implications for the Long-Term Future of Genomics and Data Storage"。DNAnexus 公司是一家旨在解决原始基因组数据大量涌现问题的生物信息学公司,见 DNAnexus, "DNAnexus Launches Web-Based Serviced to Ease Data Bottleneck in Next-Generation DNA Sequencing"。

尾　声

1. Thies, *Hitler's Plans for Global Domination: Nazi Architecture and Ultimate War Aims*, 87.
2. Tempelhofer Unfreiheit, "Forced Labor in Berlin and Brandenburg", http://www.tempelhofer-unfreiheit.de/en/forced-labor-berlin-brandenburg/, 2016 年 11 月 16 日访问。
3. Fahey, "How Berliners Refused to Give Tempelhof Airport over to Developers"。
4. 对柏林的住房问题及其与坦普尔霍夫投票的关系的讨论,见 Silke, "Berlin Voters Claim Tempelhof"。
5. 费伊在 "How Berliners Refused to Give Tempelhof Airport over to Developers" 一文引用的勃沙特的这句话。
6. 见 Knight, "Berlin to Build on Tempelhof Despite Drop in Refugees"。
7. 事例见 "Welcome Dinner Briefly Explained", Welcome Dinner Berlin, 2016 年 8 月 24 日访问, www.welcomedinnerberlin.de;以及 "Give Something Back to Berlin", givesomethingbacktoberlin.com, 2016 年 8 月 24 日访问。
8. Borry et al., "Legislation on Direct-to-Consumer Genetic Testing in Seven European Countries", 715–721.
9. 阿伦特:《艾希曼在耶路撒冷:一份关于平庸的恶的报告》(*Eichmann in Jerusalem: A Report on the Banality of Evil*)。即使一个人接受官僚主义的观点,可能还会产生关于哪种国家能产生官僚主义的其他各种问题。
10. Kühl, *The Nazi Connection: Eugenics, American Racism, and German National Socialism*.
11. 例如,科威特最近通过了一项法律,要求所有公民、居民和游客必须提供 DNA 样本,才能在该国入境或居留。见 Rivero, "Kuwait's New DNA Collection Law Is Scarier Than We Ever Imagined"。全世界的许多国家都在扩大 DNA 法医数据库。

鸣　谢

1. 哈拉维:《类人猿、赛博格和女人》, 196。
2. 在决定用 "人的境况" 之前,阿伦特考虑过 "世界之爱" 这个书名。她相信即使面对各种可怕的行为和巨大的痛苦，爱这个世界也是至关重要的。参与一切——既非不加批判地接受，也非赞美——都会培养思想和爱：充满激情的思考。
3. 关于科学与公正培训项目及参加培训的学生的说明，见 https://scijust.ucsc.edu/training/，2016 年 11 月 1 日访问。
4. Reardon,"Democratic Mis-Haps"; Reardon,"Genomics' Problem of Communication"; Reardon,"The 'Persons' and 'Genomics' of Personal Genomics".

见识丛书

科学　历史　思想

01《时间地图：大历史，130亿年前至今》　　　　　　　　　［美］大卫·克里斯蒂安
02《太阳底下的新鲜事：20世纪人与环境的全球互动》　　　［美］约翰·R. 麦克尼尔
03《革命的年代：1789—1848》　　　　　　　　　　　　　［英］艾瑞克·霍布斯鲍姆
04《资本的年代：1848—1875》　　　　　　　　　　　　　［英］艾瑞克·霍布斯鲍姆
05《帝国的年代：1875—1914》　　　　　　　　　　　　　［英］艾瑞克·霍布斯鲍姆
06《极端的年代：1914—1991》　　　　　　　　　　　　　［英］艾瑞克·霍布斯鲍姆
07《守夜人的钟声：我们时代的危机和出路》　　　　　　　［美］丽贝卡·D. 科斯塔
08《1913，一战前的世界》　　　　　　　　　　　　　　　［英］查尔斯·埃默森
09《文明史：人类五千年文明的传承与交流》　　　　　　　［法］费尔南·布罗代尔
10《基因传：众生之源》（平装+精装）　　　　　　　　　　［美］悉达多·穆克吉
11《一万年的爆发：文明如何加速人类进化》
　　　　　　　　　　　　［美］格雷戈里·柯克伦　　［美］亨利·哈本丁
12《审问欧洲：二战时期的合作、抵抗与报复》　　　　　　［美］伊斯特万·迪克
13《哥伦布大交换：1492年以后的生物影响和文化冲击》
　　　　　　　　　　　　　　　　　　　［美］艾尔弗雷德·W. 克罗斯比
14《从黎明到衰落：西方文化生活五百年，1500年至今》（平装+精装）
　　　　　　　　　　　　　　　　　　　　　　　　　　　［美］雅克·巴尔赞
15《瘟疫与人》　　　　　　　　　　　　　　　　　　　　［美］威廉·麦克尼尔
16《西方的兴起：人类共同体史》　　　　　　　　　　　　［美］威廉·麦克尼尔
17《奥斯曼帝国的终结：战争、革命以及现代中东的诞生，1908—1923》
　　　　　　　　　　　　　　　　　　　　　　　　　　　［美］西恩·麦克米金
18《科学的诞生：科学革命新史》（平装）　　　　　　　　　［美］戴维·伍顿
19《内战：观念中的历史》　　　　　　　　　　　　　　　［美］大卫·阿米蒂奇
20《第五次开始》　　　　　　　　　　　　　　　　　　　［美］罗伯特·L. 凯利
21《人类简史：从动物到上帝》（平装+精装）　　　　　　　［以色列］尤瓦尔·赫拉利
22《黑暗大陆：20世纪的欧洲》　　　　　　　　　　　　　［英］马克·马佐尔
23《现实主义者的乌托邦：如何建构一个理想世界》　　　　［荷］鲁特格尔·布雷格曼

24	《民粹主义大爆炸：经济大衰退如何改变美国和欧洲政治》	［美］约翰·朱迪斯
25	《自私的基因（40周年增订版）》（平装+精装）	［英］理查德·道金斯
26	《权力与文化：日美战争1941—1945》	［美］入江昭
27	《犹太文明：比较视野下的犹太历史》	［以］S.N.艾森斯塔特
28	《技术垄断：文化向技术投降》	［美］尼尔·波斯曼
29	《从丹药到枪炮：世界史上的中国军事格局》	［美］欧阳泰
30	《起源：万物大历史》	［美］大卫·克里斯蒂安
31	《为什么不平等至关重要》	［美］托马斯·斯坎伦
32	《科学的隐忧》	［英］杰里米·鲍伯戈
33	《简明大历史》	［美］大卫·克里斯蒂安 ［美］威廉·麦克尼尔 主编
34	《专家之死：反智主义的盛行及其影响》	［美］托马斯·M.尼科尔斯
35	《大历史与人类的未来（修订版）》	［荷］弗雷德·斯皮尔
36	《人性中的善良天使》	［美］斯蒂芬·平克
37	《历史性的体制：当下主义与时间经验》	［法］弗朗索瓦·阿赫托戈
38	《希罗多德的镜子》	［法］弗朗索瓦·阿赫托戈
39	《出发去希腊》	［法］弗朗索瓦·阿赫托戈
40	《灯塔工的值班室》	［法］弗朗索瓦·阿赫托戈
41	《从航海图到世界史：海上道路改变历史》	［日］宫崎正胜
42	《人类的旅程：基因的奥德赛之旅》	［美］斯宾塞·韦尔斯
43	《西方的困局：欧洲与美国的当下危机》	［德］海因里希·奥古斯特·温克勒
44	《没有思想的世界：科技巨头对独立思考的威胁》	［美］富兰克林·福尔
45	《锥形帐篷的起源：思想如何进化》	［英］乔尼·休斯
46	《后基因组时代：后基因组时代的伦理、公正和知识》	［美］珍妮·瑞尔丹
47	《世界环境史》	［美］威廉·H.麦克尼尔　约翰·R.麦克尼尔　等　编著
48	《竞逐富强：公元1000年以来的技术、军事与社会》	［美］威廉·麦克尼尔
49	《大加速：1945年以来人类世的环境史》	［美］约翰·R.麦克尼尔　［美］彼得·恩格尔克
50	《不可思议的旅程：我们的星球与我们自己的大历史》	［美］沃尔特·阿尔瓦雷兹
51	《认知工具：文化进化心理学》	［英］塞西莉亚·海耶斯
52	《人工不智能：计算机如何误解世界》	［美］梅瑞狄斯·布鲁萨德
53	《断裂的年代：20世纪的文化与社会》	［英］艾瑞克·霍布斯鲍姆

……后续新品，敬请关注……